스타트업 브랜딩의 기술

창업가를 위한 실전 브랜드 개발

스타트업 브랜딩의 기술

창업가를 위한 실전 브랜드 개발

초판 발행 2020년 2월 27일 | **1판 5쇄** 2022년 2월 28일
발행처 유엑스리뷰 | **발행인** 현호영 | **지은이** 앤 밀튼버그 | **옮긴이** 이윤정
주소 서울시 마포구 월드컵로 1길 14 딜라이트스퀘어 114호 | **팩스** 070.8224.4322
등록번호 제333-2015-000017호 | **이메일** uxreviewkorea@gmail.com

ISBN 979-11-88314-39-3

BRAND THE CHANGE
by Anne Miltenburg

The original edition of this book was designed, produced and published in 2017
by BIS Publishers, Amsterdam under the title *BRAND THE CHANGE*

스타트업, 사회적 기업, 창조 기업을 위한
친절하고 완벽한 브랜딩 안내서

스타트업 브랜딩의 기술

앤 밀튼버그 지음

이윤정 옮김

 UX REVIEW

차례

서문

2014년 2월의 어느 화요일 늦은 밤, 나는 네덜란드 암스테르담에서 헤이그로 돌아오고 있었다. 그 날 거의 열네 시간 동안 브랜드 관련 회의에 참석했던 터라 정말 피곤했다. 한 드럭스토어(약품뿐만 아니라 화장품 같은 다른 품목도 취급하는 약국-옮긴이) 체인에서 여성들이 다른 체인이 아닌 자신들의 체인을 선택해야만 하는 거부할 수 없는 이유를 고안해 달라고 했다. 완전히 동일한 제품을 정확히 같은 가격에 판매하면서 말이다. 나의 지성에 도전장을 내미는 종류의 요청사항이긴 했지만, 브랜드 개발자로서 그리 낯선 요구는 아니었다. 그래서 나는 그날 그 강력한 이유 하나를 생각해 내기 위해 탐폰(원통형으로 되어 있어 질에 삽입하는 생리대-옮긴이) 상자와 립스틱 하나를 가지고 온종일 씨름해야 했고, 머리가 터질 것 같았다.

전쟁 같은 하루가 끝나고 돌아오는 차 안에서 머리를 좀 식혀볼 요량으로 라디오를 켰는데, 어떤 앱에 관한 이야기가 흘러나왔다. 그 순간 바로 이거다 싶었다. 모든 종류의 스마트폰에 내려받아 사용할 수 있는 앱으로, 눈의 질병을 진단해 실명을 예방해준다고 했다. 이 내용을 듣자 나는 화가 났다! 왜 이렇게 놀라운 앱에 관한 이야기를 청취자도 별로 없는 라디오에서, 그것도 한 300명 남짓 듣고 있을 법한 한밤중에 들어야 한단 말인가? 왜 황금시간대 TV 광고에서는 이 앱에 관해 들어 볼 수도 없었던 것인가? 왜 정말 가치 있고, 우리 모두에게 꼭 필요한 무언가는 사람들에게 관심조차 받지 못하는 반면, 똑같은 탐폰과 립스틱으로 고객을 유인하는 내 고객은 수십만 명의 여성 구매자들의 발길을 끌어들일 수 있는 것일까? 정말이지 많은 생각을 안겨주는 밤이었다.

물론 사회적, 혹은 환경적으로 영향을 미치는 대단한 아이디어들이 언제나 그 가치만큼 관심을 받는 것은 아니다. 거기에는 여러 가지 이유가 존재한다. 흔히 생각할 수 있는 첫 번째 이유는 바로 돈인데, 물론 돈을 많이 들일수록 대중의 관심을 받기 쉽겠지만 나는 돈이 전부라고 생각하지 않는다. 두 번째 이유는 품질이 떨어지는 제품은 브랜딩이 꼭 필요하지만 좋은 제품은 그냥 놔둬도 잘 팔릴 것이라는 사람들의 착각이다. 그리고 세 번째 이유는 부족한 지식에 있다고 본다. 많은 (사회적) 기업가들은 브랜딩에 관한 지식이 부족하고, 강력한 브랜드 구축을 도와주는 전문가를 어디서 찾아야 할지 잘 모르고 있다. 애플이나 코카콜라의 사례를 들이대며 브랜딩에 관해 좀 아는 척하는 부류에게서 브랜딩 정보를 얻다 보니, 완전히 비현실적인 벤치마킹을 하는 꼴이 된다.

나는 시에라리온에서 공정무역을 통해 레모네이드 공장을 운영하려고 하는 한 가족이 코카콜라 같은 기업과 동일하게 브랜딩 지식에 접근할 수 있게 만들려면 어떻게 해야 할지 스스로 질문해 보았다. 그리하여 2014년 여름, 나는 브랜들링(Brandling)이라는 회사를 설립했다. 전

세계의 체인지 메이커들과 함께 브랜드적 사고방식을 구축해서 누구나 공평하게 브랜딩 지식을 배울 수 있게 하는 회사였다. 이 책에는 그동안 현장에서 접한 수백 가지 질문에 대한 우리의 답과 그 방법이 담겨 있다. 전략에 관한 큰 질문들뿐만 아니라 실전과 관련된 작은 질문들도 다루었다. 브랜딩 목적을 달성하려면 별 도움이 되지 않는 추상적인 영감보다는 처음부터 끝까지 구체적인 과정을 알아야 한다. 이 책은 바로 그 과정을 다루고 있으며 직접 경험해 본 이들의 조언도 담겨 있다.

회사든, 어떤 조직적인 운동이든, 아니면 제품이든 뭔가 새로운 것을 만들었을 때 원하는 바는 다 같다. 사람들이 그것을 고대하고, 알아서 멀리멀리 소문을 내주길 원할 것이다. 하지만 여기 안 좋은 소식이 하나 있다. 사실 그 누구도 당신이 새롭게 시작하는 그 무언가에 관심이 없다. 당신이 올린 비디오의 조회 수는 아주 적을 것이고, 친구들 대부분은 당신의 포스팅을 널리 공유하지 않을 것이며, 파이 한 조각을 얻어 보려고 문 앞에 줄을 서 기다리는 투자자들도 없을 것이다. 브랜드를 구축하려면 피와 땀을 흘리는 노력이 필요하며 어쩌면 눈물도 조금 흘려야 될지 모른다. 다행히 좋은 소식도 하나 있다. 브랜딩에 꼭 필요한 지식으로 무장한다면 사람들의 지지를 받고 성공할 수도 있다는 사실이다.

모두를 위해 더 나은 세상을 만들고자 부지런히 뛰는 세상 모든 체인지 메이커들에게 이 책을 바친다. 여러분의 브랜드가 그 가치만큼의 관심을 받기를!

앤 밀튼버그
트위터 계정: @annemiltenburg

앤 밀튼버그(1981년생)는 브랜드 개발 전문가이다. 파리, 바마코, 서울, 보스턴, 그리고 리야드 등 다양한 지역에서 일했으며, 현재 나이로비에 거주 중이다. 왕립미술아카데미에서 디자이너 과정을 밟은 앤은 세계적으로 유명한 몇몇 브랜딩 에이전시에서 처음엔 디자이너로 일하다가 브랜드 전략가로도 활약했고, 크리에이티브 디렉터 자리까지 올랐다. 2014년, 브랜들링(Brandling)을 설립해 긍정적인 변화를 지향하는 사회 환경적 아이디어와 제품, 그리고 서비스 등에 맞는 브랜드적 사고방식에 특별히 관심을 두고 있다.

이 책이 꼭 필요한 사람들

이 책이 꼭 필요한 사람들

(영어가 가능하다면) 아래의 페이스북 그룹에 들어가 궁금한 점을 묻고 배운 내용을 공유해 보자.

facebook.com/groups/brandthechange

브랜딩도 일종의 도구라서 여느 도구처럼 잘 사용하면 유익하고 잘못 사용하면 해가 된다. 이 책의 의도는 브랜딩 관련 지식을 대중화하여 사회 환경적으로 긍정적인 영향을 지닌 기업들이 성장하는 과정에서 이를 잘 활용하도록 하는 것이다.

우리는 변화를 만들어가는 단체들이 성공적으로 브랜드 사고 능력을 기르고 사회 환경적으로 긍정적 영향을 지니는 공공의 선 또한 새로운 사업이 될 수 있다는 패러다임의 전환을 이뤄낼 수 있길 바란다.

이 책은 다음과 같은 부류에 중점을 두고 만들었다.
» 사회적 기업가/B코퍼레이션(영리와 비영리 기업 중간의 기업으로 공공의 이익과 모든 이해관계자를 위한 기업)
» 신생 벤처기업
» 중소기업
» 큰 기업 내부의 팀 중 자신들의 목적을 설정하고 강화하고자 하는 이들
» NGO와 자선단체

사실 브랜드적 사고방식은 개인, 조직적인 운동, 그리고 다양한 아이디어를 발전시키는 데 여러모로 도움을 줄 수 있는 기술이다. 개인은 브랜드적 사고방식을 통해 리더로서 역량을 강화하거나 같은 목적으로 모인 마음이 맞는 사람들과 공동체를 구성할 수도 있다.

결국 이 책은 아래의 역할들과 관계된 이들에게도 유용하다.
» 리더
» 조직적 캠페인
» 활동가

위에 언급한 모든 대상을 일일이 반복하지 않기 위해, 단체/기관이나 기업가라고 묶어서 표현하도록 하겠다.

여기서 '단체/기관'이라고 하면, 다양한 규모와 분야, 구조 및 단계의 기관들을 모두 아우르는 말로, 1인 기업부터 시작해 수백 수천만 명이 참여하는 조직적인 운동이 될 수 있고, 신생 벤처기업이나 대기업도 될 수 있다.

'기업가'라고 하면 과학자, 활동가, 교사, 목수, 그리고 떠올릴 수 있는 모든 종류의 직업을 말하는 것이다.

연속적으로 사업을 펼치는 사업가나 사내 기업가를 의미할 수도 있다.

창의적인 일을 하는 이들이나 브랜드 전략가들은 이 책을 통해 브랜딩을 더욱 잘 이해하고 자신의 기술을 잘 적용할 수 있을 것이다.

린 접근법(LEAN APPROACH)

우리는 브랜드를 개발할 때, 린 접근법(일단 시도해보고 보완하면서 빠르게 개발을 진행하는 경영전략 중 하나-옮긴이)을 선호한다. 함께 생각해 낸 아이디어를 개인과 소그룹을 통해 시험하고 조정해가면서 점진적으로 발전해가는 방법이다. 이 책에서 다루는 방식은 질적 양적으로 대규모 테스트를 포함하지 않으며 그룹 토론이나 전문적인 시장 조사에 중점을 두지 않는다. 브랜딩 과정에서 확실한 근거를 필요로 할 때 언제든 이러한 연구 방식을 도입할 수 있다. 하지만 이 책을 읽을 대부분의 독자에겐 금전적으로나 시간 적으로 그러한 활동을 하기엔 무리가 따를 것이기에 일단 제외하는 것으로 하겠다.

이 책은 변화를 이끌고자 하는 이들이 브랜딩의 기본을 완벽히 이해하도록 돕기 위해 세상에 나왔다. 이 책과 함께 여러분 브랜드의 청사진을 그려보길 바란다. 이 책은 여러분을 브랜드 전략가로 만들어 주거나 훌륭한 디자이너나 카피라이터를 대신해 주지도 않는다. 하지만 이 책을 통해 브랜드적 사고방식을 기르고, 전체적인 브랜딩 과정을 잘 이해한 다음 변화를 이끄는 브랜드를 구축한다면, 자신의 능력에 확신을 지니게 될 것이다.

브랜딩 과정에 착수해야 할 시기

새로운 계획을 둘러싼 생각과 사업 구상을 시작하는 시점

마음에 품은 미션과 비전만을 순수하게 걸러 내어 가시적인 제품이나 서비스, 파트너십, 또는 장소로 탄생시키는 과정은 (브랜딩 그 자체라고 할 수 있으며), 이미 가진 직관적인 사고에 기폭제로 작용해서 사업이나 제품 및 서비스의 콘셉트를 다시 판단해보고, 강화하며, 조정 하는 데 도움이 된다.

(개인적이든 공식적이든) 첫 번째 고객에게 다가갈 준비가 되었을 때

브랜딩은 내가 누구인지, 무엇을 하는지, 그리고 왜 이것이 중요한지 틀을 짜도록 도와주며 어떤 고객을 대상으로 할지 생각해 볼 수 있게 해준다. 대상 고객을 정했다면, 그들에게 무엇을 제공할지, 그리고 어떻게 다가설지 구상해야 한다. 이 과정은 투자가와 지지자, 파트너, (미래의) 직원들, 공급자, 그리고 대중적이고 세계적인 플랫폼을 활용한 미디어든 개인 고객에게 보내는 피치덱(투자자들에게 보이기 위한 비즈니스 모델 설명 자료-옮긴이)이든, 필수적이다. 10년 전만 해도 사업 구상이 완료되기 전까지는 브랜드 개발에 자원을 투자하지 않고 미뤄 두는 것이 현명했을지 모른다. 하지만 오늘날 신생 벤처기업 같은 경우, 적합한 비즈니스 모델을 찾는 것 자체가 꽤 시간이 걸리는 일이기에 첫 대면 고객이 중요한 투자자든, 아니면 자신의 엄마든, 브랜딩을 따로 떼어놓고 생각해서는 안 된다.

기존의 평판에 문제가 생기거나, 시장 변동 및 혼란을 겪을 때

관련 산업 전반에 걸쳐 큰 변동이 생겼다고 해서 운영 중인 사업의 막을 내려야 하는 것은 아니다. 어떻게 하면 이미 진행 중인 일을 재구성할 수 있으며, 이 과정은 왜 중요할까? 브랜딩 과정에서 자신의 목적과 위치를 다시 생각해 보도록 하자. 그리고 평판을 되돌리기 위해 꼭 필요한 것은 무엇인지 알아보자.

 맥밀란 암 지원센터
사례 연구에 소개된 이 단체는 평판에 문제가 생겼을 때 다시 브랜딩 과정에 착수해서 성공적으로 어려움을 극복했다. 42페이지를 참조하라.

브랜드에 투자하기

브랜딩 과정은 광범위한 분야에 걸쳐 이뤄지며 시간과 노력을 요구하는 작업이다. 강력한 브랜드는 하룻밤 사이에 생겨나지 않으며 수년간의 작업을 통해 완성된다.

책임과 역량

하나의 브랜드를 구축하려면 두 종류의 노력이 필요하다. 바로 큰 그림 전략과 일상의 실천 과정이다. 두 가지 모두를 잘 해내려면 좋은 인력, 그리고 시간과 돈이 필요한데, 이 세 가지 모두가 충족되어야만 어떠한 형태의 성과라도 낼 수 있다.

팀에 소속된 모든 이들이 브랜드에 대해 주인의식을 갖고 브랜드에 공헌하고자 하는 마음을 지니고 있어야 하지만, 지도부의 누군가는 브랜딩과 관련해 전적인 책임을 지고 나아가야 한다. 이 누군가가 바로 큰 그림 전략을 이끄는 사람이다. 큰 그림을 그리고 오랜 시간에 걸쳐 조정해야 하며, 구성원에게 영감을 주고 참여시키는 등 전략적으로 그들을 지지해야 한다.

구성원 내부에서, 혹은 외부 에이전시가 브랜딩과 홍보를 맡아서 진행하고 있다면, 그들은 이 큰 그림을 잘 이해하고 현재 무엇을 위해 이러한 활동을 하고 있는지 정확히 인지해야만 한다. 브랜딩을 전적으로 책임진 사람은 이 과정에서 굉장히 중요한 역할을 맡는다고 볼 수 있으며, 전략을 짜는 국면에서 그 사람의 생각이 큰 영향을 미치게 된다.

만약 여러분이 개인 기업가라면 우선 브랜드 청사진을 그린 뒤 언어 및 비주얼 아이덴티티를 제대로 확보하고, 오랜 시간 노력해야 한다는 사실을 잊지 말자. 매 2주씩 시간을 구분하여 큰 그림을 확인해 보고, 매주 많은 시간 공을 들여 브랜드 관련 활동과 진행 상황을 스스로 감독해 보자. 모든 것이 여러분에게 달려있기에, 달력을 하루하루 확인하듯 브랜딩 진행 과정을 놓치지 않고 지켜보는 것이 매우 중요하다.

일단 밀고 나가기

물론 이 책을 읽고 있을 여러분 중 아직은 브랜드 개발에 상당한 시간과 돈을 투자하기엔 무리가 있는 단계에 머물러 있는 경우도 많을 것이다. 단순히 브랜드적 사고방식에 대한 정보를 얻기 위해서라면, 하루 정도 시간을 내어 이 책에서 제공하는 자료를 꼼꼼히 살펴보고 대강의 스케치 구상을 해 봐도 좋다. 계획을 명확히 한 후 안정적으로 자신에게만 집중할 수 있는 공간을 확보한다. 문을 닫고 벽면에 공간을 마련한 후, 아래의 도구를 활용해보길 제안한다.

» 통찰력 생산기 (p. 163)
» 브랜드적 사고하기 캔버스 1 (p. 166)
» 브랜드적 사고하기 캔버스 2 (p. 168)
» 행동 계획표 (p. 176)

브랜드적 사고하기 캔버스 두 장을 벽에 나란히 붙여두고 각각의 왼쪽과 오른쪽에 아무것도 적히지 않은 플립차트나 뭔가를 쓸 수 있는 공간을 마련하자.

브랜드적 사고하기 캔버스 1의 왼쪽에 있는 통찰력 생산기에는 (4장의 국면 1, 2단계에서 말하는) 브랜드의 과제를 적는다. 브랜드적 사고하기 캔버스 1과 2를 참조 페이지에서 확인한 후 활용해본다. 오른쪽 공간에는 떠오른 생각을 바탕으로 행동 계획표를 작성하여 마무리한다.

나중에 살펴볼 내용
113쪽부터 브랜딩을 위한 시간과 예산을 절감하기 위한 방법에 대해 배울 수 있다.

이 책에서 사용한 기호들

이 책에서는 노란색과 검은색 블록 및 여러 기호를 활용하고 있다. 독자에게 영감을 줄 만한 정보는 노란색 박스에 담았다. 검은색 박스는 이 책에서 소개하는 사례 연구 및 도구와 같은 참고 사항을 안내한다.

관련 내용

 해당 주제와 관련된
내용을 보여주는
실제 사례 소개

 브랜드 개발 과정에
도움이 되는 조언과 요령들

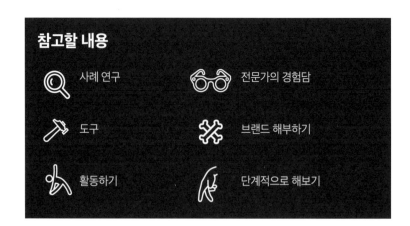

참고할 내용

🔍 사례 연구

👓 전문가의 경험담

🔨 도구

✖ 브랜드 해부하기

🖐 활동하기

🖐 단계적으로 해보기

CHAPTER 1
브랜딩 입문

브랜딩의 역사

기사들은 브랜딩을 통해 충성을 표했다.

브랜딩으로 다른 상품들 틈에서 돋보일 수 있다.

브랜딩은 명성을 드높여 주기도 한다.

브랜딩은 소유를 증명하던 방식이었다.

브랜딩은 전 세대와 문화에 걸쳐 행해진 인간 고유의 활동으로, 나는 누구인지, 그리고 어떤 사람인지를 보여주는 방식이다.

오래전부터 예술가들은 작품에 서명을 남겨서 이름을 알렸다. 금과 은 세공사들은 소비자가 신뢰할 수 있도록 품질 마크를 찍는 방법을 고안해냈다. 기사와 전사들은 자신들의 성읍과 부족을 상징하는 색상과 무늬를 그려 넣은 의복을 만들어 입고 충성을 표했으며, 적들과 자신을 구별하고 명성을 드높였다. '브랜딩'이란 말 자체의 어원은 소에 낙인을 찍어 소유권을 드러내고 증명하던 19세기 미국으로 거슬러 올라간다.

오늘날 우리가 알고 있는 브랜딩이라는 말의 의미는 산업혁명 당시에 형성된 것이다. 제품의 생산 규모가 커지고 물류의 이동이 빨라지면서 생산자와 소비자의 물리적 거리는 멀어졌다.

입소문만을 통해 인지도를 올리기에는 이제 무리가 있었다. 특히 먹을거리의 경우 소비자들은 제품의 안전성과 품질에 의문을 품었다. 제조업자들은 구매자의 신뢰를 얻고 고객의 충성도를 높이기 위해 제품의 독자적인 인지도를 높여야만 했다.

20세기 중반에 이르자 제조업자들은 더 이상 품질만으로 경쟁할 수가 없었다. 시장에 나온 상품들이 대부분 거기서 거기였기 때문이다. 따라서 제조업자들은 자신들이 만든 제품이 가게 선반에서 돋보기에 할 만한 차별화된 요소를 고안해내야 했다. 소비자의 감성에 호소하는 방식의 광고, 마케팅, 그리고 브랜딩이 진가를 발휘하기 시작했다. 오늘날에는 개인뿐 아니라, 정부, 활동가, 조직적인 운동, 정치 정당, 제품, 서비스, 과학자, 그리고 유명 인사들도 브랜딩을 활용해 대중에게 자신에 대한 인식을 심어주고 특정 느낌을 끌어내기 위해 노력한다.

브랜딩의 정의

그동안 브랜딩에 관해 다룬 책은 수없이 많이 나왔다. 그러나 전문가들이 얼굴이 창백해지도록 브랜딩의 정확한 의미를 논해본들 결론에 도달하지는 못할 것이다. 이 책에서는 다른 사람들이 나에 대해 어떻게 생각하고 느낄지 그 방향을 안내하는 일을 브랜딩이라고 정의함으로써 목적을 달성하려 한다.

브랜드는 우리가 하는 모든 일을 추진케 하는 기폭제와 같다. 모든 업무와 커뮤니케이션(의사소통) 방식, 인사 정책부터 시작해서 새롭게 여는 사무실의 위치를 고르는 일까지 브랜드에 맞게 추진하게 된다. 사람들은 그러한 일련의 활동을 보며 (무의식적으로) 브랜드와 연결 지어 인식하고 기억 보관소에 저장한다. 다른 이들이 나를 어떻게 인식해주면 좋겠다는 생각이 뚜렷하고, 그렇게 인식되기 위해 적절한 행동과 의사소통을 한다면 나에 대한 타인의 생각에 적극적으로 개입할 수 있을 것이다.

'브랜드란 누군가가 한 제품이나 서비스, 혹은 어떤 기업에 관해 느끼는 직감과 같은 것이다. 당신의 설명이 아닌 사람들의 평가가 곧 브랜드가 된다.' - 마케팅 전문 작가, 마티 뉴마이어(Marty Neumeier)

'브랜드는 그것을 경험한 사람들의 마음속에 자리 잡는다.' - 크리에이티브 디렉터, 브라이언 콜린스(Brian Collins)

소비자의 선택을 돕는 브랜딩
자신의 제품을 사고, 읽고, 먹어야만 한다고 주장하는 수없이 많은 사람과 기업들, 그리고 자신들에게 후원해야 한다고 소리치는 수많은 기관이 우리의 일상을 포위하고 있다. 우리는 이럴 때 브랜드에 의존한다. 브랜드 전략을 짜는 것은 대중의 선택을 우연에 맡기지 않고, 어떻게 하면 내가 원하는 이들이 우리 브랜드를 선택하고 지지하게 할지 계획을 짜는 것과 같다. 이 과정을 전적으로 통제하는 것은 불가능하고, 그러길 원할 수도 없다. 하지만 타인이 인식해주길 원하는 형태의 틀을 스스로 짜지 않는다면, 타인은 그것이 옳든 옳지 않든 마음대로 규정지을 것이다.

브랜딩의 도움 받기
내부적으로는 브랜드를 통해 목적을 설정하고, 나침반으로 활용하여 방향을 정하며, 의사 결정을 내릴 때 불필요한 부분을 거를 수 있다. 브랜딩은 곧 선택이다. 모두가 원하는 모든 것을 충족시켜주는 브랜드가 되는 것은 불가능하다. 그런 욕심을 부리다간 그 누구에게도 아무것도 아닌 브랜드가 되어 버릴 것이다. 튼튼한 브랜드는 새로운 기회 앞에서 더 나은 결정을 해야 할 때 도움이 되고 기업의 가치가 잘 공유되어 그에 알맞은 활동을 펼칠 수 있도록 도와준다.

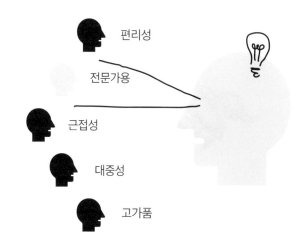

브랜딩은 대중의 선택을 돕는다.

브랜딩을 통한 전략 짜기

ABN 암로

HSBC

BNP 파리바

ABN 암로는 투자 전문 은행이니,
지금 내 상황엔 안 맞네.

HSBC는 상류층 위주로
하는 곳이니 제외하고,

BNP 파리바는 규모가
너무 크고 옛날 은행 같아.

ING 다이렉트는
온라인 서비스도 있어서
쉽고 대중적이네!

은행을 좀 알아봐야겠어!
내가 아는 은행이
어디 어디가 있더라?

ING 다이렉트

나한테 적합한 곳은
어디일까?

온라인에 올라온
고객 불만은 없군

우리 고향의 유소년
축구팀을 지원하네

2008년에 스캔들이
있었던가?…
확인해 봐야겠다

주디도 여기 고객이랬지

그럼 ING 다이렉트가 좋겠군.
ING 다이렉트에 대해
좀 더 알아볼까?

최근 우리 마을에
광고판도 달았던데.

그래,
ING 다이렉트로
정했다

브랜딩은 심리작전이다

브랜딩이 나에 대한 타인의 생각과 감정에 개입하는 행위라면, 이것이 야말로 진짜 심리작전이라고 할 수 있다. 이미 목표는 정해졌다. 대중의 마음에 자리를 잡고 그들의 지지를 얻는 것. 자리를 잡는 과정은 브랜딩의 핵심이며 성공을 위해 꼭 필요하다. 그들의 고려 대상이 되려면 우선 알려져야 한다. 사람들이 머릿속에서 바로 떠올리게 되려면 내가 누구를 위해 무엇을 제공하는지가 명확해야 한다. 사람들은 나를 선택하기 전에 기억 보관소에서 나에 관해 아는 것을 떠올리고, 자신이 원하는 내용이 맞는지를 확인하는 과정을 거친다. 드디어 대중이 나를 신뢰한다면, 그들의 필요를 충족시키며 나의 가치와 맞아 떨어지는 최선의 솔루션을 제공해 경쟁에서 이길 수 있을 것이다. 이처럼 고려 대상이 되고 선택받는 과정은 고객들이 은행을 찾고, 사회적 투자자가 투자할 신생 기업을 찾고, 한 졸업생이 일자리를 구하고, 한 직장인이 연말에 받은 보너스의 절반을 기부할 만한 사회적 선행을 찾는 과정과 같다.

경쟁이냐 협력이냐

시장에서 위치를 설정하는 일은 운동 경기 중 다른 선수들과 자신을 구분하는 일과 똑같다. 주로 사회적 기업가들은 타 기업가들과 경쟁한다고 생각하길 꺼리는 경향이 있다. 사실 비영리 단체나 사회적 기업가들이 경쟁하지 않는다는 논리는 환상에 가깝다.

스타트업은 시간, 관심, 투자, 판매, 보조금, 상, 연설가 목록, 또는 뛰어난 직원 확보를 두고 어떤 형태로든 경쟁을 펼친다.

그렇기에, 차별화된 브랜딩은 매우 중요하다. 꼭 경쟁하기 위해서 차별화된 브랜드가 중요한 것은 아니다. 협력을 위해서도 차별화된 브랜드는 중요하다. 더 나은 세상을 만들기 위해 협력은 매우 중요한 미덕이다. 시장에서 제대로 위치를 잡는다면 이러한 협력이 더욱 쉬울 것이다. 자신의 브랜드와 또 다른 브랜드가 명확한 상호보완 기능을 지니고 있다면 팀을 이룰 수도 있다. 가치를 공유하고 공동의 고객을 확보했다면 사업의 동반자로 나아가는 것 또한 가능하다.

시장 지도 펼치기
내가 속한 시장의 형태를 확인하고 어디에 포지셔닝을 하면 좋을지 생각해보자. 187페이지를 참조하여 시장 지도를 그려보자.

브랜딩에 관한 착각

많은 사람, 기업, 그리고 정부는 평판을 되돌리고자 하는 노력으로 홍보와 브랜딩에 의존한다. 가령 홍보를 통해 사람들의 인식에 개입하고자 하는 것이 이러한 노력의 목적이라면, 이는 단순한 선전에 불과하다. 겉모습만 바꾼다고 되는 일도 아니다. 개인이든 기업이든 신뢰를 얻으려면 말뿐 아니라 행동으로 보여줘야 한다.

행동

홍보

신뢰

행동

홍보

불신

브랜딩은 훌륭한 도구지만, 위험을 수반한다. 자신만의 '언어표현 탐지기'를 켜고 모든 생각과 말이 현실적인지를 확인해야 한다. 대담한 비전을 드러내는 것을 두려워하지는 말되, 자신이 얻고자 하는 것을 정직하고 투명하게 드러내자. 될 수 있는 한 자신의 것으로 주목을 받으려고 노력해야 한다. 그리고 (매우 어렵겠지만) 단순해야 한다. 전문 용어 따위는 웬만하면 피하도록 하자.

> 좋은 평판을 받고 싶다면 그에 합당한 사람으로 보이도록 노력해야 한다. - 소크라테스

브랜딩의 경계

브랜딩은 마케팅일까? 광고일까? 아니면 상표나 많은 이들에게 주목받는 동영상 같은 것일까? 이 모든 것이 브랜드의 일부라고는 할 수 있지만, 브랜딩과 동의어는 아니다. 마케팅은 제품을 시장에 들여오는 데 도움을 준다. 마케팅 담당자는 제품을 어디에 두고 관심을 끌지, 어떤 방식으로 고객에게 보상할지 고민한다. 광고는 주로 신문 광고, 텔레비전 광고, 페이스북 앱, 그리고 웹 배너나 전단지를 만드는 활동이다. 상표는 비주얼 아이덴티티를 나타내므로 브랜드에 있어 매우 중요한 부분이다. 메시지를 전하기에는 동영상도 아주 훌륭한 매체가 될 수 있다. 이 모든 것은 브랜딩의 일부로, 전체를 포괄하는 개념은 될 수 없다.

언어표현 탐지기

스스로 전문 용어나 그럴듯한 표현, 추상적인 언어에 민감한지 확인해 보자. 193페이지에서 언어표현 탐지기 활동을 해 보자.

스타트업 브랜딩의 기술

브랜드를 강력하게 해주는 요인들

강력한 브랜드를 가늠하는 것은 취향의 문제가 아니다. 강력한 브랜드에는 측정 가능한 요인들이 있다.

인지 가능한 차이점

시장에서 어떤 역할을 맡고 싶은지 잘 알아야 한다. 비슷한 것들이 제공되는 경쟁 시장에서 어떻게 자신을 차별화할 것인가? 무엇으로 인식되고 싶은가? 브랜딩은 선택이다. 브랜드 전략가 수잔 반 곰펠 (Suzanne van Gompel)은 간단한 예로 레스토랑 사업을 들어 알려준다. 만약 채식주의자와 고기를 먹는 사람 모두를 위한 가게를 차린다면, 그 누구도 오지 않는 이도 저도 아닌 레스토랑이 된다고 말이다.

강력한 'WHY'가 있는가

무언가를 하는 이유, 해야 하는 일, 그리고 더 큰 목표가 무엇인지 구체적으로 알면 대중과 연결되는 데 도움이 될 뿐만 아니라 단체로서 무슨 일을 하든 그것을 이끌어 주는 안내자 역할을 하게 될 것이다. 목적은 브랜드의 방향이 되고, 드넓은 수평선에 밟고 나아갈 점을 찍어준다.

인구에 회자되는 이야기

자신이 하는 일의 계기가 된 특정 순간이나 인물, 또는 사명감이나 통찰력에 관한 이야기를 만들자. 브랜드와 관련된 인상 깊은 이야기만큼 소비자와 여러분을 끈끈하게 연결해주는 것도 없다. 이야기를 통해 브랜드에 공감한 소비자들은 자연스럽게 브랜드를 전하는 사절단이 되어 줄 것이다.

명확한 커뮤니케이션 능력

강력한 브랜드는 항상 명료하다. 어떤 브랜드가 무엇을 제공하는지 명확하게 이해하지 못한 상태에서 사람들이 그 브랜드를 지지하는 것은 불가능하다. 당연한 이야기라고 느낄지 모르지만, 얼마나 많은 기관이 명료하게 정체를 드러내는 데 실패하는지 알게 된다면 굉장히 놀랄 것이다. 항상 대중을 위한 가치와 (브랜드를 통해 사람들이 얻는 것) 세상을 향한 가치 (더욱 큰 목표)를 구체적으로 명시하도록 하자.

살아 숨 쉬는 브랜드

브랜드를 나타내는 색상으로 뭐든 칠해 놓는다고 해서 강력한 브랜드가 되는 것은 아니다. 자신이 무엇을 하든 브랜드가 살아 움직이며 드러나도록 해야 한다. 어떤 강연회에서 발표를 듣거나, 브랜드의 웹사이트를 방문했을 때, 또는 고객센터에 전화를 걸거나, 브랜드 이벤트에 참여했을 때, 청중이 마주하는 모든 것에서 브랜드가 나타내고자 하는 가치가 살아 숨 쉬도록 하는 것은 매우 중요하다.

'저를 쏘지 마세요'를
350개 언어로 표현하는 법

강력한 브랜드는 대중의 마음속에 평생토록 자리한다. 적십자의 경우 인지하기 쉽고 기억에 잘 남는 브랜드의 특징이 말 그대로 삶과 죽음의 차이를 잘 표현했다.

강력한 이름과 얼굴

흔한 브랜드로 머물지 말자. 내면의 특성을 고유하고 차별화된 브랜드의 외적 아이덴티티로 특성으로 드러내자.

현실성과 신뢰도

하루를 마무리할 때 사람들이 나에 대해 생각하고 느끼는 바는 바로 내가 제공한 제품과 서비스를 통해서다. 브랜드를 구축할 때 잊지 말아야 할 점은 행동으로 보여줘야 한다는 것이다. 거창하게 약속해놓고 지키지 못하는 것만큼은 피해야 한다.

변화를 이끄는 브랜딩이 필요한 이유

세상이 완벽하다고 가정한다면, 훌륭한 아이디어는 그 장점만으로도 널리 알려지는 데 어려움이 없을 것이다. 하지만 안타깝게도, 우리가 사는 세상은 불완전하다. 변화를 만드는 생각을 현실화하려면 투자자, 능력 있는 직원, 파트너, 그리고 소비자 또는 고객이 필요하다. 그리고 그들을 같은 배에 태우려면, 변화를 만들고자 하는 그 생각을 잘 설득하는 능력이 필요하다. 브랜딩이야말로 그 목적을 위한 완벽한 방법이다.

브랜드 하나를 구축해 가는 과정은 결코 쉽지 않지만, 일단 강력한 브랜드를 만드는 작업에 투자를 시작했다면, 브랜딩 덕분에 힘든 상황을 피해갈 수 있을 것이다.

체인지 메이커들이 그 가치에 합당한 브랜드를 잘 구축한다면, 그들이 속한 기관이 잘 됨은 물론이고 기존 방식의 기업들을 앞서게 되면서 패러다임의 전환을 가져올 수 있다고 확신한다. 사회적 선을 추구하는 형태가 기업을 운영하기에 최선의 방식이라는 인식으로 말이다.

연구 결과에 따르면, 강력한 브랜드는…

- » 높은 수익을 창출하고, 재정 지원금과 투자도 많이 받는다.
- » 소비자와 더 많은, 그리고 더욱 장기적인 상호관계를 맺는다.
- » 지지자의 충성도가 높아지고 전문 인맥이 넓어지며, 지속적인 사업이 가능하다.
- » 뛰어난 인력을 모은다.
- » 더 나은 파트너십을 구축한다.

위와 같은 결과는 사회적 기업가들이 영향력을 미치기 위해 필수적인 사항들이다. 신생 기업의 경우, 브랜딩을 통해 첫 고객이나 투자자를 만날 수 있고 제품이나 서비스를 성공적으로 출시할 수 있다. 이미 자리를 잡은 단체라면 이미 구축한 것을 더욱 강화하거나 시장이 혼란스러울 때 새로운 국면으로 진입하는 데 도움이 된다. 시장 환경에 변화가 생기고 내부 문제를 겪을 때도 브랜딩이 도움이 된다.

여러 브랜드를 보면 위대한 업적은 투기 넘치는 개인이 독자적으로 이뤄낸 행위가 아님을 알 수 있다. 특정 시점이 되면 좋은 아이디어나 중요한 통찰은 브랜드가 되는 과정을 반드시 거쳐야 한다. 이를 통해서만 세상에서 영향력을 넓혀가고 많은 이들이 동참하게 할 수 있다. 지금 세상은 더 나은 브랜드들의 등장이 매우 시급하다. -알랭 드 보통

모든 것의 브랜드화

브랜드적 사고방식은 개인과 장소, 단체, 조직적인 운동, 제품, 서비스, 그리고 어떤 원료나 문화적 콘셉트에도 적용할 수 있으며, 사람들이 생각하고 느끼는 방식에 개입한다.

사회적 선을 추구하는 콘셉트의 브랜딩은 항상 옳다. 과연 그럴까?

브랜드 개발을 본격적으로 시작하기에 앞서, 근본적인 질문을 한번 던져보자. 사회적 선을 추구하는 브랜딩은 무조건 좋다고만 할 수 있을까? 오늘날에는 더 나은 사회와 환경으로 변화를 추구하는 것을 미션으로 여기는 브랜드가 세계 곳곳을 휩쓸고 있다.

하지만 그러한 사명감 하나로 브랜드를 구축하면 성공이 보장되지 않을 뿐 아니라 불시에 위험을 마주할지도 모른다. 사회적 선을 먼저 내세우기 전에, 이제부터 소개할 다섯 가지 사항을 잘 고려해 보길 바란다.

박애주의를 내세운 브랜드에 논란의 소지가 생기면 사업 전체가 타격을 입을 수 있다.

미국 신발 제조업체 탐스는 지금은 다른 기업들도 모방하고 있는 One-for-One(하나의 제품을 판매하면 하나를 기부하는 방식-옮긴이) 모델을 기반으로 사업을 펼쳤다. 지난 9년간 탐스는 신발 한 켤레가 팔릴 때마다 한 켤레씩, 총 3천 5백만 켤레가 넘는 신발을 전 세계 어린이에게 기부했다. 탐스는 기업의 모든 브랜딩과 마케팅 활동 중심에 이 One-for-One 모델을 내세웠다. 서구의 수많은 소비자는 이 따뜻한 의도를 쉽게 이해했으며, 탐스를 지지했고, 탐스의 활동에 참여하길 원했다.

더치위드버거(The Dutch Weed Burger)는
고기를 먹는 이들에게 채식도 맛있다는 것을 알리고자 했다.

하지만 최근 탐스의 박애주의 모델은 비난을 받았다. 비평가들은 탐스가 기부한 신발 때문에 현지의 신발 산업은 어려움을 겪고, 실업률이 증가해 시장에 부정적 영향을 끼친 점을 지적한다. 이제 탐스는 신문 헤드라인에서도 자신들이 목표로 한 것과 정확히 반대의 내용으로 평가받고 있다. 탐스의 One-for-One 모델처럼, 기업이 추구하는 사회적 선이 논란의 중심에 서고 그 모든 것이 브랜드와 얽혀 있을 때, 신뢰를 잃고 결국 제품의 판매 실적에도 악영향을 미치는 결과를 낳는다.

훌륭한 가치라고 생각해서 제안해도 대중에겐 통하지 않을 수 있다.

2008년 인도의 거대 기업 타타(Tata)는 대중을 위한 자동차 '나노(Nano)'를 출시했다. 가격이 약 150만 원인 자동차로, 정말 가난한 이들도 자동차를 살 수 있는 인도를 만들겠다는 비전을 제시했다. 하지만 이 프로젝트는 기대에 못 미치는 성과를 이루고 실패했는데, 그 이유 중 하나는 누가 봐도 가난한 사람으로 보게 될 자동차를 타려는 소비자가 많이 없었기 때문이었다. 이와는 대조적으로, 케냐의 모바일 결제 시스템 MPESA는 사회적으로 굉장히 가치 있는 일을 해냈다. 수입과 상관없이 가난한 이들도 효율적으로 이체서비스 등을 이용할 수 있는 은행을 만든 것이다.

MPESA는 수백만 명의 삶을 향상 시켰지만, 절대로 그 부분을 강조하지 않았다.

이 은행은 단순한 서비스를 제공해서 효율적으로 공과금을 내고 안전하게 결제할 수 있도록 했다. MPESA는 케냐 고객들은 '가난한데' 자신들이 '구제해' 주었다고 내세우는 대신 케냐 국민을 세계적 수준의 서비스로 대접하는 방법으로 많은 고객을 유치할 수 있었다.

비슷한 사례를 소개하자면, 해초를 넣어 만든 채식 햄버거 브랜드인 더치위드버거(The Dutch Weed Burger)는 이전에 동물 권리 보호를 위해 활동하던 사람들이 고기를 먹는 사람들도 최대한 채식을 즐기도록 하자는 취지에서 설립했다. 하지만 이들은 채식의 환경적 이점과 잔인하지 않은 제조 방식을 강조하는 대신, 정말 맛있다는 사실만을 내세웠다. 독실한 육류 애호가라면 맛없는 햄버거를 쳐다보지도 않을 것이며, 환경문제 따위는 관심 밖일 수도 있기 때문이었다. 결론을 말하자면, 사회적 선을 앞세우기 전에 소비자부터 제대로 파악해야 한다. 좋은 의도만 내세우다가 시작부터 자격을 박탈당할지도 모른다.

3 영향력을 갖기란 예상처럼 쉽지 않다.

네덜란드의 초콜릿 브랜드 토니스 초코론리(Tony's Chocolonely)는 2005년 노예 노동이 전혀 개입되지 않고 생산되는 초콜릿을 내세우며 야심차게 시작했다. 하지만 몇 년이 지난 후 초콜릿 공급 사슬 전 과정에서 노예 노동이 전혀 개입되지 않는다고는 보장할 수 없었다. 다른 초콜릿 회사도 사정은 마찬가지였다. 원래 토니스 초코론리 포장지에는 체인을 끊어 버리는 그림문자와 함께 제품 제조 과정에서 노예 노동이 전혀 사용되지 않았다는 사실을 100% 보증한다는 내용의 문구가 쓰여 있었다. 현재는 노예 노동이 동원되지 않도록 함께 해달라는 내용의 문구로 바뀌었다. 이 브랜드는 세계 초콜릿 산업이 마주한 문제들을 공개적으로 드러내고 심지어 페이스북에서는 자신들이 비판받고 있는 내용의 기사를 공유하는 방법을 택했다. 이와 같은 차질을 겪었음에도 토니스 초코론리의 인기는 식지 않았다. 여전히 네덜란드 초콜릿 시장에서 주요 경쟁업체들과 어깨를 나란히 하고 있다. 하지만, 토니스 초코론리의 사례는 예외적이라고 생각해야 할 것이다.

4 선한 의도를 바탕으로 한 브랜드는 품질의 중요성을 잊기 쉽다.

사회와 환경에 선한 영향을 미치고자 하는 의도에 초점을 두고 브랜딩을 하다 보면 좋은 품질의 제품이나 서비스를 제공하는 데 신경을 쓰지 못하게 될 수도 있다. 고객에게 좋은 느낌을 안겨주는 제품을 파는 데 성공했다 하더라도, 그 제품의 품질이 수준 이하일 경우 좋은 느낌만으로는 고객의 재구매를 부르지 못한다. 당연한 말처럼 들리겠지만, 사실 아주 많은 기업이 품질보다는 그러한 느낌만 잘 살려서 번창하려 한다. 예를 들어, 휴대용 보조배터리가 하나 필요하다고 가정해보자. 여러분은 인터넷 검색을 통해 괜찮은 제품을 찾다가 다른 제품보다는 조금 더 비싸긴 하지만 친환경적이고, 구매를 통해 전기를 얻기 힘든 나라의 사람들에게 같은 제품을 기부할 수 있다고 광고하는 태양열 보조 배터리를 구매한다. 몇 시간 동안 햇빛을 받으며 충전해본 결과, 아직도 20% 남짓 충전된 채 그대로다.

이 충전기는 여러분이 돈을 낸 만큼의 기능을 하지 못했고, 좋은 일을 하려고 했던 마음도 싹 사라져버렸다. 이 브랜드의 말을 믿고 한 번은 구매했지만, 앞으로 해당 브랜드의 다른 제품을 구매할 마음이 생기겠는가?

5 사회적 선과 지속가능성만을 영원히 내세울 수는 없다.

사회와 환경에 미치는 영향력은 시간이 흐름에 따라 변하기 때문에, 계속해서 브랜드를 차별화해주는 요소가 되지는 못한다. 오늘날, 거대 은행들이 물의를 일으키자 지역의 '녹색' 은행이 돋보이고, 마트에는 대량생산된 식품들로만 가득하니, 유기농이나 수제 식품들이 진가를 발휘한다. 하지만 언젠가는 (반드시) 모든 기업의 사업 모델이 사회와 환경적 책임을 추구하는 방식으로 나아갈 것이기에, 장기적인 관점으로 볼 때 그러한 책임감과 공공의 선을 차별화 전략으로 활용하는 것은 위험하다. 다양한 가치를 추구하는 접근법을 고려해 보자. 차별화할 수 있는 또 다른 요소에는 어떤 것이 있을까? 피라미드 구조의 가장 하층을 떠받치고 있는 저소득층을 돕는 소액 대출 프로그램을 운영한다고 가정할 때, 여러분의 사업은 최고의 서비스를 내세울 것인가, 아니면 저렴한 이자율을 보장해줄 것인가? 무료로 고객들에게 재정 관리에 관한 강의도 제공해 줄 것인가? 이와 같은 차별화 전략을 기업이 추구하는 사회와 환경적 선과 동반해서 드러내야 한다. 나를 남들과 다르게 하는 그 한 가지, 나를 규정하는 바로 그것을 통해 사람들이 나를 인지하도록 해야 한다. 그게 배달 방식이 될 수도, 뛰어난 직원이 될 수도 있다. 아니면 기능의 우수함이나 친환경적인 면이 될 수도 있고, 감정에 호소하는 방법이 될 수도 있다. 바로 위생용품 브랜드 요니(Yoni)가 현대 사회의 당당한 여성들에게 다가간 방법처럼 말이다.

사람들은 변화를 추구하는 제품이나 서비스를 개발할 때 직관적으로 그러한 사회 환경적 영향을 브랜드 중심에 두고 시작하곤 한다. 하지만 그러한 가치를 담은 브랜드라고 해서 절대로 실패하지 않는 것은 아니다. 브랜드를 구축하기에 앞서 소비자와 시장, 그리고 자신의 위치를 고려해야 한다. 가치를 내세우는 정도를 적절히 조정해야만 원하는 기간 안에 원하는 변화를 이끌 수 있을 것이다.

토니스 초코론리
41페이지에서 토니스 초코론리가 직면했던 문제들, 그리고 브랜드의 미션을 달성하기 위해 어떤 방식으로 어려움을 극복했는지 알아보자.

CHAPTER 2
사례 연구

YONI(요니)의 사례
생리를 다시 생각하다

여성용품 산업에 혁명적인 변화를 일으키고자
했던 두 여성이 여성뿐 아니라 남성의 시선까지도
사로잡은 방법을 알아보자.

#소매 #제품 #유기농 #여성 #B2C

 창의적인 제안서 체크리스트
창의적인 업무용 제안서 작성이 완료되었다면, 145
페이지의 체크리스트를 보고 제안서 내용을 확인해
보자.

유기농 위생용품이 시장에 나온 지는 이미 약 10년 정도 되었지만, 유기농 솜을 채운 탐폰이나 생리대는 완고한 유기농 마니아들에게나 관심을 받은 정도였다. 요니의 창립자 마리아 만스펠트 벡(Mariah Mansvelt Beck)과 벤델리인 헤블리(Wendelien Hebly)는 모든 여성이 무해한 위생용품을 쉽게 접할 수 있길 바랐다.

이들은 처음부터 두 가지 사항을 짚고 넘어가야 했다고 헤블리는 설명한다. "제품을 널리 알려서 소비자들이 쉽게 선택할 수 있도록 해야 했고," "당시 접할 수 있는 유기농 제품을 보면 유통 부분에서 친환경 틈새시장을 잘 활용하긴 했지만, 디자인이나 제품의 느낌이 너무 친환경적이었어요." 당시 세계적으로 소비자의 경향이 먹고 얼굴에 바르는 제품에 굉장히 신경을 쓰는 추세였다. 위생용품 또한 이러한 추세에 일부가 되지 말란 법은 없지 않은가? 그리고 친환경 유기농 브랜드라고 해서 꼭 섹시하지 말란 법은 없지 않을까? 그렇게 해서 요니가 탄생했다.

이 브랜드는 출시 직후부터 지금까지 쭉 같은 콘셉트를 유지해오고 있지만, 포장과 브랜드 명칭, 그리고 디자인과 느낌에는 변화를 주었다. 처음 브랜드 명칭은 'FIP Organic'이었다. 벤델리인의 설명에 따르면, 처음엔 스스로 디자인을 해보려고 시도했으나, 자신들이 디자이너가 아님을 깨닫고 디자인 작업을 맡아 줄 사람을 찾아 아이디어를 주며 일을 맡겼다고 한다. 하지만 원하는 결과가 나오지 않았다. 그렇게 해서 내린 결정이, 약 1년 반 동안 작업해온 것을 백지화하고 모든 것을 다시 시작하는 것이었다. 쉽지 않은 결정이었지만 그 덕분에 'FIP Organic'이었던 브랜드가 '요니, 생리를 다시 생각하다(Yoni, rethinking periods)'로 재탄생하는 엄청난 변화가 일어났다. 이들은 네덜란드의 작은 에이전시 한 곳을 소개받아 회의 탁자에 아이디어들을 펼쳐두고 함께 고심한 끝에 요니를 생각해 냈다고 한다. 브랜드명이 정해지고 그 후 삼 주만에 브랜드 디자인이 고안되었다. 그 결과물인 브랜드의 비주얼 아이덴티티와 패키지는 디자인을 통해 요니의 스토리를 말해주고 있었다. 포장 상자는 매우 단순하고 깔끔해서 상자에 보이는 것이 곧 상자의 내용물이나 다름없다. 그리고 대문자 Y는 자연스럽고 유머러스하게 여성의 사타구니를 연상시킨다.

요니를 보면 단순한 그림과 브랜드의 목소리, 그리고 위트와 유머가 섬세하게 조화를 이룬듯한 인상을 받는다. 요니란 산스크리트어로 '삶의 기원'과 '질'의 의미하는 말로, 어휘 선택에 있어 대담했다고 볼 수 있다. 인도 사람이 아니라면 이러한 의미를 아는 이가 거의 없을 것이며, 매력적이고 친근한 여자아이의 이름쯤으로 여길지 모른다. 그렇게 요니

는 삽시간에 브랜드로서의 아이덴티티와 목소리를 지니게 되었다.

요니는 브랜드 이야기를 더 많은 대중에게 퍼트리기 위해 대담하고 창의적으로 홍보한다. 두 창립자는 크라우드펀딩 캠페인용으로 '화학물질을 여성의 생식기에 사용하지 마세요, Chemicals are not for pussies(여자의 성기를 의미함-옮긴이)'라는 구호를 택했다. 자유분방한 나라인 네덜란드에서는 문제가 없겠지만, 다른 나라에서는 문제가 될 수도 있기에 제품의 포장에는 단순하게 '생리를 다시 생각하다(rethinking periods)'라고만 써두었다.

친환경 유기농 브랜드라고 해서 꼭 섹시하지 말란 법은 없지 않을까?

요니는 사명감에 찬 열의와 의로운 분노를 모두 모아 부드럽고 단순한, 그리고 편안한 디자인에 담았다. 반델리인은 "우리는 절대 강요하지 않아요. 그저 스토리텔링의 힘을 믿고, 이야기가 널리 퍼졌을 때, 그래서 소비자에게 선택권이 있을 때, 변화가 있을 것이라고 믿어요."라고 말한다. 요니는 명료하고 흥미로운 홍보 내용 덕분에 전문 투자자들부터 십 대 소녀까지 다양한 고객을 모을 수 있었다. 두 창립자는 그 어떤 것도 우연에 맡겨두지 않았다. "우리는 정말 열심히 했습니다. 특히 홍보 문구를 더욱 짧게 만드는 데 주력했죠. 많은 시간을 투자해 짧고 강렬한 문구를 만들면, 오랜 시간 사용하기 좋습니다. 그러한 짧은 문구를 만드는 데 집중해서 여러 시도를 하다 보면, 사람들이 더 좋은 아이디어를 제안하기도 합니다."

요니는 돈이 드는 상업 광고 대신 무료 홍보에 중점을 두었다. 모든 종류의 스토리텔링이나 홍보는 이벤트, 소셜 미디어, 킥스타터(미국의 크라우드펀딩 서비스-옮긴이), 그리고 비디오나 블로그를 통해서 이뤄졌다. "사실 오프라인으로 뭔가를 하고 싶지만, 온라인상에서 더 많은 대중에 다가갈 수 있고, 투자 결과도 쉽게 확인할 수 있어요." 요니는 소규모로 시도한 후 성과가 나는 부분을 잘 파악하여 집중적으로 추진한다.

예를 들어 초반에는 여성 고객에게만 집중했지만, 곧 모든 남성 고객에게 이 브랜드를 알려주고픈 여성이 아내든, 여자친구든, 여동생이든, 아니면 자신의 딸이든, 최소한 한 명은 있다는 사실을 깨달았다. 어떤 이벤트가 있을 때면 요니는 화장실 앞에 서 있다가 여성들에게 제품 소

개를 하곤 했는데, 포스터를 붙여두면 한 번에 더 많은 장소에서 홍보하는 효과가 있다는 것을 깨닫고 방식을 바꾸었다. "우리의 콘셉트에는 변함이 없지만, 우리 이야기는 진화합니다. 그리고 더욱 강력해 지지요. 이 이야기를 전할 새로운 방법을 계속해서 찾을 겁니다." 이제는 네덜란드에서 가장 큰 드럭스토어 체인에서도 요니가 판매되기에 처음으로 상업 광고를 시도하기 시작했다.

요니를 지지하는 소비자들이 아주 많아졌고, 자신의 아이디어를 제안하는 사람들이 생기기도 했다. "저희에게 메일을 보내 어떻게 하면 더 많은 이들에게 제품을 알릴 수 있을지 문의하는 소비자들이 정말 많아요. 타파웨어 파티를 연상케 하지요." 열광적인 소비자들에 영감을 얻어 요니는 현재 제품사절단 프로그램을 준비 중이다.

한때 다국적 기업에서 일했던 신경 과학자로서, 혜블리는 사회적 기업이 성공하기 위해서는 브랜딩이 필수 요소라고 믿는다. "브랜딩은 무슨 이야기를 하는가보다는 이야기를 하는 방식에 관한 것임을 알게 됐습니다. 가령 발표를 한다고 했을 때 청중이 기억하는 것은 내용이 약 25%이고, 나머지 75%는 발표자가 말하는 방식, 발표자의 외모, 서 있는 자세, 그리고 말투 같은 것입니다. 이게 바로 인간의 습성이지요."

결과
요니는 현재 네덜란드에서 가장 큰 드럭스토어 체인에서 판매되고 있으며, 수많은 소비자가 자진해서 제품을 널리 소문내는 데 앞장서고 있는 브랜드가 되었다.

위대한 이야기는 가장 큰 자산이다. 그 이야기와 브랜드명, 그리고 세계적 수준의 디자인이 합쳐질 때, 바로 위대한 브랜드가 탄생한다.

Yoni에 대해 더 알아보고 싶다면
yoni.care를 검색해 보자.
SNS계정 @Yonicare

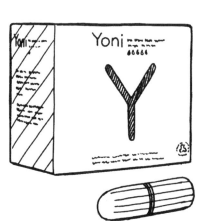
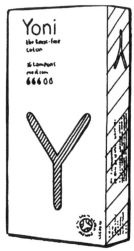

슈퍼베터(SUPERBETTER) / 헤드스페이스(HEADSPACE) /
인생학교(THE SCHOOL OF LIFE)의 사례

심리작전

우울증으로 고통받던 미국 게임 디자이너, 월스트리트
은행가들에게 명상을 가르치던 영국 수도승, 그리고
사람들이 자신과 일과 세상을 이해하도록 돕는 스위스
철학자가 만든 각각의 브랜드가 사람들을 더 나은 삶
으로 이끄는 방법을 알아보자.

#철학 #정신건강 #자기계발 #교육 #앱 #B2C #B2B

우울, 스트레스, 불안, 그리고 정신장애는 오랜 시간 동안 민감한 주제였지만, 점점 정신 건강에 관한 이야기를 금기시하지 않게 되었다. 덕분에 즐겁고 신나면서 실용적인 서비스를 제공해 사람들이 더 나은 삶을 살도록 도와주는 세 기업이 떠오르고 있다. 이 기업들의 다양한 목표와 방식은 그들의 제품이나 서비스만큼이나 다양하고 독특하게 정신 건강 계획을 브랜딩할 수 있다는 점을 보여준다.

슈퍼베터(SUPERBETTER)의 브랜딩 사례

2009년, 게임 디자이너 제인 맥고니걸(Jane McGonical)은 심각한 뇌진탕을 겪은 후 우울증에 시달리고 심지어 자살 충동까지 경험했다. 그녀는 건강을 회복하기 위해 자신이 가장 잘 하는 것을 했다. 바로 자신을 위해 게임을 고안해 낸 것이다. 게임 속에서 참가자는 (건강이나 안녕과 같은) 목표를 세우고 다른 사람을 초대해 그 목표를 이루는 과정을 돕도록 할 수 있다. 그녀는 이 게임을 '제인: 뇌진탕 정복자(Jane: the Concussion Slayer)'라고 이름 짓고 온라인에 올렸는데, 놀랍게도 사람들이 이 게임을 하기 시작했다. 뇌진탕 이외의 다른 목표들도 설정하도록 한다면 더 많은 청중에게 다가갈 수 있다는 것을 깨닫고 '슈퍼베터'로 브랜드를 변경했다. 그 속에는 건강을 회복하겠다는 의지를 넘어 이전보다 더욱 건강한 삶을 살겠다는 목표를 담았다.

출시 이후 지금까지 50만 명이 넘는 사람들이 이 게임을 했다. 현재 이 게임은 일상에서 게임 참가자들의 정신 회복력을 길러주고 목표를 달성하며, 어려움을 극복하도록 돕는 디지털 코치 역할을 톡톡히 해내고 있다. 슈퍼베터는 무지갯빛 풍선껌 이미지로 무한 긍정 에너지를 전해준다.

사용되는 언어 또한 어린아이의 세계에서 빌려온 듯한 활기찬 단어들, 이를테면 우리 편, 파워 충전, 나쁜 녀석, 그리고 미래의 힘 같은 것들이다. 이 브랜드는 지금까지 사업을 확장해온 결과 책도 펴내고 사회적 기업도 설립하게 되었다.

헤드스페이스(HEADSPACE)의 브랜딩 사례

헤드스페이스는 목소리 하나로 사용자에게 날마다 명상 시간을 제공해주는 앱이다. 목소리의 주인공은 바로 헤드스페이스의 공동 설립자인 앤디 푸디콤(Andy Puddicombe)으로, 그는 이전에 불교 수도승이었다. 처음엔 온라인 명상에 회의적이었던 그였지만, 많은 대중에게 다가갈 수 있는 앱의 잠재력에 매료되어 앱 개발을 결심했다. 그는 당시 정신 치료센터에서 불면증이나 고혈압으로 고통받는 환자들의 스트레스를 해소해 주기 위해 명상을 활용했다. 2000년대 초반 재정 위기로 힘들어하던 수많은 은행가가 그를 찾았을 때, 푸디콤은 이들이 명상을 치료의 한 방법으로 받아들일 수 있도록 새로운 방식이 필요하다고 생각했다. 그리하여 산스크리트어를 영어로 번역하고, 난해한 용어들은 쉽게 풀어 길이를 줄이는 등 기존 명상 방식에 변화를 주었다. 이 방법은 효과가 있었다. 푸디콤의 환자 중 한 명이 사업 파트너가 되어주었고, 헤드스페이스 앱이 탄생했다.

헤드스페이스는 스스로를 '마음을 위한 헬스 회원권'이라 부른다. 고객층은 주로 영적 세계나 동양 철학에 별 관심이 없는 '사내들'이다. 그리고 명상의 효과를 다룬 연구 결과를 인용하여 과학적 관점을 제시해 준다. 앱은 파스텔 색상의 번듯한 사용환경을 자랑하며, 구글을 연상시키는 깔끔한 삽화를 사용했다. 산스크리트 용어나 사원의 종소리는 찾아볼 수 없다는 점이 매우 두드러진다. 앱을 켜면 가장 먼저 나오는 말이 '안녕, 내 이름은 앤디야.'다. 그것도 매우 강한 영국식 억양으로 말이다. 자기계발과 비즈니스의 교차점에서 마음챙김(mindfulness, 명상의 한 방법-옮긴이)이 주목받고 있는 요즘 같은 시기에 실리콘밸리의 최첨단 기술로 개발해낸 명상 앱이 그리 놀랍지는 않다.

인생학교(THE SCHOOL OF LIFE)의 브랜딩 사례

2008년 철학자 알랭 드 보통이 설립한 인생학교는 그의 개인 브랜드인 '일상 철학(everyday philosophy)'의 확장형으로써, 사랑, 일, 그리고 관계와 같이 모두가 질문을 던지는 문제를 다룸으로써 사람들이 더욱 현명하고 잘 살 수 있도록 돕는 곳이다. 이곳에 가면 정서 지능, 정규 수업, 치료, 도서, 영화와 이벤트를 한 번에 접할 수 있다. 인생학교의 성공을 가능케 하는 요인은 바로 스스로 구축한 긍정의 틀이다. "우리는 불안을 다루는 것부터 관계와 일을 잘 관리하는 것까지, 삶의 질을 높이는 데 도움이 되는 생각을 제공하는 사업을 합니다. 제가 지금까지 한 일 중 가장 뿌듯한 일이죠."

우리는 그동안 전혀 브랜드화되지 않았던 분야에서 브랜드를 개발했다.

인생학교라는 브랜드는 안정감과 지혜, 그리고 낙관주의적 느낌을 물씬 풍긴다. 현대적이고 세련된 그래픽으로 나타낸 아이덴티티는 인생학교에게 명료하고 밝은 이미지를 선사했다. 이 브랜드의 목소리는 지혜로우면서 현실적이고, 관대하고 친절하며, 언제든 스스로 질문할 준비가 되어 있고, 진지한 주제를 가볍게 만들지 않을 정도의 유머도 풍긴다. 디지털 공간에서 제공되는 유튜브 채널에서는 삽화, 콜라주, 그리고 애니메이션으로 다양한 주제를 시각화해서 다루고 있다. 하지만 이 브랜드는 매우 의식적으로 신체 경험에 초점을 맞추고 있는데, 인생학교의 교실이나 테라피 공간이 북유럽 호텔과 트렌디한 카페 인테리어처럼 되어 있는 것을 보면 알 수 있다. 그리고 책이나 도구들은 재질감이 두드러지는 특별한 종이나 심지어 향기까지 나게 해서 단순하면서도 우아한 느낌을 준다. 이 학교의 방침을 따라 잘 살아가는 사람들의 삶은 아름다움으로도 가득 차 있을 것이 분명하다.

결과

지금까지 50만 명 이상이 슈퍼베터 게임을 즐겼으며, 천백만 명 이상이 헤드스페이스 앱을 내려받았다. 인생학교의 경우, 설립한 지 9년 남짓 되었지만, 벌써 전 세계 열두 개 도시에서 사업을 펼치고 있다. 자기계발과 테라피 서비스 분야에서 완전히 새로운 시장을 창조한 것이다.

우울, 질병, 불안, 그리고 스트레스와 같이 금기시되는 주제와 관련된 아이디어도 사람들의 사랑과 관심을 받는 브랜드가 될 수 있다. 정신 건강 브랜딩은 브랜드가 나타내고자 하는 철학만큼이나 심리작전에 가깝다.

슈퍼베터에 대해 더 알아보고 싶다면 superbetter.com을 검색해 보자. SNS계정 @SuperBetter

헤드스페이스에 대해 더 알아보고 싶다면 headspace.com을 검색해 보자. SNS계정 @Get_Headspace

인생학교에 대해 더 알아보고 싶다면 theschooloflife.com을 검색해 보자. SNS계정 @TheSchoolOfLife

BRCK의 사례
꼭 필요한 사람들을 위해 찾아간 인터넷

나이로비의 한 기술 회사가 어떻게 제품의 잠재력 하나로 세계의 주목을 받았는지 알아보자.

#기술 #연결성 #B2B #B2C

일하는 방식과 교육 방식이 점점 온라인 중심으로 변하고 있다. 전기가 제대로 공급되지 않고 인터넷 연결이 힘든 지역에 사는 사람들도 예외는 아니다. 하지만 저소득 국가의 전기와 인터넷 연결 문제 때문에 이미 불평등한 지식경제 기회로의 접근성이 더욱 악화되었다. 케냐에서 BRCK가 자체 기술로 고안한 자가출력형 휴대용 무선랜 기기는 정보가 본래 특성대로 어디든지 자유롭게 흘러가게 해주었다.

BRCK의 설립자 데이비드 코비아(David Kobia), 쥴리아나 로틱(Juliana Rotich), 그리고 에릭 허즈먼(Erik Hersman)은 인터넷 접근성이 얼마나 중요한지 몸소 잘 알고 있었다. 아이헙(iHub)과 우샤히디(Ushahidi)와 같은 기업을 기폭제로 해서 그들은 2008년 케냐 선거 기간 동안 폭력 사태가 일어나는 지역의 배치 현황을 확인하는 소프트웨어를 개발해 국제적인 명성을 얻게 되었다. 수시로 일어나는 정전으로 컴퓨터가 작동을 멈추거나, 신호가 닿기엔 너무도 멀고 고립된 지역도 있었다. 만약 자체적으로 동력을 발생시키는 Wi-Fi 기기가 아프리카 시골 마을이나 도시와 같이 험난한 지역에 있다면 어떨까? 투르카나족이 다니는 학교 교실에서도 훌륭한 교육 콘텐츠를 보며 공부할 수 있다면 얼마나 좋을까?

BRCK에 관한 아이디어가 처음 나왔을 때, 설립자들의 명성과 기술 분야에서의 업적 덕분에 전 세계의 지지자들이 활력을 불어넣어 주었다. 아프리카를 위해 아프리카에서 개발된 기기가 전 세계 수백만 명의 필요를 충족시킬 수 있다는 이야기는 굉장히 매력적이었고, 특히 테드와 같은 미디어를 통해 퍼져나간 쥴리아나 로틱의 강연은 그 영향력이 굉장했다.

자금을 확보한 뒤, 세 명의 공동 창업자는 곧바로 재능있는 케냐의 인력들을 확보하는 데 주력했다. 가장 우선 적으로 고용한 직원 중에는 현재 BRCK의 크리에이티브 디렉터이자 수호자인 디자이너 제프 마이나(Jeff Maina)가 있다. 그는 세 명의 창업자와 긴밀하게 협력하며 브랜드 개발의 전반적인 업무에 참여했고, 제품이 약속하는 바가 제대로 드러나도록 도왔다.

제프는 "모든 것은 나의 팀을 거쳐 세상으로 나갑니다. 팀에는 디자이너 한 명과 착수 준비 개발자가 있어서 우리가 하는 모든 것에서 품질이 잘 드러나는지 확인하죠. 제품에서 포장까지, 상자를 여는 순간부터 대시보드나 클라우드에 연결하는 것까지, 훌륭하고 완벽한 사용자 경험을 제공해야만 해요. 우리는 개발도상국을 위해 세계적인 수준의 제품을 만들고 있어요."라고 말한다.

자금이 달린다고 해서 기준 미달로 보이라는 법은 없다.

BRCK는 시각적으로나 음성적으로나 제품만큼이나 튼튼하고 신뢰할 수 있으며, 현실적인 브랜드다. 진한 검은색과 밝은 노란색으로 이뤄진 깔끔한 브랜드 디자인은 세계 최고의 기술 브랜드의 그것과 견줄 만하다. 이 브랜드의 시각적인 요소들은 BRCK팀이 케냐에서 가장 외진 곳으로 원정을 갈 때 촬영한 다큐멘터리 비디오에서 나오는 진흙탕과 먼지와는 매우 대조된다. 마이나는 말한다. "우리는 제품 테스트를 위해 원정을 나가고, 그 과정을 영상으로 제작합니다. 사람들은 이런 데서 영감을 받지요. 우린 항상 이야기를 전달하는 방식으로 일해 왔습니다. 우리의 제품이 사람들을 위해 무슨 일을 할 수 있는지를 말해주죠. 이야기가 사람들 마음을 움직입니다."

BRCK는 순식간에 영역을 확장했고, 브랜드 포트폴리오도 널리 알려지고 있다. BRCK는 하위 브랜드를 만들어 다른 제품군을 다루고 있으며, 덕분에 다양한 소비자들은 꼭 필요한 제품을 쉽게 찾을 수 있게 되었다. 하위 브랜드 중 하나인 키오킷(Kio Kit)은 수준 높은 교육 콘텐츠를 포함하고 있는 태블릿 세트로, 시골이나 외진 도시에서 제대로 교육을 받지 못하던 아이들도 학교에서 세계적 수준의 교육을 받을 수 있도록 BRCK가 잠재력을 집약해서 고안 해낸 브랜드다. BRCK의 제품과 팀 모두가 급속도로 성장하고 있어서 BRCK는 현재의 BRCK를 있게 해준 고유한 믿음과 일관성을 유지하면서 브랜드 포트폴리오를 개발하기 위해 가이드라인을 최대한 제재하고 있다.

기업의 문화와 가치를 완벽히 이해한 창의적인 팀이 기업 내부에 있다는 것은 투자를 받는 것보다 더 큰 자산이다. BRCK은 케냐뿐 아니라 아프리카 전체에 영감을 주고 있다. 마이나는 말한다. "아프리카의 모든 나라가 우리를 보면서 무엇이 가능한지를 확인하고 있습니다. 우리가 기준을 바꾼 것이죠."

결과
2013년에 시작한 BRCK는 기존 방식의 마케팅이나 광고의 도움 없이도 성장했다. 지금까지 2600개의 제품을 판매했다.

기업 내부의 크리에이티브 디렉터는 브랜드를 구축하고 보호하기 위한 핵심 인물이다. 모든 측면에서 품질을 유지하는 것은 투자 수익률을 높이는 데 기초가 된다. 제품에 의미가 깃들 때, 그 브랜드는 스토리텔링에 강해질 것이다.

BRCK에 대해 더 알아보고 싶다면
brck.com을 검색해 보자.
SNS계정 @brcknet

메이키메이키(MAKEY MAKEY)의 사례
상자의 역할을 생각하다.

메이커 운동(일상에서 창의적인 만들기를 실천하고 다른 이들과 경험이나 지식을 공유하는 적극적인 움직임-옮긴이)에서 영감을 얻은 한 제품이 제품 상자를 바꾸고 난 후 어떤 결과를 얻게 되었는지 알아보자.

#어린이 #기술 #창의력 #B2C

메이키메이키는 제이 실버(Jay Silver)와 에릭 로젠바움(Eric Rosenbaum)의 발명품이다. 이들은 사람들 모두가 독창적이고 상상력이 넘친다고 믿었다. 그리고 모든 연령대의 사람들이 그러한 창의성에 따라 조작하고 실험해 볼 방법을 기술을 통해 실현해내고자 했다. 이러한 통찰을 기반으로 간단한 발명품 조립 세트인 메이키메이키를 개발했다. 예술가든 엔지니어든, 아니면 그 중간쯤에 속한 사람이든, 누구나 접할 수 있는 초보자용과 전문가용을 제작했다. 메이키메이키에서 처음 판매용으로 출시한 제품은 킥스타터에서 지지를 보내준 만 천 명의 지원자가 있었기에 가능했다.

"킥스타터 덕분에 제품을 제작한 이후, 포장 상자가 필요하게 될 것이란 것은 알고 있었죠." 실버가 말했다. "하지만 우리는 제품과 사용자 경험에만 온전히 정신을 쏟고 있었지, 포장을 어떻게 할지는 별로 중요하지 않다고 생각하고 있었어요. 그냥 단순한 스타일로 하면 된다고 생각했죠. 그런데 우연히 저희 옆집에 디자인의 귀재 한 분이 살고 있는 게 아니겠어요? 그분이 그러더군요. 한 이틀만 주면 상자 디자인을 해주겠다고요." 그렇게 순식간에 제품 상자가 완성되었다. 그게 벌써 몇 년 전 일이다.

메이키메이키의 제품은 원래 메이커 운동의 틈새시장을 노리고 출시되었다. 처음엔 회로판에 연결할 수 있는 것 몇 가지가 그려진 작은 친환경 녹색 상자에 담아 창업자가 운영하는 온라인 몰에서 판매했다. 하지만 소매업체들이 문을 두드려오기 시작하면서 창업자들은 토이저러스 같은 체인을 활용하면 더 많은 소비자에게 접근할 수 있겠다는 생각을 하게 되었다. 하지만 그렇게 규모가 큰 곳에서 팔리려면 제품 상자의 개선이 필요했다. 킥스타터 캠페인용으로 제작한 단순한 상자로는 장난감 진열대에서 경쟁이 불가능해 보였다.

실버는 자신의 직감을 믿고 팀과 논의한 끝에 시카고에 있는 에이전시 멀지(Merge)와 함께 기존에 없던 메이키메이키 조립 세트의 특성을 잘 살릴 수 있는 디자인을 고안해 내기로 한다. "메이키메이키는 상품 그 자체로는 전혀 재미가 없어요. 중요한 것은 그 도구들을 활용한 창의적인 행위죠. 제품 상자가 그러한 점을 확연히 드러낼 수 있어야 했습니다. 간단하죠?" 새로 고안된 상자에는 메이키메이키만의 특징적인 빨간색이 두드러지고, 바나나에 연결된 악어 클립을 연출해서 제품이 제안하는 창의적인 요소들을 인상 깊게 표현했다.

결과

메이키메이키는 현재 월마트, 베스트바이, 그리고 반스앤노블 같은 상점뿐 아니라 창업자가 운영하는 온라인 몰과 아마존 같은 곳에서도 판매되고 있다. 40만 개 이상이 판매되며, 메이커 운동을 더 넓은 무대로 이끌었다.

조직적인 운동을 성장시키고 개인의 비전을 실현하기 위해서는 상업적인 맥락에서 디자인하는 것도 꼭 필요하다. 그래야만 규모를 키울 수 있다.

메이키메이키에 대해 더 알아보고 싶다면 makeymakey.com을 검색해 보자.
SNS계정 @thejoylabz

해양 생태계를 바닥내지 않고 이용하는 법

기후변화의 속도가 점점 빨라지고, 전 세계 바다가 플라스틱 쓰레기와 죽어가는 산호초들로 고통받을 때, 그리고 이를 해결하기 위해 뭔가를 하려는 사람도 찾기가 힘들 때, 해양 생물학자가 승승장구한다는 이야기는 예상치 못했을 것이다. 하지만 아야나 엘리자베스 존슨 박사는 지속해서 정책 입안자와 시민, 그리고 동료 과학자에게 주목을 받았고, 행동이 필요하다는 점을 강하게 설득하고
있다.

#보존 #조직적운동 #행동주의 #개인브랜딩

좋은 리더들의 공통점은 무엇일까? 좋은 리더는 무언가를 지지한다. 그리고 그것을 꼭 알아야 할 사람들이 그에 대해 잘 알고 지지해 주도록 계획을 짠다. 위대한 리더를 보면 많은 부분이 브랜드 전략가들과 닮아 있다. 아야나 엘리자베스 존슨 박사는 내셔널 지오그래픽이나 뉴욕타임스와 같은 매체를 활용해 행동을 독려하고 심각성을 알리는 방식으로 사려 깊고 섬세하게 자신의 인지도를 구축했다. 이 모든 과정은 해양과 해양 생태계에 의존해서 생활하는 사람들을 위한 활동이었다.

정부와 정책 입안자, 과학 논의와 소비자 행동에 영향을 미치기 위한 노력의 과정에서 아야나 엘리자베스 존슨 박사의 무기는 바로 아이디어였다. 해석조차 불가능한 논문도 그럴듯한 상을 받곤 하는 분야에서, 존슨 박사의 명료한 커뮤니케이션 방식은 두드러졌다.

그녀의 방식이 명료한 이유는 해양 생태보존을 위해 해양 주변 공동체에 속한 사람들을 직접 찾아가는 접근방식 때문이었다. 그녀는 주민들과 인터뷰를 하는 데 긴 시간을 들이고 부두나 길거리에서 만나는 주민들과도 이야기를 나눈다.

피곤이 가득한 주민들의 눈빛, 혼란스러운 표정… 여러분은 바로 그것을 봐야만 합니다.

그녀의 설명에 따르면 해양 보존의 기본 원리는 단순하다. 간결하게 설명할 수 없다면, 더욱 잘 설명하기 위해 애써야 한다. 우리가 물고기를 조금만 낚아서 많은 물고기가 바다에 남아 있다면, 더욱 많이 번식할 것이다. 해양 보존은 이렇게 단순한 것이다. 안타깝지만, 한 사람을 설득했다고 해서 모든 사람에게 똑같이 설득력이 있는 것은 아니다. 반복적으로 단어 선택의 과정을 거치다 보면 많은 사람이 공감할 수 있을 만큼 명료한 단어가 떠오른다.

그녀의 글이 명료한 이유는 그녀의 언어가 명료하기 때문이다. 지금까지 존슨 박사는 자신이 하는 일과 생각을 담은 에세이를 50번 넘게 내셔널 지오그래피에 기고했다.

내 생각과 생각을 표현하는 최선의 방식을 이해하는 데 글쓰기만큼 훌륭한 방법은 없다.

명료함을 추구하는 데는 많은 시간 투자가 필요하다. 존슨 박사에 의하면 여러 생각을 걸러내고 하고자 하는 명확한 말을 찾는 순간에 이르기까지 많은 작업이 필요하지만, 그런 노력을 부을만한 가치가 있다. 예를 들어, 해양 구역을 나누는 프로젝트를 진행하면서 '해양 생태계를 바닥내지 않고 이용하기(Using the ocean without using it up)'이라는 문구를 완성하는 데 약 1년 반이 걸렸다. 자신이 추구하는 것에 찬성해 주지 않는 사람들은 분명 여러 가지 이유를 댈 것이지만, 의도를 제대로 이해하지 못한 경우만은 생기지 않길 바랐다. 실컷 이야기를 나눈 후 얻은 것이 없는 상황만은 없어야 한다.

존슨 박사는 자신이 개발한 그물을 사용하도록 하는 장려책의 효과도 보았다. "이 그물은 대단한 기술력으로 만든 것도 아니고, 그리 비싸지도 않지만 의도하지 않은 어획물 양을 약 80%나 줄여줍니다. 만약 이 그물을 사용해도 기존 어획량이 줄지 않고 어부의 소득에도 변화가 없다는 점을 정부에 설득하지 않았다면 아무런 관심도 받지 못했을 겁니다. 정책이 변하려면 정치적 의도와 맞아 떨어져야 하는데, 어부들이 유권자이기 때문이죠. 정치적 의도를 구축하려면 사람들의 배경을 이해해야 하죠."

존슨 박사는 사람들이 소외감을 느낄 수 있는 단어는 사용하지 않는다. 지속가능성이란 말은 이제 누구나 쉽게 사용하는 말이 되었지만, 많은 의미를 지니고 있어 정확히 무엇을 말하고 싶은 것인지 헷갈리는 사람이 많다. 반면 '해양 생태계를 바닥내지 않고 이용하기'란 문구는 누가 봐도 그 의미가 명료하다.

경제활동과 환경운동은 언뜻 보기에는 겹쳐질 수 없는 분야 같아 보인다. 존슨 박사는 말한다. "보존이라고 하면, 사람들은 제가 바다로 가서 돌고래를 보호하려고 한다고 생각해요. 돌고래도 중요하지만, 제가 해양을 보존하려는 이유가 돌고래 때문인 것은 아닙니다. 사람들은 제가 열렬한 해양 보존 운동가라서 사람보다는 해양 생물 보호에 더욱 관심이 많다고 생각했죠." 이러한 오해는 아이디어를 실현하는 데 방해가 될 수 있다.

그녀가 해양 보존은 물고기를 향한 것이 아니라 사람에 관한 것임을 명확히 했을 때, 더 많은 대화의 문이 열렸다. "저는 그냥 환경 운동가가 아니에요. 저는 해양 공동체를 지지하는 사람이죠. 저는 건강한 해양과 밀접하게 연결된 공공 보건과 안전, 경제와 전통 모두에 관심을 가진 사람이에요."

한때 테드에서 일한 적이 있는 존슨 박사는 환경 보존 운동 분야에서 이야기가 가진 힘을 깨달았다. "중요한 것은 나만의 특별한 이야기가 아니에요. 저는 많은 시간 바다와 함께 살아가는 사람들의 이야기를 직접 듣고 접했어요. 나이든 어부가 들려주는 오래전 바다 이야기와 다시 그렇게 되길 희망하는 바람, 그리고 생활이 팍팍하다는 사람들의 이야기. 그곳 아이들이 어른이 되었을 때 더 이상 일거리가 없어 도시로 떠난다면, 가족들은 흩어지게 됩니다. 지금껏 살아온 문화의 형성 기반이 사라진다는 것은 매우 위험한 이야기죠. 사람들이 제게 자신의 이야기를 들려주고, 덕분에 그들의 고통을 많은 이들에게 알릴 수 있어 다행으로 생각합니다. 남획의 위험과 기후변화, 환경 오염의 위험성도 다 함께 말이죠. 사람들의 삶과 일자리, 그리고 문화가 위험을 받고 있습니다."

많은 환경 보존가가 느끼는 위급성은, 우리가 처한 위험을 사람들이 알도록 깨우치자는 식으로 나아갈 때 오히려 사람들을 다그쳐서 부정적인 반응을 불러올 수 있다. "낙관주의와 절망 사이에 적절한 균형 필요해요. 하지만 사람들이 지구의 미래를 장밋빛으로만 보는 것 같아 걱정입니다. 사실 모든 게 다 괜찮을 거라고는 말하고 싶지 않네요."

인간으로서 우리가 지구를 얼마나 망쳐놨는지 구체적으로 알릴 수 있어 다행입니다. 하지만 거기서 멈춘다면, 아무것도 바꿀 수 없습니다.

"사람들에게 겁도 주고 걱정거리를 전해도 무시하는 경우가 많습니다. 사람들이 할 수 있는 게 뭐가 있겠습니까? 조심스럽게 말하자면, 우리는 정말 엄청난 문제들에 맞서야 합니다. 하지만 개인적으로 실천할 방안도 있고, 정부와 기업들이 정책 변화를 통해 노력해야 하는 부분도 있습니다."

소셜 미디어에서 해양 보존을 위한 해결책으로 조금은 느슨하게 고안된 해시태그가 보인다. 바로 존슨 박사가 자주 사용하는 #ocean optimism(해양낙관주의를 의미하는 해시태그-옮긴이)이다. "모든 게 다 괜찮다고 말하는 것이 아니라, 해양 보존을 위해서 어떤 것이 진행되는지 알리고, 효과가 있다면 더욱 적극적으로 추진하기 위함입니다. 서로의 성공 위에 또 다른 노력을 하고 전 세계로 이야기를 퍼뜨려 많은 사람에게 영감을 줘야 합니다. 그렇게 서로 격려하고 더욱 효과적인 방법을 찾아 지침을 만들어가야 하죠."

해양 생물학자이자 보존 전략가로서, 뉴욕 대학교의 부교수로서, 과학을 위한 행진(the March for Science) 지도부 중 한 명으로서, 그리고 오션 컬렉티브(Ocean Collectiv)라는 컨설팅 회사를 새로 만든 창립자로서 존슨 박사가 가진 직함은 매우 다양하다. 하지만 이 모든 역할을 통해 그녀가 실현하고자 하는 것은 단 하나, 해양 보존을 위해 더 나은 아이디어를 생각해 내고 실행에 옮겨 해양 생태계를 바닥내지 않고 이용하는 것이다. 이러한 사명감을 잘 드러내는 것은 그녀가 영향력을 행사하는 데 매우 중요하다. 해양 분야의 의사 결정권자들이 그녀가 누구인지를 잘 알아야 한다. 해양 보존단체를 설립할 때, 누가 위원장이 될지 결정하는 일, 직원을 뽑고 자금을 확보하는 일에는 많은 인력이 필요한 것이 아니기에 이름을 알리는 일은 필수다.

삶에서 주어진 많은 기회는 모두 실전이다

"사람들은 누가 이 일을 맡아야 할까?, 라고 그냥 묻고 다닙니다. 이럴 때 해당 분야의 사람들이 저를 잘 알면 도움이 되죠. 저는 직업 철학이 잘 드러나는 인상 깊은 프로필을 가지고 있어서 정말 큰 도움이 되었어요. 사람들은 제가 어떤 위치에서 무슨 생각을 하며, 해양 보존을 위해 남과 다른 접근방식을 택한다는 것을 잘 알고 있었죠. 저 같은 경우 내셔널 지오그래픽에 블로그가 있는데, 거기에 저의 생각과 제 관점을 잘 드러내는 결과물들이 나와서 정말 감사하게 생각해요." 존슨 박사는

사람들에게 일을 소개하고, 일을 통해 사람을 소개받는다.

물론 누구나 그런 유명한 웹사이트에 블로그를 가지고 싶다. 하지만 어떻게 하면 그런 기회를 얻을 수 있을까? "딱히 방법이랄 건 없습니다. 많은 일이 동료와 협력자들과의 네트워크를 통해 우연히 이뤄졌어요." 노력해 볼 방법이 없다는 말을 하려는 것은 아니다. "그냥 자신을 지속해서 드러내고 이 분야에 정말 관심이 많다고, 함께 무엇을 해보자고 제안하세요. 그럼 예상했던 것보다 기회가 더 많이 생길 거예요."

최근에는 대중 연설이나 이벤트 관련 문의가 더 많이 들어온다. 인맥을 더욱 넓힐 좋은 기회다.

어떤 가치가 있을지 예상할 수 없는 분야에서 인맥을 넓히라고 말해주고 싶다.

"제가 참여하는 대부분 이벤트는 해양 분야와 상관없는 경우가 많습니다. 그곳에서 협력하는 사람들은 저와는 다른 배경을 지닌 분들이죠. 그러한 만남을 통해 저는 더욱 다양한 대중에게 다가가는 법을 배우고, 저 또한 넓은 영역에서 이름을 알릴 수 있죠. 이러한 점은 해양 보존(그리고 대부분의 큰 도전 과제들!)에 굉장히 중요합니다. 왜냐하면, 보존 문제에는 여러 학문 분야와 관련된 사항이 내재하기 때문이죠."

결과

존슨 박사는 37세의 나이에 환경 보존 분야에서 성공적인 경력을 자랑한다. 그녀가 개발한 어획 그물은 탈출 구멍을 고안해 어부 소득에 피해를 주지 않으면서도 우연한 어획을 80%까지 감소시켰으며, 몇몇 국가에서는 이 그물의 사용을 법적으로 지정하고 있다. 그녀가 카리브해 지역에서 추진한 섬 규모의 해양 구역지정 프로젝트가 처음으로 성공해, 바브다 해변의 삼분의 일가량이 보호받게 되었다. 과학을 위한 행진의 리더로서 전 세계의 수백만 명의 사람들이 정책 결정 과정에서 과학의 역할을 지지하도록 이끌었다.

변화를 가져올 계획을 사람들이 따라주길 바란다면, 명료하면서도 사람들과 연관성이 짙은 아이디어를 제시해야 한다. 주기적으로 시험해 보고, 또다시 확인해 보자. 인상 깊은 프로필을 구축한다면 최적의 위치에서 원하는 좋은 기회를 잡을 수 있을 것이다.

존슨 박사에 대해 더 알아보고 싶다면
ayanaelizabeth.com과
oceancollectiv.co를 검색해 보자.
SNS계정 @ayanaeliza @oceancollectiv

도전 과제 공유하기

전하고자 하는 메시지를 명료하게 만들기가 어렵다면, 우리가 운영하는 페이스북 그룹에서 아이디어를 공유하고 함께 토론해보자.
facebook.com/groups/brandthechange

새너지(SANERGY)/ 프레쉬 라이프 (FRESH LIFE)의 사례
은빛 브랜딩과 황금빛 협업

나이로비의 임시 거주지*에 사는 사람들이 유료 공중
화장실을 더 선호하게 된 이유를 알아보자.

#지속가능한에너지 #B2C #피라미드의바닥 #사회적기업가

* 도시에서 많은 인구가 밀집해 불법 거주지를 만들어 사는 구역으로,
  주로 판자촌과 위생 상태가 불결한 모습으로 잘 알려져 있다.
  슬럼이라 부르기도 한다.

스타트업 브랜딩의 기술

저소득 국가들은 공공 위생 문제 때문에 질병, 사망, 그리고 GDP의 손실까지 겪는다. 새너지는 그러한 국가에서 사용할 수 있는 위생적인 공중 화장실을 고안하고 제조, 거기서 나온 인분을 수집해 유기농 퇴비를 만들고 재생 에너지를 생산했다. 공중 화장실 운영은 지역 주민들로 구성된 사업체가 구매 후 맡아서 하고 있다.

새너지의 한 편에는 투자자나 정부, 그리고 언론인과 세계 시민과 같이 높은 의식 수준을 지닌 고객이 자리하고 있다. 반면 다른 한쪽에는 케냐의 불법 거주지에서 수준 이하의 삶을 영위하는 소비자들과 운영자들이 존재한다. 이 두 부류의 사람들은 결코 맞닿을 수 없는 위치에 있어 보이고, 새너지 또한 자신들의 이름과 브랜드의 포지셔닝(위치 설정)이 처음부터 공감대를 형성할 수 없다고 생각했기에, 귀를 닫고 있는 현지 주민들의 마음을 열기 위해서 공중 화장실만을 위한 새로운 브랜드를 창안하기로 했다.

"우리는 처음에 스와힐리어(동부 아프리카에서 널리 사용되는 공용어-옮긴이)로 된 이름을 만들어 볼까도 생각했어요." 새너지의 홍보를 담당하는 메도라 브라운(Medora Brown)이 말했다. "하지만 현지 사람들은 우리가 제시한 영문 이름을 정말 좋아했죠. 그 사람들은 영문 이름으로 된 브랜드를 보면서 임시 거주지나 케냐보다 뭔가 더 대단한 곳에 있다는 느낌을 받는 것 같았어요. 다국적 기업의 이름 같은 느낌을 주는 이 명칭을 사람들이 참 좋아했어요. 그리고 우리가 또 알게 된 사실이, 이곳 사람들은 위생적인 화장실을 사용해야 여러분과 여러분의 아이들이 병에 걸리지 않는다는 그런 메시지에 그다지 동조되지 않는다는 것이었어요. 오히려 뭔가를 열망하게 하고 동기를 부여하는 메시지에 더욱 공감하는 분위기였죠. 이를테면 더욱 풍요롭게 잘 사는 방법과 같은 것 말이에요."
그렇게 해서 프레쉬 라이프가 탄생했다.

새너지가 하는 모든 일에 협업은 떼려야 뗄 수 없는 요소가 되었다. "공중 화장실의 디자인 개발을 포함해 사업의 모든 측면에서 협업합니다. 화장실을 운영하는 주민들에게 항상 피드백을 요청하고, 사용자들의 후기에도 귀를 기울이죠." 그러한 피드백을 바탕으로 새너지는 재래식 변기의 디자인을 변경했고, 문고리와 거울도 설치했으며, 거동이 불편한 장애인들을 위한 변기 지지대도 선보일 계획이다. "공중 화장실을 유료로 운영하기 때문에, 고객들이 사용하면서 만족하고 또 우리 화장실을 찾도록 노력합니다."

공동체를 대상으로 한 시범 운영은 필수다.

"팀원들이 사무실에 모여앉아 소비자들이 원하는 것을 어떻게 제공할지 논하고 결정을 내리는 것은 탁상공론입니다. 우리 직원 대부분이 케냐인이고 그중 많은 이들이 공중 화장실이 운영되고 있는 지역 주민 출신이긴 합니다. 하지만 사용자들에게 직접적인 피드백을 듣지 않는다면 현실적이고 꼭 필요한 정보는 얻지 못했을 겁니다."

아프리카에서 브랜드의 시각화에 관해 논하자면, 건물 벽면의 크기 말고는 한계가 없다. 집이나 회사 건물 전체를 브랜드를 상징하는 색으로 칠하거나 상표명으로 도배를 한다. 길 양옆으로는 3층 높이의 광고판이 늘어서 있다. 임시 거주지에는 이러한 현상이 덜해서, 선명한 파란색 바탕에 밝은 노란색 로고로 꾸며진 프레쉬 라이프 공중 화장실은 어둡고 그늘진 마을에 드리운 희망의 불빛처럼 눈에 잘 띈다. "브랜드를 시각화하는 방법으로 화장실 자체에 프레쉬 라이프 로고를 그려 넣는 것이 가장 좋다고 생각했습니다. 이제 어디서든 쉽게 화장실을 찾을 수 있죠. 우리 의도는 프레쉬 라이프의 존재를 주민들이 느끼도록 하는 것이었죠. 화장실의 문마다 'choo(변기라는 의미의 스와힐리어)'라고 써두고 가격도 표시해 두었죠. 우리가 무엇을 판매하는지 명확하게 보여주기 위해서 말입니다."

임시 거주지에서 새너지가 계속 함께할 것이라는 점을 증명하는 것도 굉장히 중요하다. 브랜드의 인지도를 구축하기 위해 새너지는 프레쉬 라이프 깃발을 만들고 이벤트를 기획했다. 세계 화장실의 날이나 다른 공휴일을 활용해 위생 조치에 관한 인식을 고취하고, 관련 대회나 축구 경기를 주최하기도 했다. "공동체와 협업하는 것은 닭이 먼저냐 달걀이 먼저냐 하는 문제와 같다고 봅니다. 주민들이 우리를 신뢰하지 않으면 이 공동체 속에서 사업을 운영할 수 없고, 또한 우리가 제대로 운영하지 못하면, 주민들은 우리를 신뢰하지 않을 겁니다." 그렇게 새너지는 주요 슬럼 두 군데에 사무실을 열었다. "우리는 마을의 어르신이나 대표들과 같이 일하는 경우가 많습니다. 그분들이 우리와 협력하고 공동체 내부에서도 우리를 지지해 줍니다." 새너지는 위생적인 환경이 주는 효과를 말로만 설득하는 데서 그치지 않는다. "우리는 이 지역의 실업률이 40%가 넘을 때, 일자리를 창출하기 시작했고, 사람들은 그런 점에 주목했습니다. 지역 공동체 전체가 더욱 건강해지고 번성한다는 의미니까요. 이것은 바로 우리의 최종 목표이기도 합니다."

현재 새너지의 마케팅에는 두 가지 목표가 있다. 하나는 사용률을 높이는 것, 그리고 또 하나는 비사용자의 인식을 바꾸는 것이다.

공동체의 참여로 개발한 새로운 캠페인으로, 새너지는 현재 깨끗하게, 가깝게, 그리고 저렴하게 하는 데 중점을 두고 있다. "주민 중에는 공중화장실을 곁에서만 보고, 저런 게 있다는 정도만 알고 있을 뿐, 직접 사용해 보지 않은 사람들도 많이 있습니다. 어떤 분들은 가격이 너무 비쌀 거라고 예상합니다. 화장실 한편에 가격이 표시되어 있는데도 말이죠." 그래서 새너지 마케팅팀은 더욱 광범위한 사용자들에게 다가가기 위해 위 세 가지 사항에 초점을 두고 있다. 이 캠페인에서 혁신적인 점은 스와힐리어로 홍보를 한다는 것이다. 캠페인 참가자의 말에 따르면 '자신들의 언어로 된 광고'에 더욱 끌리기 마련이다. 마케팅팀은 또한 (더 비싸다고 여겨지는) 외국인 가격 'muzungu'에 대비되도록 현지인 가격을 의미하는 'bei ya mtaa'라는 용어를 사용하기 시작했다.

이러한 브랜드 구축 과정과 마케팅 방식은 새너지의 사업 모델로 사회에 영향력을 미치기 위해서 필수적이다. "우리는 하루 소득이 2달러 이하인 사람들이 5센트만이라도 우리 화장실에 쓰길 바랍니다. 그들이 우리의 가치 제안을 이해하는 것이 정말 중요하죠. 그것이 공동체 교육이나 봉사라고 불리든, 혹은 마케팅이나 브랜딩을 의미하든, 우리는 주민들이 자신과 가족을 건강하게 지키고, 더 나아가 지역 전체의 삶을 개선하도록 교육하고 있습니다."

결과

새너지가 기울인 노력의 결과는 그동안 수집된 인분의 무게로 측정할 수 있다. 오늘날까지 임시 거주지의 프레쉬 라이프 화장실을 통해서만 만이천 톤의 인분을 수집해 안전하게 제거했고, 해당 지역에서 900여 개의 일자리를 창출했다. 현재 일일 공중 화장실 사용자는 5만 5천여 명에 이른다. 브랜딩을 통해 사용자가 증가하는 직접적인 결과를 낳으면서, 지역의 브랜드 전문가들과 시장 전문가들은 기업과 공동체 모두가 잘되도록 도움은 손길을 뻗고 있다.

주민들의 삶과 삶의 동기, 그리고 생각이 현저히 다른 사람들로 이뤄진 공동체를 위해 브랜드를 구축하기 위해서는 협업 과정이 필수적이며, 신생 브랜드가 신뢰를 얻기 위해서는 지속해서 현지 시범 운영을 해야 한다.

새너지에 대해 더 알아보고 싶다면
saner.gy를 검색해 보자.
SNS계정 @sanergy

시장 진입하기
204페이지로 가서 환경이 취약한 지역에서의 마케팅 방법에 관한 그랜트 튜도(Grant Tudor)의 글을 읽어보자.

스타트업 브랜딩의 기술

토니스 초코론리(TONY'S CHOCOLONELY)의 사례

초콜릿 기르기

이야기 속의 초콜릿이 시장을 선두 하는 브랜드가 된 비결을 알아보자.

#식품 #공정무역 #인권 #소매 #B2C

노예 노동에 반대한다는 기치로 시작한 초콜릿 브랜드 토니스 초코론리의 성공을 결코 예상하지 못한 사람이 지구에 단 한 명 있다면, 바로 그 초콜릿을 만든 네덜란드 기자 떼운(토니) 반 데 께우큰(Teun(Tony) van de Keuken)일 것이다. 2003년 텔레비전 프로그램에서 식품 제조 과정의 병폐와 문제들을 낱낱이 밝힌 적이 있었는데, 당시 토니는 초콜릿 제조 과정에 사용되는 노예 노동의 세계에 대해 폭로했다. 그때 토니는 노예 노동이 조금도 개입하지 않도록 해도 초콜릿 생산이 가능한지 알아볼 목적으로 단지 투자를 받기 위해 허구의 초콜릿 제품을 구상했다. 그렇게 만들어진 초콜릿 브랜드는 벌써 12주년을 기념하게 되었다.

클린켄으로 불리는 네덜란드 디자이너 아르옌 클린켄버그(Arjen Klinkenberg)가 당시 토니가 구상 중이던 밀크 초콜릿의 포장지를 디자인하겠다고 제안했을 때는, 두 사람 모두 걷잡을 수 없이 승승장구할 거라는 사실을 전혀 예상치 못했다. 한 십 여분 남짓 걸려서 클린켄이 디자인한 포장지는 방금 찰리의 초콜릿 공장에서 나온 것처럼 눈에 확 띄고 과감한 디자인이었다. 또 그는 주로 다크초콜릿에 사용되는 빨간색 포장을 사용해서 기존의 틀을 깨고자 하는 태도를 과시했다. 클린켄은 말한다. "제 의도는 다른 초콜릿 브랜드와는 다른 방식으로 가는 것이었습니다. 그래서 파란색 대신 빨간색을 사용했는데, 이는 경각심을 주려는 의도이기도 합니다. 하지만 무엇보다도 소비자들이 상점의 초콜릿 선반에서 초콜릿을 집어 들 때 자신들이 집어 든 초콜릿에 대해 한 번 더 생각하게 하고 싶었습니다. 특히 초반에는 고객들의 불만 사항도 많았습니다. 하지만 우리가 전하고 싶은 메시지는 자신의 소비 행동에 대해 인지하고, 포장지를 읽어보며 생각해 보라는 것이었습니다."

토니스 초코론리는 처음 출시되자마자 대단히 잘 팔렸고 (수익성 또한 좋았으며), 그렇게 해서 엄청나게 인기 있는 초콜릿 브랜드가 탄생했다. 처음에는 밀크 초콜릿만 출시했지만, 점차 제품군을 확장해 감초가 들어간 특별판이나 초콜릿 우유까지도 출시하기에 이르렀다. 사업

운영보다는 탐사 보도에 더 열정이 있던 토니는 사업 통솔권을 전문 경영팀에 넘겼고, 클린크는 크리에이티브 디렉터로서 토니스 초코론리의 브랜드 경험 개발을 이끌고 있다.

브랜드와 기업이 동시에 기하급수적으로 성장했지만 클린크와 토니의 투지는 그들의 마음속에 그대로 남아 있다. "우리의 핵심 가치는 거침없이, 기업가 정신으로, 의지를 갖고, 재미있게 해 나가자는 것입니다." 토니스 초코론리의 비전과 미션, 그리고 가치들은 단순히 종이 위에 쓰인 글자들이 아니다. 예를 들어 이들은 2주마다 한 번씩 공급 사슬 담당자들과 함께 모여 목표를 향해 나아가는 과정을 비판적으로 논의한다. 분기별로는 기업 가치를 깊이 돌아보고 자신들이 하는 모든 과정에서 이 가치들을 실현하고 있는지 자문한다. 일 년에 두 번씩은 초카데미(초콜릿과 아카데미의 합성어—옮긴이)를 열어 기업의 동기와 개발 사항에 관해 깊이 탐색하고 핵심 가치를 생각하는 시간을 가진다.

윤리적이면서 재미있고 거침없는 기업 문화는 절대 우연의 결과물이 아니다. 그리고 그러한 문화가 형성되려면 기업 외부의 개입도 필요하다. "영감을 주는 연설가를 초대해 함께 아침 식사를 한다거나, 그 외 다양한 방식으로 직원들에게 도전 의식을 심어주고, 토니는 직원들의 친구로서 직원들이 긴장감을 늦추지 않도록 항상 자극을 준다." 초콜릿 사업을 위해 토니의 사회 친구들로 처음 구성되었던 그 모임이 수년간 브랜드와 함께 성장했다. "사람들이 토니스 초코론리 티셔츠를 입고, 학교에서 우리 초콜릿에 관한 발표를 하고, 포장지를 활용해 예술 작품을 만들거나 벽에 붙여 두기도 하죠. 우리는 그러한 소비자를 '신중한 친구들(Serious Friends)'이라고 부릅니다."

클린크는 그런 소비자들의 사랑을 받는 경험을 떠올리며 밝은 미소를 짓는다. "어느 날 아침 사무실에 출근해보니 우리 사무실 창문에 온통 립스틱 키스를 남겨 놓았더군요. 그저 놀라울 뿐이었어요." 토니의 '친구들'이 이러한 지지를 보내게 하는 원동력은 무엇일까? "저는 사람들이 우리가 말하는 방식과 어떤 것에 집중해서 일하는 모습을 사랑해주는 것 같아요." 이 '친구들'은 토니스 초코론리에 없어서는 안 될 존재가 되었다.

'친구'라는 말에서 벌써 양방향성이 잘 드러나죠. 우리는 창립 기념일에 친구들을 초대하고, 친구들 소셜 미디어에 댓글도 달아요.

많은 브랜드가 '공동체', '친구', 그리고 '관계'라는 단어를 마구 뿌리고 다니지만, 진정한 인간관계를 구축해나가는 곳은 거의 없다. 지난 10여 년간 토니스 초코론리는 공동체 형성에 앞장서왔고, 이 전략을 실행하는 데 소셜 미디어는 항상 중요한 역할을 했다. 다른 브랜드들이 공동체의 가치에 대한 실마리를 찾기도 전에 이 모든 것을 활용하고 있던 것이다.

"우리의 미션은 협업을 바탕으로 하기 때문에, 소셜 미디어를 활용하는 것은 논리적인 접근방식입니다. 우리는 많은 시간을 들여 페이스북에서 소통하기도 하지만, 소비자를 직접 사무실로 초대해 초콜릿 파티를 열기도 하죠." 연간 보고서를 발표하는 자리를 대중 이벤트로 기획해서 신청하는 친구들은 누구든지 참여할 수 있도록 했다. 이러한 자리는 일종의 고객 토론장이면서도 파티가 되기도 하며, 온라인에서도 볼 수 있다. 양방향 소통 방법의 또 다른 예는 토니스 초코론리에서 매달 주관하는 모임으로, 금요일 오후 친구들을 불러 새로운 제품이나 레시피를 공유하고 초콜릿과 맥주도 함께 나누는 자리이다. 누구나 참여할 수 있으며, 이 자리에서는 까다로운 질문도 환영받는다. 토니스 초코론리는 고객이 직원들에게 쉽게 다가올 수 있도록 의도적으로 벽을 허물었다. 토니가 직접 소유하고 있는 유일한 상점인 '토니의 집(Tony's Thuis)'은 암스테르담의 본사와 연결되어 있는데, 거실처럼 꾸며놓은 이곳에는 누구든 들어와서 초콜릿을 먹으며 직원과 이야기를 나눌 수 있다. "우리에게 가장 중요한 것은 바로 친구들입니다. 혼자서 노예 노동 개입이 없는 초콜릿을 만들 수는 있겠지요. 하지만 함께한다면 세상 모든 초콜릿이 노예 노동 개입 없이 생산되도록 할 수 있을 것입니다. 그래서 우리는 사람들에게 함께하자고 요청하고, 토니스 초코론리를 사 먹어 달라고만 하는 게 아니라 우리 이야기를 잘 이해하고 공유해 달라고 부탁하는 것입니다."

토니스 초코론리는 토니를 사랑하는 소비자들과 '친구들'이 브랜드를 쉽게 공유할 수 있도록 했다. 간단한 가입 절차만 거치면 '신중한 친구들'이 되어 브랜드 이야기를 널리 공유할 수 있고, 서명이나 지원 이벤트에 동참할 수 있다. 어린 학생들은 학교에서 공정무역 초콜릿에 관한 발표를 하고 싶을 때 발표 판형과 동영상, 그리고 많은 자료를 모아둔 특별 세트를 무료로 내려받을 수 있다.

쉽지 않은 선택을 내리고 윤리적 메시지를 강하게 펼치고 있는 토니스 초코론리는 많은 대중에게 진심 어린 지지를 받고 있다. 요즘 토니 초콜릿이 하는 모든 일에서는 행복한 대항문화의 정신이 묻어난다. "우리의 목표는 노예 없이도 상업적으로 성공할 수 있다는 점을 여러 초콜릿 대기업에 보여주는 겁니다. 불가능하다고 생각할지도 모릅니다. 하지만 그렇다고 해서 초콜릿이 더 많이 팔리는 것은 아니에요. 그저 밝은 면만을 보는 순진해 보일 정도로 긍정적인 자세가 너무 부정적인 것보다는 낫다고 생각합니다. 우리는 지금 하는 일을 사랑합니다. 항상 웃으면서 더욱 힘을 내 초콜릿 산을 옮기고 싶습니다."

토니스 초코론리는 이제까지 십여 년 이상 노력을 기울여왔지만 아직 노예 노동이 전혀 개입되지 않고 생산된 초콜릿이라고 100% 보장하지는 못한다. 그것은 경쟁업체도 마찬가지다. 토니스 초코론리는 논란을 회피하지도 않는다. 심지어 토니는 비판적인 기사를 작성해 브랜드 페이스북 게시판에 올리기도 했다. 가치 체인 담당자이자 아프리카 현지 담당자 아르엔 보엑홀드(Arjen Boekhold)는 설명한다. "2005년에만 해도 인증받은 공정무역 공급처조차 카카오 열매 생산 과정에 노예 노동이 개입되지 않았다고 장담하지 못했어요. 2013년이 되자 우리가 공급받는 모든 카카오 열매의 생산 과정 추적이 가능해졌죠." 지난 2년 동안, (초콜릿 원료의 50%를 차지하는) 카카오 버터의 생산 과정도 완전히 추적할 수 있게 되었다. 2018년이 되면, 토니스 초코론리는 노예 노동이 초콜릿 생산에 전혀 개입되지 않았다고 100% 장담할 수 있게 될 것이다.

2005년 당시 포장지 전면부에는 체인을 끊어 버리는 그림문자를 배경으로 해서 제품 제조 과정에서 노예 노동이 전혀 사용되지 않았다는 사실을 100% 보증한다는 내용의 문구가 쓰여 있었다. 현재는 노예 노동이 동원되지 않도록 함께 해달라는 내용의 문구로 바뀌었다. 이 문제는 매우 복잡해서 쉽게 설명할 수 있는 주제가 아니다. "우리는 이 문제를 세부적으로 나누고 소셜 미디어에 공유했습니다. 기록 저장소 역할을 하는 우리 웹사이트에는 배경 정보들이 많이 있죠. 우리는 또한 어려움을 알리기 위해 〈초콜릿 사건, The Chocolate Case〉이라는 영화도 제작했습니다. 우리는 실패를 두려워하지 않습니다. 실패를 통해 배울 점이 있고, 다른 이들 또한 이러한 실패를 통해 교훈을 얻기 때문이죠. 우리는 사람들이 사회적 미션을 지닌 브랜드를 신뢰할 수 있어야 한다고 믿습니다. 그렇기에 우리의 의무는 할 수 있는 한 가장 투명해지는 것이죠."

결과

토니스 초코론리는 탐사 보도를 목적으로 시작했으나, 현재 네덜란드에서 두 번째로 큰 규모의 초콜릿 브랜드가 되어 유럽 전역과 미국까지 사업 영역을 넓히고 있다.

여러분이 처한 환경과 맞붙어야 한다. 무미건조한 특성에 무미건조함을 더한다면 아무런 변화가 없다. 영향력을 미치는 사업 모델에서 결점을 발견했다면, 그 문제를 될 수 있는 한 가장 투명하게 드러내자.

토니스 초코론리에 대해 더 알아보고 싶다면 tonyschocolonely.com을 검색해 보자.
SNS계정 @TonyChocolonely

그 누구도 혼자서 암과 맞서 싸워서는 안 된다.

백 년의 역사를 지닌 단체가 브랜드를 재탄생 시키는 방법으로 영향력을 배가하고 모금액을 수백억 이상 늘린 배경을 알아보자.

#건강 #모금 #공동체 #비영리

백 년이 넘는 시간 동안 (다양한 명칭과 형태로) 존재해온 맥밀란은 암과 투병 중인 사람들을 지원해왔다. 환자가 암 진단을 받는 순간부터 전 치료 과정을 거치는 동안, 맥밀란에서는 치료비 관련 문제에서부터 치료 관련 정보, 일에 관한 조언, 그리고 외로운 환자들의 이야기를 들어주는 일까지 다양한 서비스를 제공했다.

2000년대 초반, 맥밀란은 굉장히 어려운 시간을 보내야 했다. 이 자선단체는 점점 시대의 흐름을 따라가지 못하고 제 역할을 못 하는 곳처럼 보였다. 암 발병률이 급격히 증가했지만, 환자들은 투병 생활을 하면서도 더 오래 살게 되었고, 이에 따라 환자들에게 필요한 서비스도 변화했다. 많은 사람의 인식 속에 맥밀란은 주로 노인 요양을 지원하는 단체였고 (이곳 간호사들의 별명은 저승사자로 잘 알려져 있었다), 이러한 잘못된 인식 탓에 암 진단을 받은 순간부터 지원을 받기 위해 맥밀란을 찾는 사람들은 거의 없었다. 영국 자선단체 중 모금 규모가 상위 10위권인데도 맥밀란의 인지도는 28위에 머물러 있었다.

영국에서만 약 2백만 명이 암과 투쟁하는 현실에서, 맥밀란은 자신들의 쇠락을 넋 놓고 관망하고 있을 수만은 없었다. "점진적인 변화 따위는 우리에게 전혀 도움이 되지 않을 것이란 게 너무나 분명했습니다. 브랜드를 재구축하고 확연하게 다른 방식으로 일하는 게 정말 시급했죠." 맥밀란에서 브랜드와 크리에이티브 수장을 맡은 알리 샌더스(Ali Sanders)의 설명이다. 이 자선단체는 새로운 브랜드 전략과 포지셔닝, 새로운 언어 및 비주얼 아이덴티티 설정을 통해 정세를 역전시켰다.

하지만, 이 모든 과정이 말처럼 쉽지는 않았다. "2003년 당시, 단체 내부적으로도 브랜드 인식이 부족했을 뿐 아니라 이토록 근본적인 문제를 해결하는 데 적합하지 않은 에이전시와 일하고 있었습니다. 수차례의 시도와 실패를 거친 후에 광고 대행사 등록처와 연락이 닿게 되었는데, 그들의 도움으로 브랜딩 과정을 수립하고 제대로 된 입찰용 지침서를 제작할 수 있었죠." 단체 내부에서 지지를 얻는 과정은 또 다른 도전 과제였다. 샌더스는 상업적인 목적으로 일하는 기관보다 비영리 영역에서 브랜딩의 역할을 받아들이는 속도가 느리다고 생각했다. "브랜딩이라고 하면 단순히 상표나 비주얼 아이덴티티, 또는 홍보 같은 것들만 생각하는 경향이 있습니다. 브랜딩에 투자할 자금이 있으면 서비스에 더 신경을 쓰는 게 어떻냐는 식의 질문을 자주 접하게 되죠." 맥밀란의 비전을 담당하고 있는 주디 비어드(Judy Beard)는 브랜딩 노력의 일환으로 이사회에 우리 단체가 나아갈 모습에 대해 생각하게 했고, 고위급 간부에게 이 과정을 맡겼다. 그렇게 2004년 런던에 기반을 둔 울프 올린스(Wolff Olins)라는 회사가 선정되었고, 1년 6개월에 걸친 작업 끝에 성공적으로 브랜드가 재탄생했다.

이 변화 과정의 핵심에는 '삶의 힘(life force)'이라는 브랜드 아이디어가 있었고, 서비스와 홍보 방식도 이 아이디어로부터 나왔다. 다른 자선단체들이 치료 방법(영국 암 연구센터, Cancer Research UK)이나 암 말기 환자를 돌보는 일에 집중할 때(마리 퀴리, Marie Curie), 맥밀란은 '암과 투병하며 살아가기' 영역에서 확고하게 자리를 잡았다. 명칭도 '맥밀란 암 치유, Macmillan Cancer Relief'에서 '맥밀란 암 지원, Macmillan Cancer Support'로 변경해, 암으로 고통받는 이들이 일상에서 도움을 받을 수 있다는 하는 긍정적인 메시지를 강화했다.

이렇게 새롭게 탄생한 브랜드는 권위적인 기관이 주는 인상보다는 누구나 접근 가능한 포괄적인 아이덴티티를 드러낼 필요가 있었다. 그래야만 자원봉사자도 더 많이 모집하여 더 많은 환자를 도울 수 있기 때문이었다. 누구나 맥밀란의 일부가 되도록 하는 노력으로 울프 올린스는 녹색 바탕에 과감한 형태의 손 글씨로 특별하고 획기적인 비주얼 아이덴티티를 개발해 냈다. 이러한 브랜드 표현 방식은 눈에 잘 띄고 기억에 남을 뿐 아니라, 정겹고 영감을 주어 사람들을 움직인다. 또한, 암 진단을 받고 완전히 낯선 세상에 처음 발을 디딘 이들의 마음을 깊이 이해하는 단체의 따뜻한 속내를 잘 드러내기도 했다.

우리는 지원이 필요한 수많은 암 환자에게 다가가기 위해 좋은 방법을 고안해 내야 했습니다.

모금 운동이라는 같은 목적으로 자신을 뽐내는 많은 자선단체의 로고들 사이에서 선명한 녹색 바탕의 맥밀란은 단연 두드러진다. "새로 고안된 브랜드의 비주얼 아이덴티티는 매우 성공적이었고, 덕분에 맥밀란은 더 많은 이들에게 알려졌습니다. 지난 몇 년간 더 다양한 대중에게 다가가기 위해 수정도 하고 개선 작업을 거치기도 했구요."

"우리는 또한 지난 몇 년 동안 브랜드의 또 다른 측면을 탐사할 목적으로 근본적인 업무들을 손보았습니다. 바로 더 많은 자원봉사자와 협력하는 일이었죠. 브랜드를 재구축 과정을 통해 전혀 새로운 방식으로 생각하게 되었습니다."

그 생각 중 하나가 '자료(The source)', source.macmillan.org.uk 라는 맥밀란의 웹사이트로 만들어졌다. 여기서 사람들은 암과 환자를 지원하는 자신만의 방법을 공유한다.

평판 되돌리기
잘못된 평판으로 골치를 앓고 있다면 196페이지를 참조해 보자.

맥밀란의 활동은 대단히 인간적이다. 커피 모닝(Coffee Morning) 시간에는 사람들이 모여 커피를 마시고, 그 커피값을 맥밀란 활동에 기부한다. 나이트 인(Night In) 모임은 사적인 모금 이벤트로, 사람들이 친구들을 불러 모아 진행한다. 맥밀란은 간단한 다과와 좋은 음악으로 편안하고 즐거운 저녁 시간을 기획한다. 온라인 커뮤니티에서는 암과 관련된 질문과 경험담, 지식과 지원을 공유할 수 있도록 했다. 이 커뮤니티도 승승장구하고 있다. "이러한 움직임은 맥밀란에게 큰 변화를 가져다주었습니다.

지금까지는 우리가 전문가라고 생각했거든요." 하지만 사람들이 브랜드에 깊이 참여하도록 하는 방법은 새로운 대중에게 다가가고 서비스가 성장하는 데 필수적인 요소가 되었다.

오늘날 맥밀란은 명확한 신념과 역할로 무장해 훨씬 더 자신감에 찬 단체로 변모했다. "우리에 대한 사람들의 생각과 느낌이 바로 브랜딩이라고 생각합니다." 이러한 생각 덕분에 이제 맥밀란 직원들은 모두 브랜드 사절단이 되었다. 그녀는 맥밀란에서 자신이 맡은 역할은 관계를 구축하고 전체 팀원들에게 영향을 주는 것이라 여긴다. "이제 우리가 제공하는 경험은 모든 직원에게 책임이 있습니다. 사람들이 맥밀란에 대해 어떻게 느끼느냐는 직원 하나하나에 달린 것이죠. 우리가 하는 모든 행동에는 브랜드가 깊이 내재해 있습니다."

샌더스는 의도적으로 브랜드팀을 작게 유지했다. "우리는 직원들을 안내하고, 직원들에게 영향을 미치며, 직원들이 필요한 것을 잘 갖추고 있는지 확인하는 일을 합니다. 이 모든 것은 직원들이 세상 밖으로 나가 브랜드를 잘 실현하는지에 관한 문제죠." 온라인 브랜드 포털(be. macmillan.org)은 이러한 철학의 일환으로, 직원들이 변함없이 살아 숨 쉬는 브랜드 가치를 실현하도록 돕고, 브랜드 아이덴티티 가이드라인과 소책자 및 보고서 등을 제공한다. 맥밀란의 신입 사원은 트레이닝을 거쳐 브랜드를 잘 이해하게 된다. 연구를 통해서는 고객 및 현재 상황을 대상으로 끊임없이 새로운 통찰을 발굴하고 있다. 샌더스는 말한다. "사람들은 브랜딩에 시작과 끝이 있다고 여기는 경우가 많아요. 대부분 기관이 브랜딩 프로젝트가 어느 정도 완료되었다고 생각되면 다음 단계로 넘어가죠. 하지만 우리가 생각하는 본질적인 브랜딩은 사람들이 우리를 어떻게 생각하고 느끼느냐이기 때문에, 브랜딩 프로젝트에 결코 완료란 없습니다. 계속 진화해 나갈 뿐입니다."

결과

브랜드 재구축 과정에 1억 8천만 원을 투자한 맥밀란은 이제 자선단체들 사이에서 확고하게 자리를 잡았다. 자연스럽게 생각나는 자선단체 브랜드 인지도에서 공동 4위에 올랐고, 2005년 약 1500억이었던 수입이 2016년 약 3600억으로 증가했다. 그리고 가장 중요한 것은, 2016년 이 단체가 약 140만 명의 암 환자에게 전화로든, 직접 찾아가는 방식으로든 지원을 보냈고, 정보와 자료를 활용해 더 많은 사람을 도왔다는 점이다. 새로운 브랜드는 더 뛰어난 직원을 구하는 데도 일조했다. 면접을 본 지원자들 두 명 중 한 명은 지원 동기로 브랜드를 언급했다. 자원봉사자의 수도 늘었고, 부츠(Boots pharmacy)같은 업체와 전략적 파트너십을 구축해 길거리 인지도를 높였다.

살아남기 위해서는 자신의 이미지를 명확하게 이해하고 시기와 상황에 알맞게 변화해야 한다. 변화하기 위해서는 명료하게 위치를 설정한 후, 자신을 차별화하고, 포괄적이고 훌륭한 경험을 제공하는 것 모두가 꼭 필요하다.

맥밀란 암 지원센터에 대해 더 알아보고 싶다면 macmillan.org.uk를 검색해 보자.
SNS계정 @macmillancancer

새로운 학교

암스테르담의 한 학교가 무에서 유를 창조하고 새로
운 교육 분야를 창안해낸 배경을 알아보자.

#혁신 #고등교육 #B2B

창의적인 리더 양성 학교인 THNK는 암스테르담과 밴쿠버, 그리고 리스본에 기반을 잡고, 간부 리더십 프로그램과 기업 내부 프로그램을 제공한다.

'b-학교'가 학생들에게 비즈니스를 가르치고, 'd-학교'가 디자인을 가르친다면, THNK는 'c-학교'다. THNK의 공동 설립자인 메노 반 다이크(Menno van Dijk)는 설명한다. "THNK는 b-학교와 d-학교 사이에 위치를 잡았습니다. 알파벳을 보면 알 수 있죠. 우리는 비즈니스와 디자인을 모두 가르치는 곳이 아니라 완전히 새로운 분야의 학교입니다." 새로운 분야를 규정하는 브랜딩은 매우 까다로운 과제다. 하지만 반 다이크는 유리한 점만을 본다. "이미 존재하는 분야에서 우월성을 강조하며 브랜딩하는 것보다는 쉽습니다. 우월성을 강조하려면 품질면에서 아주 뛰어나거나 저렴한 가격을 제시해야 하죠. 특히 리더 교육 분야에는 만만찮은 경쟁업체들이 있습니다.

스스로 완전히 새로운 부류라고 규정하게 되면 경쟁자들과는 거리를 두는 효과가 생긴다.

그런데 경쟁업체들이 갑자기 '우리도 그거 할 수 있다'라고 덤벼들지도 모르죠. 하지만 기존 브랜드의 포지셔닝과 타협하는 행위가 되기 때문에 신뢰도가 떨어질 수 있습니다."

THNK가 제공하는 프로그램은 저렴한 것이 아니기에, 브랜드 신뢰도를 높이는 작업이 시급했다. "저는 최대한 비용 효과적인 방법으로 비용을 분석한 후 예상 고객의 수로 나누어 보았습니다. 최소 가격을 산출해 본 것이죠. 그리고 브랜딩과 포지셔닝의 관점에서도 고려해 보았습니다. 그리고 전 세계적으로 간부 교육과정의 가격이 어느 정도인지 재빨리 검색했죠. 그리고 우리가 설정한 가격이 그리 비싸지도, 저렴하지도 않다는 결론에 이르게 되었습니다." 반 다이크는 비용적인 면 때문에 내부 팀이 품질에 대해 더욱 신중을 기울이게 된다는 것을 알게 되었다. 외부에서 볼 때도, 저렴하지 않은 비용이 이 학교의 야망을 드러내 주는 역할을 했다. "적은 비용이 결코 아닙니다. 참가자들은 우리가 제공하는 교육을 진지하게 받아들여야 합니다."

강력한 타 브랜드와의 협업도 도움이 되었다. "우리는 출발 시점부터

맥킨지(McKinsey), 보다폰(Vodefone), 그리고 메트로폴리탄 아키텍처 오피스(OMA)와 같은 유수의 기업들과 파트너가 되었습니다. 이러한 기업들의 신뢰도를 등에 업고 완전히 새로운 분야를 개척하는 자유를 누릴 수 있었습니다. 우리가 빠르게 자리 잡는 데 정말 큰 도움이 되었죠." 하지만 그때까지도 우리 프로그램의 품질을 증명하고 소개해줄 만한 사람은 없었습니다. "채용 담당자인 에두아르드(Eduard)가 어떻게 하면 사람들이 THNK에 올지 물었습니다. 당장 THNK를 알릴 방법이 전혀 없었죠. 그래서 우리는 잠재 고객들과 저녁 식사를 하는 게 어떨지 생각해보았습니다. 훌륭한 저녁 식사를 하며 그들의 꿈, 그들이 마주한 문제들, 극복해야 할 것에 관한 이야기를 나누는 것이죠. 그리고 우리가 도울 방법을 알려주는 것입니다. 우리는 벤처 투자가나 신인 발굴 담당 매니저의 마음가짐으로 임했습니다. 빈 의자를 메꿀 사람들이 아닌 투자하고 싶은 인재를 찾아 나섰던 거죠. 이 방법은 우리가 목표로 했던 사람들을 찾는 데 효과가 있었습니다. 그들은 매우 자립심이 강했고, 어떤 방식으로 지원받기 원하는지에 관한 질문을 달값에 대했습니다."

그렇게 몇 년 안에, THNK는 500명이 넘는 참가자를 배출한 인상적인 공동체로 성장할 수 있었다. 참가자 중에는 최고 경영인, 왕족, 활동가, 정부 대표자, 그리고 디자이너들이 있었다. 어떻게 이러한 성과를 낼 수 있었을까? "70%가 넘는 참가자가 이미 프로그램에 참여한 지인의 소개를 받고 우리를 찾았습니다. 우리는 순추천고객지수(NPS)를 부지런히 추적하죠." 미션을 잊지 않은 점도 시간이 지날수록 성과를 냈다. "THNK는 미션을 굉장히 신중하게 생각합니다. 우리가 하는 모든 일은 창의적 리더를 지원해서 그들이 큰 사회 문제에 혁신적인 해결책을 제시하도록 돕는 것입니다. 이러한 목표 의식을 잊으면 단순히 돈을 벌고 살아남으려고 애쓰는 것밖에 안 되죠. 미션을 붙들고 진지하게 나아가는 한, 스스로 끊임없이 영감을 주게 되고, 이는 주변에도 전염되죠. 우리는 파트너들과의 협업을 통해 많은 도움과 지원을 받았고, 능력 있는 직원들의 덕도 많이 보았습니다. 이 모두는 사람들이 우리의 미션을 확인했기에 가능한 일이었죠."

잠재적 고객 입장으로 THNK를 조사해 보면 THNK의 존재감을 상승시키는 기폭제 역할을 하는 것이 콘텐츠임을 알게 된다. "지식을 공유하는 목적은, 이렇게 해야만 지식이 만들어지기 때문입니다. 저는 지식 공유를 광고나 홍보성 도구로 보지 않습니다. 그저 우리의 목표 고객에게 도움이 되는 도구를 개발할 뿐입니다."

미션 구상하기

미션을 명확히 하는 데 어려움을 겪고 있는가? 174페이지의 도구를 활용해 차근차근 접근해보자.

우리는 상당한 금액의 학비를 제시할 참이었다. 커리큘럼이나 평판 같은 것은 아직 없었다.

반 다이크가 볼 때, 혁신과 창의, 그리고 기업가 정신 분야에서 일반적으로 통용되는 지식의 수준은 꽤 얄팍했다. "대부분 이런 분야에서 제공하는 노하우는 여러 사례를 기반으로 합니다. 애플의 사례를 칭송하는 경우, 맞는 말이기도 하고 그럴만한 가치도 있지만, 많은 부분에서 극단적 사례에 국한된 내용임을 알 수 있죠. 결국, 애플의 사례에서 배울 수 있는 점은 특별한 경우에만 적용되는 것뿐입니다. 우리는 다루는 내용의 수준을 조금 높게 잡았습니다. 모두가 이해할 수 있는 글은 쓰지 않습니다. 우리는 글을 통해 토론이 활성화되고 반대 의견도 생겨나길 바라죠." THNK의 브랜드 전략 중 가장 중요한 요소는 행동을 통해 말하라는 것이다. "우리는 광고를 맹신하지 않습니다. 우리가 믿는 것은 이끌림이죠. 이것이 모든 기업가에게 최선인지는 모르겠으나, 저와 THNK에게는 가장 좋은 방법입니다. 그것이 진짜고, 우리가 성장하고자 하는 방식입니다."

반 다이크에게 사업과 브랜드는 차이가 없다. "한쪽에는 브랜드가 있고, 브랜드의 위치와 목표 고객, 그리고 여러분이 제공하는 특정 제품과 서비스가 있습니다. 그리고 또 한쪽에는 그것을 제공하는 시스템, 투입되는 직원들, 그리고 부서들과 제공 방식들이 존재하죠. 이 모든 요소에는 일관성이 있어야 합니다. 서로가 서로를 먹고 자라기 때문이죠."

반 다이크는 사업을 시작하는 누군가에게 한 가지 조언을 남긴다. "여러분이 뛰어난 기술이나 재능의 소유자라면, 정말 누구보다 뛰어나다면, 그 분야에서는 평범함과 탁월함 차이를 알 것입니다. 그렇기에, 기업을 이끄는 사람으로서, 그 특정 분야가 아닌 곳에서는 여러분이 평범하다는 사실을 알아야 합니다. 이를테면 회사 이름을 정하기 위해 아이디어를 내는 과정에서 여러분이 생각해 낸 이름은 결국 평범한 이름에 그치고 말 것입니다. 왜냐하면, 그곳은 여러분의 전문 분야가 아니니까요. 내가 어떤 분야에서 특출나고, 다른 어떤 분야에서는 당연히 평범할 수밖에 없는지 자신을 정확히 인지해야 합니다.

자신이 탁월한 분야에서는 최고의 자리에 서되, 그럭저럭 잘하는 분야에서는 타인의 뛰어난 능력을 기대하자.

결과

500명 이상의 참가자들이 리더 양성 과정을 수료했고, 기업 내부과정에 참가한 사람은 수천 명에 이른다. 현재는 두바이, 상하이, 상파울루, 그리고 밴쿠버에 지사 설립을 추진 중이다.

새로운 분야가 되는 것의 이점을 잘 활용하자. 제공할 수 있는 최고의 제품과 지식, 그리고 경험을 기반으로 브랜드를 구축하고 확실한 차별화를 시도하자.

THNK에 대해 더 알아보고 싶다면
thnk.org를 검색해 보자.
SNS계정 @THNK_org

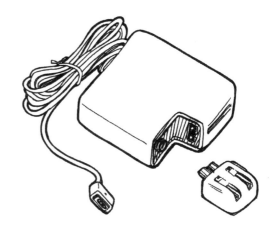

이제는 검소하게 사는 것이 진짜 멋이다.

한 여성이 버스 한 대를 끌고 다니며 사람들이 개인의
재무상태를 잘 돌보도록 도와주겠다는 미션을 실행
하게 된 배경을 알아보자.

#조언 #코칭 #재무 #비영리

미국에는 평생토록 이어지는 빚의 늪에서 허우적거리는 사람들이 많이 있다. 개인의 재무상태에 대한 걱정은 일자리나 건강, 심지어 음식 걱정보다도 더 흔한 걱정거리가 되었다. 똑똑한 재무 계획에 관한 메시지들은 매일매일 사람들을 유혹하는 새로운 자동차와 신상 구두 앞에서는 그 빛을 발하지 못한다. 이제 파이낸스 바에 들어가 검소하게 사는 것이 진정한 멋이라고 외치는 마샤 호르톤-바르네스(Marsha Horton-Barnes)를 만나보자.

책임감 있는 개인 재무라고 하면, 어떤 종류의 서비스가 가장 먼저 떠오르는가? 아마 먼지가 내려앉은 사무실에 회색 정장을 입은 직원들, 그리고 고통스러운 표정을 한 고객이 생각날 것이다. 개인 재무 전문가 마샤 호르톤-바르네스는 뭔가 다른 방법이 없을까 하는 고심 끝에, 경제 분야에 대한 지식을 높여주는 비영리 단체인 파이낸스 바를 설립했다. 그녀는 누구라도 마음만 먹고 훈련 과정을 거치면 자신의 재무 상태를 되돌릴 수 있다고 믿었다.

호르톤-바르네스는 파이낸스 바가 여성을 대상으로 한다는 점을 명확히 했다. "여성들은 제게 쉽게 다가올 수 있고, 80% 이상의 가정에서 여성들이 돈을 관리하기 때문에 여성을 대상으로 하고 있습니다." 그녀의 가장 큰 목표는 돈에 대한 여성들의 마음가짐 자체를 바꿔놓은 것이다.

이 브랜드의 성패는 전적으로 검소함이라는 콘셉트에 달렸다. 매 순간 소비의 유혹이 손을 뻗는 현실에서 결코 쉽지않은 콘셉트다. "흔히들 검소하다고 하면 인색한 모습을 떠올리죠. 저는 검소함이 진짜 멋이라는 메시지를 전하고 싶습니다. 여성들이 검소한 생활을 통해 인생의 꿈을 이룰 수도 있다는 사실을 이해하도록 말이죠. 그 꿈이 균형 잡힌 투자 목록을 보유하는 것이든, 밤잠을 편히 잘 수 있게 해주는 저축이 되든 말입니다. 자신만의 사업을 시작하고 싶다면 검소하게 준비해야 합니다. 저는 항상 저의 사례를 예로 들어 설득합니다. 만약 제가 검소한 생활을 하지 않았더라면, 파이낸스 바도 존재하지 않았을 겁니다."

호르톤-바르네스는 사람들이 쉽게 접근할 수 있는 개인 재무 상담과 긍정적인 자세, 그리고 여성성이 드러나는 트렌디한 방식을 모두 조합해 큰 노력 없이도 브랜드를 구축할 수 있었다. "재무 상담이 필요한 사람이 많다는 것은 알고 있었지만, 어떤 식으로 서비스를 시작할지 잘 몰랐어요. 샬럿과 노스캐롤라이나는 미국에서 은행이 두 번째로 많은 지역이었고, 자산 관리사들은 널려 있었기 때문에 저까지 그런 사무실을 열고 싶진 않았어요. 뭔가 다르게 접근하고 싶었죠. 사람들이 진심으

로 받아들일 수 있는 그런 것 말이에요. 요즘 푸드 트럭이나 이동형 패션 트럭이 매우 인기가 좋던데, 어느 일요일 밤 나도 버스에다가 재무 상담소를 차려볼까, 하는 생각이 번뜩 떠오르더군요."

중고 스쿨버스에 파이낸스 바를 꾸몄다. 고객들이 좋아할 만한 디자인을 고안해야 했다. "어려움을 겪고 있는 여성들이 재무 상담을 하는 동안 이곳을 집처럼 편안히 느끼고 자신만의 사적인 공간이나 귀여운 사무실처럼 느끼도록 하고 싶었어요.

많은 이들이 자신의 재무상태를 떠올리며 이제 끝장이 났다고 생각한다. 하지만 언젠가는 해가 뜰 것이라고 꼭 말해주고 싶다.

그래서 전체적으로 소녀 감성을 담은 밝은색을 사용하고 소파나 쿠션 같은 것을 두었어요. 편하게 커피나 차를 한잔 마시러 들어 올 수 있도록 말이죠. 그리고 이러한 디자인은 저 자신을 잘 나타내 주기도 해요. 저는 밝고 씩씩한 사람이고, 사람들이 저와 파이낸스 바를 동일시 해주면 좋겠어요."

이 브랜드는 다양한 방식으로 생생하게 살아 숨 쉰다. 커피를 한잔하러 들어가면, '검소함이 진짜 멋이다'라는 문구가 적힌 머그잔을 마주하게 된다. 근처에 살지 않는 (혹은 다른 나라의) 고객들은 온라인에서 사용이 정말 쉬운 가계부를 내려받을 수 있다. 호르톤-바르네스는 블로그를 활용해 '책임 있는 재정 관리의 아름다움'과 같은 주제에 관해서도 광범위하게 다룬다. 소셜 미디어를 활용한 캠페인을 통해 많은 이들이 자신의 이야기를 공유하게 되면서 수많은 팔로워가 그녀의 지혜에 공감하고 있다. 여성들이 연말마다 재무 관련 스트레스를 받고 깔끔하게 가계부를 정리하고 싶을 때, 파이낸스 바는 연말 연휴를 이용한 온라인 강좌 '깔끔한 돈 정리(Money Cleanse)'를 통해 새해 대비 재무상태 정리를 할 수 있도록 도와준다.

이 모든 브랜드 구축의 콘셉트는 호르톤-바르네스(Horton-Barnes)의 아이디어였다. 디자이너의 도움을 조금 받았을 뿐이다. "요즘 사람들은 뭔가를 구매하라는 메시지에 온종일 시달려요. 저는 그런 유혹들과

경쟁하죠. 사람들의 관심을 받고 안정된 재무의 장기적인 이득에 초점을 맞추게 하려면 항상 창의적인 요소가 필요해요." 이 브랜드는 시작부터 딱 한 가지 사실에 중점을 둔 덕분에 대중들의 마음을 살 수 있었다. "파이낸스 바를 이끌어 가는 모든 아이디어는 어떻게 하면 여성들의 관심을 끌 수 있을지, 그리고 여성들이 정말로 좋아하는 것은 무엇인지와 같은 질문에서 시작합니다. 미국 여성들이 정말 좋아하는 것 중 하나가 바로 잡지에요. 동네 서점을 가보면, 일반 서적이 진열된 곳에는 사람이 많이 없어도 잡지가 진열된 곳만은 많은 여성 고객들로 북적대죠. 여성들은 가방도 좋아해요. 그래서 우리는 문구를 넣은 작고 귀여운 가방을 제작했죠. 그렇게 자신의 재무를 책임지는 여성들을 응원하고 칭찬합니다."

빚더미에서 허우적대는 수많은 여성에게 도움의 손길을 내민다는 접근방식은 터무니없는 소리가 아니다. "스스로 기업가라고 여기세요. 사회적 기업가 말고요. 그리고 기업가의 마음가짐으로 어떻게 목표 고객의 마음을 열지 생각해보세요. 여성들에게 개인 재무 상담을 제공하고 싶다면 여성들이 좋아하는 것을 찾아 잘 활용해야 해요."

파이낸스 바의 가장 강력한 브랜드 자산은 아마도 호르톤-바르네스 그녀 자신일 것이다. 그녀는 마치 선교사와 같은 열정으로, 그리고 자신의 모습을 오롯이 담은 브랜드와 강력한 목소리로 사람들에게 자신의 길을 따르라고 말한다. 수평선 너머 저 멀리 시선을 고정한 채로 말이다. "저는 파이낸스 바가 잘 될 것이라는 사실을 직감적으로 알았지만, 사람들에게 온전히 받아들여지기까지는 어느 정도 시간이 필요하다는 점도 알고 있었어요. 자신의 메시지와 세상을 변화시키고픈 자신만의 방식을 믿으세요. 시장을 철저히 조사하고 준비하되 인기를 얻기까지 시간이 걸린다는 점도 유념해야 해요. 무엇보다 그 과정을 즐기세요. 즐겁지 않다면 아무런 의미가 없으니까요!"

결과

2014년 설립된 파이낸스 바는 1만여 명의 학생들과 8200명 이상의 여성들을 직접 상대했다. 파이낸스 바의 이야기는 NPR을 비롯해 블랙 엔터프라이즈(Black Enterprise), 야후, 비즈니스 인사이더(Business Insider), 포브스 등 유수의 언론매체에서 다뤄졌다.

**자신이 가장 잘 아는 것을 활용하고 자신의 직관을 신뢰하자.
목표 고객을 항상 염두에 두고 그들의 마음을 살 방법에
초점을 맞추자.**

파이낸스 바에 대해 더 알아보고 싶다면
thefinancebar.com을 검색해 보자.
SNS계정 @thefinancebar

행동 순위 매기기
파이낸스 바는 버스를 활용해서 차별화된 서비스를 제공할 수 있었다.
180페이지의 도구를 활용해 영향력과 실현 가능성이 있는 브랜드 구축 콘셉트를 잡아보자.

수그루(SUGRU)의 사례
만능 접착제로 미래를 수리하다.

완전히 새로운 재료인 고무 접착제를 개발해 하나의
브랜드를 만들어 낸 디자이너의 이야기를 살펴보자.
수그루는 사람들이 망가진 물건을 쉽게 고치고 편리
하게 사용할 수 있도록 도와준다.

#DIY #창의성 #B2C

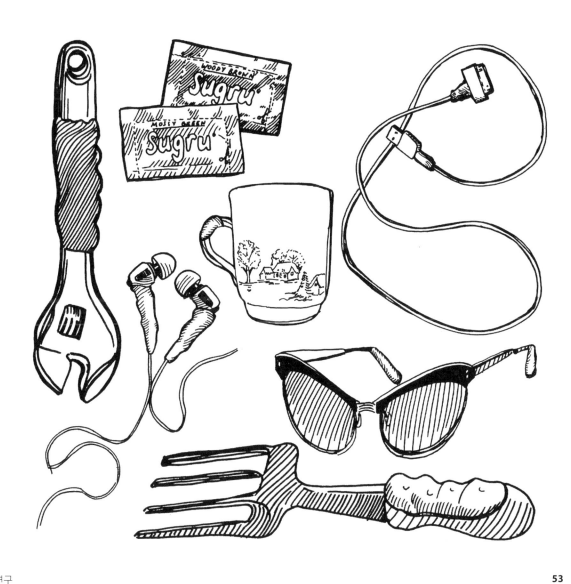

요즘 사람들은 멀쩡해 보이는 물건들을 정말 쉽게 버린다. 스키 부츠부터 시작해서 컴퓨터 프린트까지 조그만 플라스틱 부품 하나가 깨지거나 떨어지면, 수리할 비용으로 차라리 새것을 사는 게 더 낫다는 이유로 그냥 내다 버리기 일쑤다. 제품 디자이너 제인 니 둘차오인티 (Jane Ni Dhulchaointigh)는 영국 왕립 예술학교 재학시절 물건을 수리하거나 편리하게 고칠 때 사용하기 좋은 재료를 만들기 위해 많은 실험을 했다. 6년에 걸친 노력 끝에 그녀는 고무찰흙처럼 원하는 대로 모양을 만들 수 있고, 하루가 지나면 단단한 고무로 굳어지는 만능 접착제를 개발해 냈다. 여러 번 기복이 있었고, 모금과 생산, 그리고 사업 구상 과정에서 막다른 길에 다다른 적도 많았지만, 니 둘차오인티는 수그루를 인기 있는 소비자 브랜드로 탄생시켰다.

수그루(스코트랜드 켈트어로 'play'를 의미함)라은 이름에서 알 수 있듯이 창의성은 이 브랜드의 핵심이다. 고무는 본래 공업용 재료지만 이 회사의 설립자는 소비자의 감성적인 지지를 얻는 데 성공했다. 뛰어난 기능을 자랑하는 제품이 맞긴 하지만, 수그루는 기능에 대한 약속을 기반으로 구축된 브랜드는 아니다. 그렇다. 수그루 접착제는 스키 부츠의 버클도 고칠 수 있고, 애플 노트북 코드의 껍질이 벗겨지는 것도 방지할 수 있지만, 열한 살 어린이로 이뤄진 과학팀이 시도했던 것처럼 헬륨 가스로 채워진 풍선에 소형 카메라를 달아 하늘 높이 띄울 수도 있다.

수그루의 미션은 사람들의 창의성을 일깨워서 물건도 고치고 더욱 편리하게 사용할 방법을 생각하게 하는 것이다. 니 둘차오인티는 설명한다. "수그루는 창의력을 자극합니다. 사람들이 주변에 있는 물건들을 둘러보고 고칠 방법이나 개선책을 생각해보도록 하죠. 쉽게 버리는 문화에 딴지를 거는 브랜드이기도 하죠. 물건들을 고쳐서 더 편리하게 사용할 방법을 다시 생각해보면서 말이에요. 저는 수그루를 통해 어떤 제품을 만들어 내기보다는 우리를 둘러싼 '물건'들에 대한 문화를 바꿔줄 올바른 도구이자 영향력 있는 브랜드를 만들고 싶었어요. 사람들이 기존에 쓰던 물건들을 어떻게 고치고 바꿔볼까 고민하며 자신의 잠재력을 발견할 때 저는 정말 보람을 느낍니다." 이 브랜드에서 가장 열심히 일하는 홍보 대사는 바로 사용자들이다. 사용자들의 상상력만이 수그루를 살아 숨 쉬게 하기에, 회사는 수많은 사용 예시를 알려주어 이 상상력을 깨우는 데 집중적으로 투자한다. 매장 내에서 여러 가지 활용 예시를 보여주기도 하고, 니 둘차오인티의 배우자이자 수그루의 공동 창업자인 제임스가 불가능은 없다는 것을 보여주기라도 하듯 만능 고무 접착제를 활용해 비현실적인 물총을 만들기도 하며, 어린이를 위해 디지털카메라에 온통 고무 접착제를 둘러서 바닥에 내 던지는 비디오를 찍어 영감을 주기도 한다.

수그루는 사용자들의 아이디어와 발명품에 주목했다.

수그루는 소셜 미디어에서 소비자의 작품에 공감해주고 다른 사용자들도 볼 수 있도록 공유한다. 그리고 웹사이트에도 이러한 작품을 올려서 다른 여러 소비자도 수그루를 활용한 생활의 팁을 비디오로 제작하거나 사진을 찍어 공유하게끔 유도한다.

처음에는 메이커 운동의 틈새시장을 노린 제품이었다. "우리가 처음 온라인에 수그루를 출시했을 때는 사실 누가 우리의 고객이 될지 잘 모르는 상태였습니다. 우리는 그저 제품이 필요한 사람들을 찾아 수그루가 삶의 일부가 될 수 있다는 영감을 주고 싶었죠. 첫 번째로 출시할 때는 수그루가 무슨 용도인지도 구체적으로 말해주지 않았습니다. 다만 우리의 미션을 알려주고, 도전 과제를 제시했죠. 이것을 가지고 뭘 해보겠냐는 질문이었습니다. 사람들은 예상외로 굉장한 흥미를 보였습니다. 창의적인 사람들은 수그루에 매료되어 수그루의 새로운 사용법을 찾아내며 즐거워했고 이러한 현상을 보는 우리는 더욱 흥미진진했습니다. 수그루를 어떻게 사용하면 좋은지, 또는 어떤 곳에 활용하기가 힘든지, 그리고 집안의 물건이나 신발을 고치는 데 자주 사용된다는 사실 같은 것을 알게 되었으니까요."

브랜드가 점차 주류시장으로 넘어오면서, 본래의 틈새시장 규모를 빠르게 능가하게 되었다. "기억해야 할 점은 우리의 미션이 항상 변함이 없다는 사실입니다. 바로 대량 소비문화에 익숙한 소비자에게 창의적인 문제 해결 능력을 일깨우는 것입니다. 수그루를 '창의적인 사람들'만을 위해 만든 것은 아니지만 초기에는 창의적인 소비자들 덕분에 우리도 많이 배웠고, 브랜드로 구축도 가능했습니다. 그리고 이들은 우리가 스스로 창의성이 부족하다고 생각하는 사람들에게도 다가갈 수 있도록 많은 도움을 주었습니다. 창의성이 부족할지라도 물건을 고치거나 업사이클링(재활용품에 디자인 또는 활용도를 더해 그 가치를 높인 제품으로 재탄생시키는 것-옮긴이), 또는 집안 수리에는 관심이 있기 때문이죠. 우리의 구호는 '더 편리하게 바꾸기'에서 '고쳐쓰기'로 진화했습니다. 소비자들에 행동을 요구하는 목소리는 유지하되 더욱 다양한 소비자에게 어필하기 위해서죠."

더 많은 소비자에게 다가가기란 결코 간단한 문제가 아니다. "고객에게 직접 다가가는 방식을 통해 사용자들이 수그루를 더욱 편하게 느끼고 흥미를 갖도록 할 수 있지만, 단점 또한 존재합니다. 이를테면, 수그루를 잘 모르는 신규 고객들은 수그루를 과소평가하고 과연 접착이 제대로 될까, 하는 식으로 제품에 대해 의구심을 품을 수 있죠. 이런 균형을 맞추려면 굉장히 까다롭긴 하지만 우리의 미션을 실행하는 데서 초점만 벗어나지 않는다면, 제대로 하고 있다고 봅니다." 다행히 고객의 범주가 점점 더 다양해 지고 있지만 다양한 고객들을 하나로 묶어주는 한 가지 특성이 있다. "고객들의 공통점은, 손으로 뭔가를 만들고 스스로 문제를 해결하는 것을 즐긴다는 것이죠!"

수그루의 브랜딩과 포장 디자인은 언제나 사용자의 마음을 움직이기 위한 통합적인 전략 요소였다. "수그루의 공동 창업자인 저와 제임스가 디자인을 전공해서 그런지, 저희는 브랜딩 아이덴티티를 구축하는 작업과 홍보 방식을 고안해 내는 과정을 즐기면서 했어요. 어떻게 디자인하면 우리가 원하는 소비자 반응이 나올지 고민하는 일은 정말 재밌는 작업이기도 하면서 끝없는 도전 과제이기도 하죠! 우리는 디자인이 목적을 위한 수단이자 행동 변화를 이끌 도구라고 생각합니다. 호기심을 자극하고, 확신을 심어주고, 또 신뢰감을 주려면 무엇을 해야 할까요?"
2009년에 시작한 수그루의 브랜드 개발 작업은 여전히 현재 진행형이다. "브랜드의 아이덴티티와 제품 포장은 회사의 성장과 함께 계속 진화해왔습니다. 우리도 계속 배우고 있기 때문이죠. 사용자들이 계속해서 새로운 것을 가르쳐 줍니다! 그리고 시장 상황 또한 계속해서 성장하고 변화하죠."

"예를 들어 2013년 즈음에, 우리는 소매 환경 구축을 준비하기 시작했습니다. 고객들이 수그루 제품을 상점에서 직접 보고 온라인에서 펼쳐지는 광활한 미디어의 도움이 없이도 제품을 이해하도록 하기 위해서였죠."

제인은 블로그를 포함한 여러 채널을 통해 제품과 기업으로서 수그루의 여정에 관해 이야기한다. "지금까지 수그루의 제품과 브랜드 개발 과정에서 겪은 성공과 어려움에 관해 매우 투명하게 보여줘 왔습니다. 사람들이 어떤 프로젝트나 사업을 시작하는 과정을 잘 이해했으면 했기 때문이죠. 그리고 DIY 프로젝트든, 아니면 사업이나 사회적 벤처를 시작하든 더 많은 '행동가'들을 격려해주고 싶기도 합니다."

수그루는 미래를 향한 더 큰 포부를 가지고 있다. "언젠가는 집 집마다 수그루 접착제로 부엌의 서랍장을 고치는 날이 오길 바랍니다. 하지만 우리를 움직이는 것은 한 가지 단순한 미션입니다. 바로 사람들이 물건을 쉽게 고쳐 쓰고, 잠재된 창의력을 깨워 일상의 문제들을 해결해 나가도록 돕는 것이죠. 누군가가 물건을 고치다가 '유레카'를 외치는 순간이 와서 그 이야기를 온라인에 공유해주면 우리 전체 팀원들은 앞으로 나아갈 힘을 얻습니다. 우리가 어떤 규모의 기업으로 성장하든, 이러한 사명감과 동력은 절대 변질되지 않을 것입니다."

결과

수그루는 영국과 미국에서 누구나 이름만 대면 아는 브랜드가 되어가고 있다. 단지 제품의 유용성 때문만은 아니다. 사람들은 수그루에 대한 애착을 드러내고 이 기업을 신뢰한다. 2015년 여름, 세계 시장으로 규모를 확장하기 위해 벌인 크라우드펀딩에서 5천만 원 이상을 모금했고, 이 모금액은 필요 자금보다 355% 많은 금액이었다. 2017년에도 약 2천 6백만 원을 모금하는 데 성공했다.

좋은 아이템을 가지고 있을 때 그것을 위대하게 만들 수 있는 것은 여러분의 상상력밖에 없다. 단지 가정에서 사용하는 실용적인 물품으로도 사람들이 애착을 갖고 성원을 보내는 브랜드로 탄생시킬 수 있다.

수그루에 대해 더 알아보고 싶다면
sugru.com을 검색해 보자.
SNS계정 @sugru

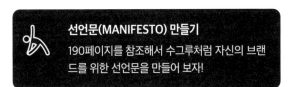

선언문(MANIFESTO) 만들기
190페이지를 참조해서 수그루처럼 자신의 브랜드를 위한 선언문을 만들어 보자!

소코(SOKO)의 사례

유행에 뒤처지지 않으면서 신속하게, 그리고 공정하게

한 윤리적 패스트패션 회사가 여성들이 계속해서 재구매하는 브랜드를 통해 아프리카 장인들의 수입을 다섯 배 이상 높여줄 수 있었던 배경을 알아보자.

#윤리적패션 #혁신 #기술 #온라인소매

장인의 공예 산업은 개발도상국 내에서 두 번째로 규모가 큰 산업 분야이다. 또한, 이곳에 종사하는 노동자들은 권리를 가장 많이 박탈당하는 부류 중 하나이기도 하다. 평균적으로 여성이 노동력의 80%를 차지하고 있지만, 전체 수입의 약 10%만이 그들의 몫이다. 패션 브랜드이자 기술 회사 소코는 1세대 전화기를 이용하는 시장 환경에서 전 세계의 수요자들과 장인들을 직접 연결해 줘 장인들의 생계가 개선되도록 하고 있다. 이러한 접근방식은 책임 있는 출처를 통해 만들어진 제품을 찾는 소비자 행동과 맞아 떨어져, 소규모의 윤리적 생산 방식으로도 주류시장을 충족시킬 수 있다는 점을 보여주고 있다.

브랜딩 사례

나이로비는 사회 혁신과 기술 개발이 한창인 곳이며, 바로 여기에서 소코의 공동 설립자인 엘라 페이노피치(Ella Peinovich), 그웬돌린 플로이드(Gwendolyn Floyd), 그리고 캐서린 마후구(Catherine Mahugu)가 만나 장인 정신과 여권 신장을 향한 열정을 공유하고 있음을 알게 되었다. 그들은 뛰어난 기술과 시스템 디자인 능력을 활용해 패션 브랜드로서는 완전히 새로운 방식으로 제품을 공급받는 방식을 개발했다. 소코의 고객이 온라인으로 주문을 넣으면 케냐에 있는 장인들은 컴퓨터나 인터넷, 그리고 은행 계좌 같은 게 없더라도 전화로 주문을 받고 일을 처리할 수 있다. 그렇게 장인들이 액세서리를 제조하면 소코는 이를 고객에게 전달해 주는 역할을 한다. 중간 유통과정이 없어서 소코와 협력하는 장인들의 평균 소득은 네 배 정도 높아졌다.

소코가 오늘날의 성공에 이르기까지 그동안 많은 시행착오가 있었다. 처음에 사사아프리카(SasaAfrica)라는 이름으로 시작한 소코는 '잇시 오브 아프리카(Etsy of Africa)'처럼 아프리카의 장인들에게 단 하나뿐인 특별한 디자인의 공예품을 판매할 수 있는 공간을 제공하는 기술 회사처럼 여겨졌다. "제품의 가치에 대한 인지가 상품의 실제 가치를 따라가지 못했습니다. 그래서 마케팅이나 브랜딩이 얼마나 중요한지를 깨달았죠."라고 페이노비치는 설명한다. "또한, 액세서리들이 너무 아프리카 전통 디자인으로 만들어지다 보니, 틈새시장만을 공략할 수 있었습니다. 우리는 더욱 규모가 큰 시장인 도배 소비자들로부터 수요가 있음을 알았고, 덕분에 직접 적으로 산지와 소비자를 연결하는 방식의 공급 사슬로 방향을 틀 수 있었습니다."

초반에는 기존의 기술 플랫폼도 유지하며 운영해야 하고, 공급자와 시장 기반을 구축하느라 시간과 자금이 모두 부족했다.

그렇게 사사아프리카는 자금 모금을 위한 경쟁에 뛰어들어, 비드 우먼 인 비즈니스(Bid Women in Business)상을 수상했고, 라이스 비즈니스 플랜 컴퍼티션(Rice Business Plan Competition), GSEC(Global Social Entrepreneurship Competition), DEMO 아프리카, ITV 텔레콤 세계 젊은 혁신가 상(World Young Innovators Competition), USAID 개발 혁신 벤처 상(Development Innovation Venture Grant), 그리고 베스트 바이 컬리지 혁신가 펀드 상(Best Buy College Innovator Fund prize)을 받아, 초기 투자 자금으로 2억 이상을 모금하고 전문가들의 상담과 코칭을 받을 수 있었다. 이러한 수상과 모금 활동을 통해 초기 광고 효과도 누렸고, 브랜드의 지지자들도 생겨 설립자들에게 매우 중요한 피드백을 보내주었다. "그렇게 우리는 재브랜딩 과정을 거쳐 소코를 탄생시켰습니다."라고 페이노피치는 말했다.

> # 우리는 자금을 모아 마케팅 비용과 주류시장 고객을 대상으로 한 홍보 비용을 감당할 회사가 필요했습니다.

"우리는 장인들을 돕는 기술 회사로 시작해서 이제는 직접 소비자를 마주하는 기업이 되었습니다. 이를 위해서 특별한 제품이 아닌 연속적으로 제조가 가능한 제품들을 만들어 도매업자에게 공급했습니다." 이러한 변화는 금방 효과를 드러냈다. 2015년 소코는 두바이 기반의 벤처 캐피털 기업과 엔젤투자자(신생 벤처기업의 초기 개인 투자자-옮긴이)들로부터 약 8억 원을 투자받아 더욱 성장할 수 있었다.

기술 회사로서 엄청난 경쟁이 펼쳐지는 온라인 패션 소매업에 뛰어들기란 결코 만만한 일이 아니었다. 장인들이 디자인한 이것저것 다양한 종류의 물건을 다루다가 일관된 종류의 제품을 취급하게 된 것이 특히 효과를 보았다. 플로이드는 설명한다. "엘라와 제가 둘 다 전문 디자이너였기에 참 운이 좋았죠. 제품군에 변화를 주기로 했을 때, 디자인 선택은 쉬운 일이었어요. 저는 현재 매년 약 6주간에 걸쳐 수백 가지 제품을 디자인합니다." 소코는 제품을 신속하게 배송하고 매력적인 가격대를 제안한다. 그리고 현대적인 미적 감각으로 고급 매장인 노드스트롬(Nordstrom)이나 앤트로폴로지(Anthropologie)에도 입점할 수 있었다. "우리는 윤리적인 패스트 패션을 공급합니다. 유행의 선두에 있는 디자인의 제품으로 수요에 대응하고, 적절한 가격대로 윤리적으로 생산된 제품을 공급하죠. 이렇게 우리는 꽤 쉽게 틈새시장을 장악했습니다. 우리 말고는 그 누구도 이렇게 할 수 없죠. 우리에겐 그만한 기술이 있으니까요. 실제로 우리는 자라, H&M과 경쟁하고 있지만, 윤리적이고 지속 가능한 방식으로 제품을 공급합니다. 그리고 우리는 그들과 차별화된 스토리텔링이 가능하죠."

페이노비치는 차별화된 브랜드 제안이 그 무엇보다도 중요하다고 생각한다. 이는 수많은 사회적 캠페인들이 무시하고 있는 측면이기도 하다. "만일 여러분이 목숨을 구하는 데 필요한 제품을 만들었다면 최대한 저렴하게만 팔면 됩니다. 하지만 시장에서 차별화가 필요한 서비스나 제품을 팔려고 하면, 영감을 줄 수 있는 브랜드로 만들어야 하죠." 소코가 영감을 주는 방법은 장인들의 이야기를 활용하는 것이다. 초반에는 주로 웹사이트를 이용했지만, 이제는 장인들과 소비자를 직접 적으로 연결하는 새로운 접근방식을 택했다. 모든 액세서리마다 그것을 만든 여성의 이야기를 담아 소비자에게 보내는 방식으로, 제품을 만든 여성과 착용하는 여성의 감정적 연결 고리를 만든 셈이다.

플로이드는 외부의 도움이 거의 없이 제품 자체만으로도 잘 팔린다고 설명한다. "대부분 신생 패션 브랜드는 매달 수익의 50%를 다음 달 마케팅 및 브랜딩 비용으로 다시 투자합니다. 약 3년 정도는 그렇게 해야 시장에서 자리를 잡을 수 있죠. 하지만 우리는 무역 이벤트에 참여한다거나 소수의 전자 상거래 활동 말고는 마케팅에 많은 돈을 쓰지 않았어요. 지금까지 거의 도매를 통해 성장해왔죠. 노드스트롬같은 상점에 입점할 때는 그들이 제공할 수 없는 훌륭한 스토리를 함께 제공합니다."

이러한 똑똑한 방식으로 시장에 진입한 덕분에 브랜드 구축을 위한 초기 투자 비용을 많이 아낄 수 있었다. 대부분 브랜드는 시장에서 자리잡기 위해 전자 상거래로 우선 진출하고 그다음에 도매로 진출한다. 하지만 소코는 그 반대의 방식을 취했다.

우리는 먼저 도매로 진출해서 성공적인 브랜드 구축을 할 수 있었다. 결국, 비용 면에서도 효과적인 방식이었다.

소코도 물론 외부 환경의 영향을 받는다. 소코의 브랜드 제의가 고급 백화점 진열대에서 주목을 받긴 하지만, 많은 돈을 투자하는 거대 패션 기업들과 여전히 경쟁해야 한다. 상점에 입점해 최고급으로 상품을 진열함으로써 경쟁 대기업 업체들과 어깨를 나란히 한다.

브랜드 인지도를 높이는 또 다른 전략은 바로 파트너십이다. 소코는 혁신적인 비영리 교육 단체인 '약속의 연필(Pencils of Promise)'과 협력했고, 잘 알려진 핸드백 브랜드와도 협업을 논의 중이다.

세 번째로 중요한 요소는 바로 스타일이다. 프로이드는 소코의 제품이 단순히 케냐 여성이 지속 가능한 자원을 활용하여 수작업으로 제조한 공정무역 제품이 아닌, 그 이상의 제품이 되도록 최선을 다한다. 단순한 스타일부터 시작해 예술 작품에 가까운 디자인까지, 액세서리는 다양하고 현대적인 매력을 뽐내야 한다고 생각하기 때문이다. "아프리카에서 만들어지는 대부분 장신구는 특정 취향의 고객을 공략하거나 주로 보헤미안 스타일로 나옵니다. 우리는 그러한 지역의 유산과 재료를 활용하여 모든 여성을 공략하는 액세서리를 만들 수 있다고 믿었죠. 가격 면이나 미적 감각 측면에서 틈새시장을 공략하지 않은 것이죠. 사람들은 우리가 이러한 방식을 주류시장에 도입하려고 한다는 생각을 매우 흥미로워하는 것 같아요. 이 산업에서 제품을 공급받는 방식 자체가 바뀐다는 것을 의미하기 때문이죠. 그리고 사람들이 언제든 가치 있고 지속 가능한 방식으로 제조된 제품을 이야기과 함께 받아 볼 수 있다는 것을 의미하기도 하죠."

달리 말하면, 소코는 윤리적 패션을 추구하는 여성들이 스타일을 포기하지 않고도 훌륭한 제품을 구매할 수 있게 해주었다. 플로이드는 말한다. "제가 디자이너 수장이기 때문에, 우리 브랜드의 다른 부분에도 일관된 미학이 깃들어 있습니다." 전통의 느낌을 가미한 단순하고 세련된 액세서리와 깔끔한 문구, 그리고 몽환적이며 도시와 초원이 함께 느껴지는 사진들. 우아한 모델들은 품격있는 장신구를 착용한 채 액세서리의 가격이 좋은 일에 쓰일 기부금을 포함할 뿐만 아니라 여성들의 우아한 스타일까지도 완성해준다고 말하는 듯하다.

모든 여성 고객들이 같은 이유로 소코를 지지하는 것은 아니다.

"20대 중반부터 30대 중반의 젊은 직장 여성들이 우리 브랜드를 사랑합니다. 그들은 혁신에 관심이 있고, 우리 브랜드의 이야기를 멋지다고 생각해요. 가난한 사람들을 돕고자 하는 고객들도 있고, 가난한 사람들을 이 변화의 주체이자 기업가로, 즉 소코의 협력자라고 여기는 고객들도 있죠. 각기 다른 마음으로 소코를 지지해 주는 사람들이 있어서, 우리는 제각기 고객에게 어떻게 이야기하며 다가갈지 항상 고민합니다."

소코는 또한 다른 분야에서도 브랜드를 구축하기 위해 애쓰고 있다. 소코의 폭발적인 성장은 숙련된 장인들의 수요가 그만큼 늘고 있다는 증거가 되기 때문이다. 페이노비치는 설명한다. "우리는 양방향으로 시장 진출을 해야 해요. 굉장히 독특한 역학 구조가 지배하고 있죠. 이것은 경제, 기술, 지역, 그리고 문화가 모두 분리돼있음을 의미해요. 우리는 그 중간에 선 기업으로서 둘 사이에 가교역할을 해서 도매업자에게 고품질의 상품을 제공하고, 장인들에게는 제조 시설과 공급 사슬 해결책을 지원할 수 있었어요." 고수입에 대한 약속과 입소문 덕에 장인들을 모으는 데는 큰 어려움이 없었다. 그보다는 소코의 품질과 생산 속도를 따르도록 하는 것이 관건이었다.

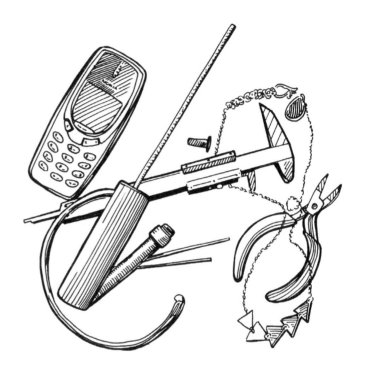

페이노비치는 설명한다. "현재 우리가 공을 들이고 있는 부분은 다양한 지역에 분포한 장인들의 충성도를 높이는 작업입니다. 모두가 독립된 개체이기 때문에, 지시 사항을 잘 따르게 하는 방침을 마련해야 하죠. 우리는 고품질과 상대적으로 신속한 납품을 요구하기 때문에 장인으로서 일하기에 만만한 고객은 아닙니다. 하지만 그 대가로 우리는 자산 융자와 제조 도구, 그리고 작업 트레이닝을 제공하고, 주문에 따라 선불 착수금을 지급해 초기 비용 없이도 일할 수 있도록 해줍니다. 소코와 함께 일하게 되면 대단한 이득이 따르죠. 장인들은 우리와 직접 일해보고 나서야 우리의 작업 기준과 속도에 관한 규정을 따르게 되는 경향이 있어요. 행동 변화가 일어나는 순간이죠. 현재 우리는 천 명 이상의 장인들과 일하고 있고 백열 곳의 작업실을 보유하고 있습니다. 장인들과의 관계를 키워가기 위해 직접 직원들을 파견하죠."

소코의 사회적 영향력이 명확히 드러나기 시작하면서 소코는 윤리적 패스트패션이 기존의 비윤리적이고 지속 불가능한 방식과 경쟁할 수 있다는 사실을 증명하고 있다. 페이노비치는 말한다. "우리는 소코가 전 세계 공급 사슬 혁신에 기폭제 역할을 할 것이란 사실을 알고 있었습니다. 회사의 중심축이 어떻게 변하든 그러한 역할은 절대 변하지 않을 겁니다. 개발도상국과 함께 일하는 데 기폭제 역할을 할 거예요. 단지 현재의 소비자를 상대로 우리의 역할이 더 크다는 것을 인지하고 있을 뿐입니다."

소코는 앞으로 지리적으로도 그렇지만 더 넓은 범위의 여성 소비자들에게로 영역을 확장해 나가려 한다. "우리는 아직 이름만 대면 알만한 위치에 이르지는 못했습니다. 우리 제품을 구매하는 여성들은 진정한 얼리어답터라고 볼 수 있죠. 가장 초기의 소비자들은 우리 브랜드의 사회적 영향력을 이해하고 있다고 생각합니다. 그들은 변화를 기대하고 있죠. 그들은 또한 사회적 선을 위해 소비자가 영향력을 행사할 수 있다고 믿습니다. 그리고 윤리와 아름다움을 동시에 구매할 수 있다는 것을 이해하고 있죠." 종종 다른 윤리적 패션 브랜드에서 페이노비치에게 서로 경쟁하는 상태에 대해 불만을 드러낼 때가 있다. 하지만 그녀의 관점은 다르다. "우리는 윤리적 관행을 당연시하는 패션 회사 중 하나일 뿐입니다. 우리는 중국의 열악한 환경에서 싼 가격에 제품을 생산하는 그런 기업들과 경쟁하는 것입니다. 그런 기업들이 점령하고 있는 시장을 노리고 있는 것이죠."

결과

소코는 현재 아프리카 장인 2100명을 전 세계 고객들과 연결해주고 있다. 소코 제품 생산에 참여하는 장인들의 가계 소득은 평균 5배 정도 상승했다. 2014년, 평균 장인 한 명당 1,090개의 부품을 만들어 총 41,309개의 액세서리를 판매했다. 지금까지 소코가 장인들에게 지급한 금액은 총 10억이 넘는다. 현재 이 브랜드는 35개 국가에서 활동하고 있으며, 자체 온라인 상점과 노드스트롬 및 앤트로폴로지에서 제품을 판매하고 있다.

소코가 광범한 영향력을 행사하는 데 사업 계획과 제품 브랜딩의 급진적인 변화는 필수적이었다. 경쟁이 굉장히 심한 시장의 일부를 점령해 소비자에게 다가가기 위해서는 매달 수익의 50% 정도를 재투자해야 하는 경우도있다.

소코에 대해 더 알아보고 싶다면
shopsoko.com을 검색해 보자.
SNS계정 @Shop_Soko

CHAPTER 3
브랜드 해부하기

인간의 구조와 유사한 브랜드의 구조

브랜드의 구조를 살펴보면, 인간의 그것과 굉장히 비슷함을 알 수 있다. 한 인간은 나름의 기질과 인격, 그리고 신념 체계를 갖고 있으며, 살면서 이루고자 하는 목표가 있다. 이런 것들이 바로 인간 내면의 핵심이 된다.

이러한 내면의 핵심은 아이덴티티를 통해 표현된다. 생김새와 사용하는 언어, 그리고 말하는 방식 등이 바로 아이덴티티이다. 내면의 핵심과 아이덴티티는 한 인간이 외부 세계와 상호작용하는 방식뿐 아니라 그 사람에 대한 타인의 생각이나 느낌도 형성한다. 여러분이 트위터에 올리는 글, 참가하거나 주관하는 이벤트, 주변의 사람들, 그리고 타인을 위해 하는 일과 하지 않는 일 등이 모두 외부 세계와 상호작용하는 방식이라고 할 수 있다. 사람들은 외부로 보이는 모습을 보고 내면의 모습도 판단한다.

이 모든 것은 브랜드에도 그대로 적용된다. 브랜드는 대중과의 관계를 구축해야 하기 때문이다. 한 브랜드가 사회 환경적 영향력과 사업을 확장하기 위해서는 대중의 지지와 소비자의 충성이 필요하다. 브랜드를 이끌어 줄 핵심도 필요하고, 대중이 인지할 수 있는 아이덴티티도 갖추고 있어야 한다. 그래야만 상호작용을 통해 관계를 구축할 수 있기 때문이다.

강력한 브랜드들을 뒷받침하고 있는 브랜드 모델을 총체적으로 이해하는 것은 모두에게 큰 도움이 된다. 한 강력한 브랜드를 낱낱이 파헤쳐서 브랜드를 구성하는 개별 요소와 전체를 이해해서 자신의 브랜드 개발에 활용해 볼 수 있다.

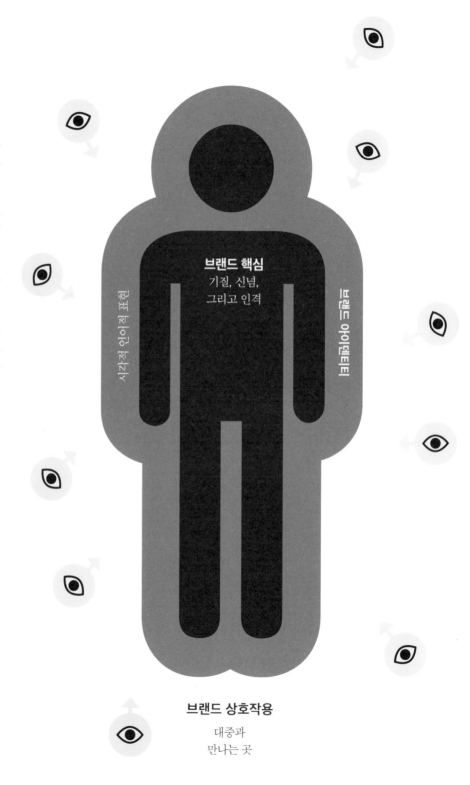

브랜드 핵심
기질, 신념, 그리고 인격

시각적 언어적 표현

브랜드 아이덴티티

브랜드 상호작용

대중과
만나는 곳

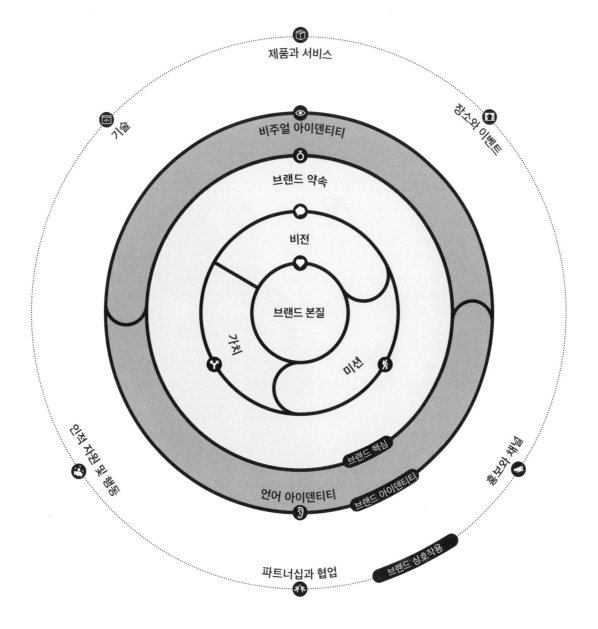

총체적인 브랜드 구축을 쉽게 하려고 우리는 '브랜드적 사고하기 캔버스'라는 모형을 제작했다. 이 모형은 강력한 브랜드를 철저히 분석한 후, 여섯 개의 주요 상호작용 지점에서 대중의 생각과 느낌에 성공적으로 개입하는 방법을 이해하도록 도와준다. 브랜드의 핵심, 아이덴티티, 그리고 상호작용은 모두 제각기 별도의 구성 요소들로 이뤄져 있다.

브랜드 핵심 브랜드의 핵심은 여러분이 이 세상에서 보길 원하는 변화에 기반을 두고 있다. 현재 하는 일의 목적과 변화로 향하는 길이 바로 핵심이다. 그 핵심은 비전, 미션, 그리고 가치에서 잘 드러난다. 브랜드 약속은 대중에게 어떤 결과물을 내놓겠다는 여러분의 의지를 보여준다.

브랜드 아이덴티티 는 시각과 언어적 표현으로 구성된다. 겉으로 보이는 모습과 말하는 방식이 될 수 있겠다.

브랜드 상호작용 은 여러분이 청중과 접촉하게 되는 모든 지점에 관한 것이다. 누군가를 고용하는 것부터 시작해, 그 직원들이 고객과 접할 때 하는 행동들, 다른 기관과 맺는 파트너십, 고객과 소통하기 위해 택하는 채널, 사람들이 브랜드를 접하는 장소, 브랜드가 제공하는 제품과 서비스까지 모두가 상호작용에 해당한다. 그리고 생산 과정과 원료 공급처를 결정하는 과정은 브랜드 핵심의 영향을 받는다.

이제 다음 페이지로 넘어가서 브랜드 구성 요소들을 각층 별로 세세하게 짚어보고, 실제 브랜드에서 실용적인 사례들을 살펴보도록 할 것이다.

브랜드 핵심(Brand Core)

브랜드 핵심은 우리가 브랜드를 쌓아 올리는 기반을 의미한다. 핵심 속의 모든 요소는 '누가, 무엇을, 그리고 왜'라는 질문 둘러싸고 있다. 미션, 비전, 그리고 가치라는 브랜드 핵심을 검토하는 것은 체인지 메이커들이 성취하고자 하는 것을 표현하고, 어떤 수단으로 누구를 위한 변화를 원하는지 생각하는 데 큰 도움이 된다. 어떤 사람들을 자신의 비전, 미션, 그리고 가치를 있는 그대로 웹페이지에 써놓고 세상과 소통하기도 한다. 반면 어떤 이들은 비전, 미션, 그리고 가치를 잘 엮어서 브랜드의 구조에 투영하고, 말보다는 브랜드 그 자체로 보여주는 방식을 택한다. 겉으로 드러내든, 내면에 품고 있든, 브랜드 핵심은 여러분이 하는 모든 것의 동력이 된다.

구성 요소

- 브랜드 본질
- 비전
- 미션
- 가치
- 브랜드 약속

목적

- 브랜드의 동력을 규정하기 위해
- 목적을 향한 공감대를 형성하기 위해
- 의사 결정을 위한 기준을 정하기 위해
- 브랜드를 표현해줄 강력한 아이디어의 기폭제로 활용하기 위해
- 제삼자에게 브랜드를 알리기 위해
- 홍보용 콘텐츠 구성을 위해

브랜드 본질(BRAND ESSENCE)

브랜드 본질은 브랜드의 존재 이유이며, 가능한 가장 간단하고 강렬한 문구로 표현된다. 브랜드 본질은 여러분의 하는 모든 일의 출발점으로, 모든 아이디어가 본질을 중심으로 생겨나고, 제품과 서비스도 본질을 기폭제로 하여 제작되며, 홍보 전략의 기본이자 파트너 선택의 기준이 된다.

브랜드 본질을 개발하기란 그리 쉽지 않다. 여러 가지 생각들을 비교하고 조정하여 본질을 걸러내는 데 수년이 걸릴 수도 있고, 우연히 떠오르는 생각이 바로 브랜드의 본질이 될 수도 있다. 브랜딩하려는 것이 어떤 제품이든, 서비스든, 아니면 철학이나 조직적인 운동이든, 한 브랜드의 강력한 본질은 최고의 자신이기 때문에, 본질 찾기에 최선을 다해야 한다!

일본의 라이프스타일 브랜드 무지(Muji)를 예로 들어보자. 바쁜 현대인의 삶에는 자극적인 요소들이 넘쳐난다. 무지는 우리 주변 환경을 몇 가지 우수한 제품으로 단순하게 만들면 정신 건강의 균형을 찾는 데 도움이 된다고 믿는다. 무지의 제품은 가구, 주방용품, 의류, 수납 도구, 그리고 사무용품 등으로 굉장히 단순하고 깔끔한 일본 특유의 디자인을 자랑한다.

무지 브랜드는 배가 완전히 부르지 않고 80% 정도만 찼을 때 숟가락을 놓는 것이 건강에 더 좋다는 일본인들의 생각인 '하리 하치 부'의 철학을 갖고 있다.

이러한 본질은 무지라는 브랜드가 하는 모든 것에서 나타난다. 무지의 제품은 될 수 있는 한 최소의 원료를 사용해 가장 단순한 형태로 제작된다. 브랜드 아이덴티티 또한 이 본질을 잘 보여주고 있다. 무지의 상품에는 상표가 달린 제품이 하나도 없다. 홍보도 최소한으로 한다. 무지의 이미지와 텍스트는 잔잔하고 실용적이다. 상점 또한 단순하게 기능 위주로 꾸며져 있고, 직원들도 항상 깨끗하고 잘 정돈된 상태를 유지하려고 노력한다.

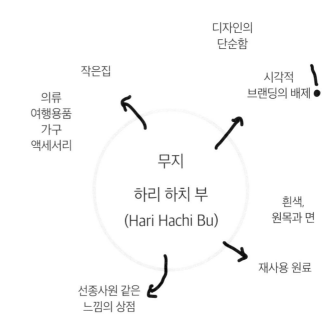

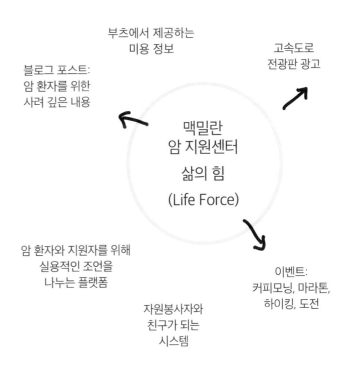

토크쇼
영화 제작
북클럽
방송네트워크
천사
네트워크
오프라 윈프리
당신의 멋진 인생
(Live Your Best Life)
잡지
파트너:
닥터 필, 닥터 오즈
(정신, 심리 건강)
수즈 오만
(재정 문제)
영성 건강,
자기계발,
건강, 스타일
소녀들을 위한
리더십
아카데미

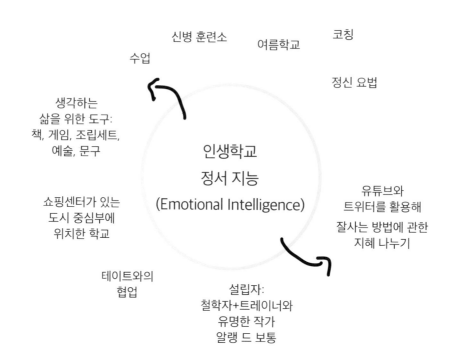

신병 훈련소
여름학교
코칭
수업
정신 요법
생각하는
삶을 위한 도구:
책, 게임, 조립세트,
예술, 문구
인생학교
정서 지능
(Emotional Intelligence)
유튜브와
트위터를 활용해
잘사는 방법에 관한
지혜 나누기
쇼핑센터가 있는
도시 중심부에
위치한 학교
테이트와의
협업
설립자:
철학자+트레이너와
유명한 작가
알랭 드 보통

비전(VISION)

모든 것은 비전과 함께 시작된다. 여러분이 보길 원하는 변화된 세상을 묘사하고 있는 것이 바로 비전이며, 무슨 일을 하든 그 이유와 목적도 묘사한다. 사람들을 따라오게 하려면 어디로 가고 있는지 이해시켜야만 한다.

여러분이 보고자 하는 변화된 세상은 어떤 모습인가? 그 변화를 이끌고 싶다면, 상대방이 직원이든, 고객이든, 아니면 투자자나 제조업자든, 그들을 어디로 데려가는 것인지 그림을 그려서 보여줄 수가 있어야 한다. 사람들은 그 이유를 알아야만 최선을 다해 그 변화에 기여한다. 개인이든, 조직적인 운동이든, 아니면 규모가 큰 단체든, 명확한 비전을 갖는 것은 필수다.

각기 다른 렌즈
사람들과 기관들은 제각기 목표와 성공을 향한 나름의 생각을 지니고 있다. 비전은 그런 각기 다른 렌즈를 통해 형성된다. 그 렌즈는 사람을 향한 것일 수도 있고('가난이 없는 세상'), 지구를 향할 수도 있으며('모든 사람이 부족함 없이 먹을 수 있는 세상'), 아니면 특정 산업을 향한 것일 수도 있다('뛰어난 기술력으로 자연을 보전하고 번창하는 산업').

지나친 이상이라면?
이상적인 비전과 현실의 차이가 불편하게 느껴질 수도 있다. 아웃도어 브랜드 파타고니아(Patagonia)에서 마케팅과 홍보를 담당했던 케빈 스위니(Kevin Sweeny) 는 말한다. "어떤 단체라도 이상을 품고 있다면, 이상과 현실 사이에 불균형이 존재하기 마련입니다. 이러한 불균형만을 주제로 대화를 해 나가는 것은 잠재적인 위험 요소가 될 수 있죠. 건설적인 대화가 될 수도 있지만, 비생산적 대화로 이어질 수도 있기 때문입니다. 긍정적인 비전은 그 영향력이 훨씬 큽니다. 중요한 것은 이 나라나 기업이 어떤 모습이었으면 하는 비전을 세우는 것입니다. 드문 일이긴 하지만 좋은 비전은 그 하나만으로도 마법과 같은 힘을 발휘하거든요."

산 오르기
사람들이 미션과 비전을 헷갈리는 경우가 많다. 172페이지의 도구를 활용하면 그 둘을 쉽게 구분할 수 있다.

비전의 시각화
흥미롭고 특별한 비전을 세우는 게 어렵다면 189페이지를 보고 시각화를 통해 시작해보자.

비전 예시

솔라시티(SolarCity)는 재생 에너지가
화석 연료보다 저렴해지는 날이 오길 원한다.

겨자씨 단체(The Mustard Seeds Organization)는
단도라(케냐 나이로비에 위치한 지역-옮긴이)가 깨끗하고
푸르며, 건강하고 안전한 거주지라고 믿는다. 슬럼이 아닌
거주 지역이 될 것이다!

컬러오브채인지(Color of Change)는 인종과 계층에 상관없
이 모든 미국인이 대접받고 보호받으며
미국을 대표하는 날이 오길 원한다.

해비타트(Habitat for Humanity)는
세상 모든 이들이 살 곳을 마련하는 날을 위해 일한다.

크리에이티브 커먼즈(Creative Commons)는
인터넷의 모든 잠재력이 실현되어
연구와 교육 자료에 누구든 접근하고,
모든 문화권의 참여로 개발, 성장,
그리고 생산성의 새로운 시대가 오길 기대한다.

인터넷 오브 엘레펀트(Internet of Elephants)는
2천만 명이 아침에 일어나 스마트폰으로
자신들 코끼리의 안위를 살피는 날이 오길 바란다.

디자이너톤 워크(Designathon Works)는
세상 모든 어린이가 기술을 활용해서 더 나은 세상을
만들기 위한 창의력을 기르도록 분투한다.

스페이스X(SpaceX)는
백만 명이 화성에서 살게 되는 날을 기대한다.

👍 공식

활동 분야가 완전히 다른 단체들의 비전 문구들을 참조해
보자. 나만의 비전을 세우는 공식을 얻을 수 있을 것이다.

미션(MISSION)

비전을 실현하기 위해 무엇을 하는가? 미션은 변화를 향한 생각이 현실이 되도록 해야 할 일을 의미한다.

미션이 이끄는 단체들은 무엇을 왜 해야 하는지 잘 알기에 업무 수행도 더 뛰어나다. 미션은 간단하고 기억하기 쉬울수록 행동으로 따르기도 쉽고, 더 많은 사람의 지지를 받는다. 비전과 마찬가지로 미션 또한 다양한 관점으로부터 만들어진다. 특정 산업의 변화를 도출하려는 미션일 수도 있고('야생을 보존하는 기술 활용을 지지하기') 세상을 변화시키기 위한 미션일 수도 있으며('사람들의 건강하고 행복한 삶에 도움이 되는 게임 만들기'), 구체적인 야망을 성취하기 위한 미션일 수도 있다('전 세계 백만 명의 부모가 지지하고 사용하는 교육 프로그램 제작하기').

되도록 짧게

사회적 기업에 자금을 제공하는 물라고(Mulago Foundation)의 상무이사 케빈 스타(Kevin Starr)는 미션을 나타내는 문구가 절대 여덟 단어 이상을 담고 있으면 안 된다고 말한다. "미션 문구의 영향을 받는 투자자들은 '권한', '능력 구축', 그리고 '지속가능성'과 같은 장황한 표현 속에서 헤매고 싶지 않습니다. 그저 여러분이 무엇을 이루고자 하는지 정확하게 알고 싶을 뿐이죠. 다 자르고 여덟 단어 정도로 이뤄진 결론을 듣고 싶은 것이죠. 동사, 목표 대상, 그리고 측정 가능한 결과물이 여덟 단어나 아니면 더 간단한 문장에서 나타나면 제일 좋습니다." 스타는 여덟 단어면 충분히 구체적인 표현이 가능하고, 명료한 전달력을 갖기에 알맞은 길이라고 생각한다. '서태평양 산호초 복원', '아프리카의 모자간 에이즈 전염 예방', '잠비아 농부들을 가난에서 구해내기'. 이러한 사명 문구들이 바로 물라고를 움직이는 영향력을 지닌 것들이다.

> ⚒ **미션 구상하기**
> 자신의 미션을 분명히 하는 데 어려움을 겪고 있는가?
> 174페이지의 도구를 활용해 차근차근 접근해보자.

미션 예시

구글(Google)은 전 세계 정보를 누구나 접근할 수 있고 활용할 수 있도록 구성하고자 한다.

아큐멘(Acumen)은 세상이 가난과 싸우는 방식을 변화시키는 기업, 리더, 그리고 아이디어를 위해 자선 기부금을 모금한다.

걸이팩트(GirlEffect)는 소녀들을 위해 세상을 변화시켜서, 소녀들이 세상을 변화시킬 수 있도록 한다.

네스트(Nest)는 관심받지 못했지만 중요한 주거 제품들에 재투자한다.

솔라시티(SolarCity)는 지속 가능한 에너지의 대규모 도입을 가속화 한다.

컬러오브채인지(Color of Change)는 인터넷을 활용하여 미국 흑인의 정치 목소리를 강화한다. 이러한 움직임을 통해 회원들이 정보를 얻고 미국의 흑인들이 마주한 긴급한 문제에 맞서 행동할 방안을 마련한다.

인생학교(The School of Life)는 현명하게 잘 사는 방법과 관련된 다양한 프로그램과 서비스를 제공해, 정서 지능을 계발하는 데 기여한다.

클라이언트어쓰(ClientEarth)는 지구를 건강하게 지키기 위해 환경 운동권 법률가들을 동원한다.

팩토리45(Factory45) 한 번에 한 명씩 패스트패션 기업가를 돕는다.

스페이스X(SpaceX)는 우주 기술의 혁신을 통해, 다른 행성에서도 사람들이 살 수 있도록 한다.

와비파커(Warby Parker)는 맞춤 안경을 혁신적인 가격대로 공급하며 사회적으로 의식 있는 기업들의 길을 이끌어간다.

MD 앤더슨 암센터(MD Anderson Cancer Center)는 암 퇴치를 위해 일한다.

파타고니아(Patagonia)는 불필요한 피해를 발생시키지 않고 변화를 이끌며 최고의 제품을 생산한다.

가치(VALUES)

인간을 움직이는 것은 어렸을 때 가정과 문화를 통해 내면화된 가치와 원리들이다. 그것은 개인적인 가치일 수도 있고, 집단의 가치일 수도 있다. 예를 들어, 프랑스 혁명을 이끈 것은 '자유, 평등, 우애'라는 가치이다. 삶을 이끄는 가치들은 살아가면서 변하기도 하고 다양해지기도 하지만, 우리의 인격을 형성하는 여러 요소 중 가장 일관된 측면이기도 하다.

사람과 마찬가지로 단체 또한 가치를 지니고 있다. 그것을 외면적으로 (또는 정확하게) 명시하든, 명시하지 않든 말이다. 강력한 가치를 품은 단체들은 그 가치가 미래를 향한 명료한 나침반 역할을 하고 선택의 갈림길에서 방향을 제시하기 때문에 더욱 뛰어난 성과를 낸다. 가치는 단체의 특성에 있어서 가장 일관된 측면이기도 하다. 시장은 변할 수 있고, 조건들도 변할 수 있지만, 특정 단체의 생각과 행동에 기반이 되는 기본 원리들은 고수하는 경향이 있다. 한 단체의 가치는 그 단체의 두드러지는 특성과 기업 문화를 만든다. 어떤 단체의 규모가 하나의 축구팀보다 커지기 시작했을 때, 놓치지 말아야 할 단 한 가지는 바로 기업의 가치이다.

설립자의 신념
만일 한 단체가 실존 인물에 의해 설립되었다면, 그 사람이 지닌 가치가 기업 문화 속으로 흘러 들어가고 모든 팀원의 신념 체계에 유기적으로 작용한다. 하지만 때로는 설립자가 떠나거나 경영에서 한발 물러서기도 해서, 이럴 때는 모든 구성원이 단체 운영 원리에 주인의식을 가져야 한다.
유기적으로 작용하는 설립자의 가치 체계는 명시적으로 잘 드러내서 기업이 일관적인 의사 결정을 할 수 있도록 돕는다.

좋지 않은 예
가치는 브랜딩에 있어 매우 눈에 띄는 요소이지만, 대중은 기업의 실제 행실을 보고서야 기업이 추구하는 가치를 진지하게 받아들인다. 2000년대 후반 경제 위기의 중심에 있던 몇몇 은행들은 진실성, 신뢰성, 그리고 사회적 의식 등의 가치를 외쳤었다.

가치 규정하기
자신의 가치를 규정하기 위해서는 언어표현 탐지기를 작동시켜야 한다. 당신은 어떤 보편적인 신념을 지니고 있는가? 정말 자신이 하는 모든 것은 그러한 신념에 의한 것이라고 말할 수 있는가? 일상에서 어떤 구체적인 방법으로 그 가치를 실천하는가? 만일 여러분이 옹호하는 가치들을 실제 행동으로 옮기지 못하고 있다면, 쉽게 말해 그것은 여러분의 진정한 가치가 되지 못한다. 자신만의 구체적이고 상세한 가치를 규정해 보는 것은 진정 자신이 믿고 있는 것이 무엇인지 명확히 아는 데 도움이 된다.

글로벌 디자인 기업 아이디오(IDEO)의 행위에 깃든 가치들

낙관적으로 하자: 가능하다고 믿으면 어떻게든 이뤄진다.

협업하자: 우리의 무기고에서 가장 강력한 자산은 '우리'라는 단어이다.

애매함을 수용하자: 불편함에 익숙해지자.

실패로부터 배우자: 허락이 아닌 용서를 구하자.

타인을 성공을 돕자: 자신의 길에서 벗어나 타인의 성공을 돕는 것은 비밀 전략이다.

주인의식을 갖자: 여기 명시되지 않은 사회적 계약이 있다. 바로 개별 주인의식은 전체적인 책임감으로 이어진다는 것이다. 그러한 주인의식을 갖자.

조금 말하고 더 많이 행동하자: 잘난 체하는 것보다 기분을 잡치는 것은 없다. 디자인하려면 소매를 걷고 뭔가를 만들어라.

가치 게임
194페이지를 참조하여 어떻게 하면 가치를 실행으로 옮길 수 있을지, 자신의 행동과 말에서 가치가 갖는 의미는 무엇인지 연구해 보고 도전해 보자.

삶으로 보여주는 가치

강력한 브랜드를 구축하는 데 있어서 여러분과 팀원들이 내리는 모든 결정의 중심에 가치가 있어야만 그 가치는 쓸모가 있다. 글로만 존재하는 가치나 일부 활동에만 적용되는 가치라면 홍보 방식이나 행동이 가치에 부합하지 않는 상황이 발생한다. 이렇게 되면 신뢰도가 떨어지고 영향력이 약해질 수 있다.

예를 들어, 지속 가능한 개발이라는 미션을 주창하는 많은 단체가 티셔츠, 현수막, 공책, 열쇠고리, 그리고 필기구 등을 대량 생산해 자신들의 로고를 찍어 선물이나 브랜드 홍보의 목적으로 배포한다. 많은 경우 이러한 물건들은 열악한 노동 환경에서 유해한 원료를 사용해 만든 것들이다.

(잠재적인 브랜드 열혈 지지자나 충성스러운 직원이 될지도 모를) 비판적인 경향의 소비자는 이러한 행위들을 보면 브랜드에 실망하거나 선입견을 품을 수 있다.

인사 정책, 공급 사슬, 파트너십, 그리고 홍보와 관련해 주기적으로 검토하고 브랜드가 상징하는 바와 보조를 잘 맞춰가고 있는지 확인해야 한다.

가치 실패 사례

아래 세 가지 사례는 브랜드 활동과 의사 결정 상황에서 가치가 제대로 통합되지 못한 경우를 잘 보여준다.

한 대형 텔레콤 이사회는 그들 브랜드의 가치를 이렇게 규정했다. 개인 정보를 존중하고, 투명하게 운영하며, 안전한 혁신을 하는 것. 하지만 이 브랜드가 운영하는 대리점에서 고객들은 요금제 변경을 위해 번호표를 뽑고 줄을 서서 40분가량을 대기해야 했다. 그리고 고작 들은 말은, 직원들이 개인 정보에 접근할 수 없어 요금제 안내를 해줄 수 없다는 대답이었다.

한 경제 개발 분야의 NGO는 경제 권한 분산에 열정을 지닌 단체였다. 이 NGO는 활동 홍보를 위해 중동 지역 난민촌 사진 자료가 필요했는데, 사진 속에 등장하는 사람들에게 초상권 비용을 내는 사진 업체가 조금 더 비싸서, 초상권 비용을 내지 않고 사진사에게만 비용을 내는 일반 사진 업체를 택했다.

약 백 년 전 한 지역의 소규모 산업에 투자해 지역 공동체를 변화시킨 은행이 더욱 성장해 지역의 기업가들과 연대하는 방식의 은행 가치를 내세웠다. 하지만 이 은행은 직원들의 성과를 평가할 때, 재정적인 이득 측면만을 보았다. 결과적으로 직원들은 위험도가 높은 소규모 산업에는 대출을 꺼리게 되었다. 은행의 인사 정책이 기업의 가치 기반을 약화한 것이다.

사회와 관계: 스스로와 타인을 보는 관점

공감
자기 의존적
관용
연민
협동
존중
신뢰
용서
포괄
공유
호혜
다양성
통합
사람 중심
사용자 중심
투명성
이타주의

도덕성: 옳음과 그름에 대한 우리의 감각

정의
평등
정직/신실
진실
공정

태도: 세상을 바라보는 우리의 태도

호기심
야망
의지
풍부한 지략
낙관주의
열린 마음

대담무쌍/용기
탐구
겸손
실용주의
융통성
민첩함
감사
충성
창의성
헌신
유연성

힘: 권위와 변화를 보는 우리의 관점

저항
평등
혁신
독립

아이덴티티: 세상에서 우리의 위치

진정성
균형
(비)인습 존중
개성
표현

이념: 사람과 환경을 보는 우리의 시각

비폭력
공명정대
행동주의
지속가능성
해를 끼치지 않기
연대
형제애

보편성
해방
시민권
객관성
중립
자유
접근성
솔직함

사업: 우리를 이끄는 것과 우리의 방식

야망
책임
탁월함
전문성
품질
서비스
기업가 정신
방해/도전
전문 지식
지식
솜씨
리더십
성장
영향

품질: 우리가 좋다고 믿는 것

탁월함
전문성
전문 지식
솜씨
아름다움

철학: 우리의 삶과 세상을 평가하는 방식

단순함
총체적/연결성
합리성
직관
미학/아름다움
해결책 중심
행동 중심

문화적 가치

전 세계에 걸친 다양한 문화적 가치에서 영감을 얻자! 예를 들어, 일본 사무라이의 도덕 체계인 부시도(Bushido)가 말하는 일곱 가지 덕목은 전사들의 규칙에 깊이 통합되어 의미를 심어주는 매우 좋은 예라고 할 수 있다. 기(gi, 진실성), 레이(rei, 존중), 유(yu, 용기), 메이요(meiyo, 명예), 진(jin, 연민), 마코토(makoto, 정직과 신실), 그리고 추(chu, 의무와 충성)로 이루어져 있다.

브랜드 약속(BRAND PROMISES)

대중에게 무엇을 주겠다고 약속하는가? 그들에게 어떠한 가치를 더해줄 수 있는가? 어떤 방법으로 소비자의 삶을 더 쉽고, 편하고, 부유하고, 그리고 아름답게 만들어 줄 수 있는가? 어떻게 그들에게 권한을 줄 것인가? 소비자의 성취에 어떤 도움을 줄 수 있는가? 위와 같은 질문의 대답이 브랜드 약속이다.

브랜드 약속은 기능적인 면에 초점들 둘 수도 있고 감성에 호소할 수도 있다. 그리고 여러분이 소비자에게 하는 약속은 될 수 있는 한 타 경쟁업체의 약속과는 차별화되어야 한다.

브랜드 약속은 소비자가 그 브랜드를 계속 이용할 것인가 말 것인가를 고민하며 지속해서 질문하는 내용에 답이 되어야 한다. 여러분이 제시하는 브랜드 약속에는 '내가 왜 이 브랜드를 택해야 하는가,'라고 묻는 소비자를 위한 최고의 가치가 담겨 있어야 한다.

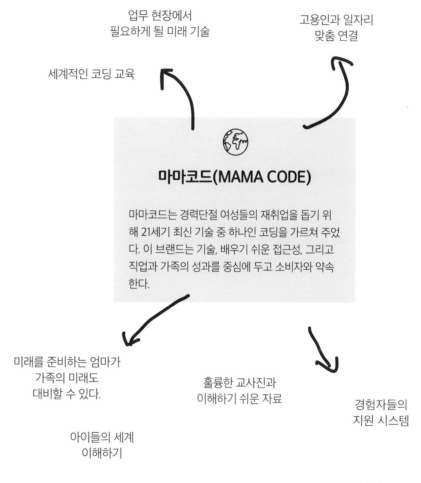

경력단절 여성의
니즈에 맞춘 프로그램

업무 현장에서
필요하게 될 미래 기술

고용인과 일자리
맞춤 연결

세계적인 코딩 교육

마마코드(MAMA CODE)

마마코드는 경력단절 여성들의 재취업을 돕기 위해 21세기 최신 기술 중 하나인 코딩을 가르쳐 주었다. 이 브랜드는 기술, 배우기 쉬운 접근성, 그리고 직업과 가족의 성과를 중심에 두고 소비자와 약속한다.

미래를 준비하는 엄마가
가족의 미래도
대비할 수 있다.

훌륭한 교사진과
이해하기 쉬운 자료

경험자들의
지원 시스템

아이들의 세계
이해하기

직접 방문해서
배우기 쉬운 위치

온라인 과정:
언제나 어디서는
사용 가능한 시스템

> 🔨 **사다리**
> 184페이지의 도구를 활용해, 기능적 측면의 약속에서 감성에 호소하는 약속으로 올라가보자.

브랜드 아이덴티티(Brand Identity)

사람과 마찬가지로 조직도 내재된 성격에 의해 규정되는 특성 같은 것이 있다. 아이덴티티는 이런 내면의 특성을 외면으로 끌어온다. 아이덴티티는 자신이 누구인지, 무엇을 상징하는지 표현하는 도구이다. 여러분은 단어로(언어 아이덴티티) 자신을 표현할 수도 있고, 외모로 (비주얼 아이덴티티) 드러낼 수도 있다. 브랜드 아이덴티티 개발의 목표는 사람들이 인식하고 기억할 수 있도록 하기 위해서이다. 물론 사랑을 받는다면 더욱 좋을 것이다. 시각적, 언어적 아이덴티티는 브랜드의 얼굴이자 목소리가 되어 브랜드 홍보에 함께 사용된다. 광고 캠페인이든, 명함이든, 아니면 어떤 회의장에서 브랜드의 CEO가 기조연설을 하든, 브랜드 아이덴티티가 드러나며, 사람들은 그것을 알아차린다. 브랜드마다 자신의 아이덴티티 드러내는 방식은 제각각이다. 어떤 브랜드는 활발하고, 어떤 브랜드는 남성적이며 강하다. 또 어떤 브랜드는 대담하고, 어떤 브랜드는 전문적이다. 훌륭한 아이덴티티는 맞춤 정장과 같이 브랜드에 딱 들어맞아야 한다.

구성 요소

- 브랜드 네임과 결정적인 문구/구호/설명어
- 어조 (말하는 방식)
- 편집자의 자세 (말하고자 하는 주제와 말하는 방식)
- 소리
- 로고, 활판과 색상
- 이미지 콘셉트: 사진/삽화
- 도해/인포그래픽 스타일
- 배치 원리 (동영상, 영화)

목적

- 내면의 특성과 신념, 그리고 개성을 외부 세계로 드러내기 위해
- 단체/제품/서비스/목적만의 차별화된 얼굴과 목소리를 인지시키기 위해

두 사람, 두 개의 특성, 두 개의 아이덴티티. 그들은 각기 개성에 맞는 옷을 입고 의도하든
의도하지 않든, 자신들이 어떻게 인식되길 원하는지 청중에게 말해준다. 그들은 다르게 생겼고
말하는 방식도 다르다. 좋은 브랜드 아이덴티티란 바로 이런 것이다. 브랜드 아이덴티티는
내면에 있는 것을 외부에서 볼 수 있게, 그리고 들을 수 있게 해준다.

언어 아이덴티티(VERBAL IDENTITY)

여러분이 선택해 사용하는 단어는 스스로 브랜드를 어떻게 생각하는 지 보여주고, 여러분이 어떤 일을 하는지 타인이 판단하는 근거가 되기 때문에 굉장히 중요하다.

단어에는 변화를 이끄는 힘이 있다

블러드 다이아몬드(Blood diamond)에서 돌핀프리 투나(Dolphin-free tuna, 참치 어획 과정에서 돌고래가 죽는 것을 방지하겠다는 의미-옮긴이)까지, 단어에는 특정 유해 한 행위를 드러내 주는 힘이 있다. 반면 '하나 사면 하나 기부(buy-one-give-one)'같이 자선 사업의 특성을 잘 살려 홍보 효과를 주기도 한다.

특히 변화를 도출하기 위해서 기존의 관행에 의구심을 품고 새로운 분야들이 만들 때, 창의적인 단어 사용과 전략은 매우 중요하다.

많은 분야에서 이름 덕을 볼 수도 있다. 사람들은 이름을 통해 브랜드를 알고, 그 이름은 같은 뜻을 품은 사람들을 모아주는 역할을 하기도 한다. 이름을 통해 브랜드를 기억하고, 이해하며, 자신과 결부되고, 매력을 느끼기도 한다. 어떤 단어는 이전에 없던 개념을 만들어 내기도 했는데, 가장 잘 알려진 예로는 동사로 사용되기도 하는 구글(Google), 한 제품의 분야를 총칭하는 단어가 된 써모스(Thermos, 보온병을 의미함-옮긴이), 그리고 아스피린(Aspirin)이 있다.

지금부터 언어 아이덴티티를 구성하는 요소를 자세히 알아보도록 하겠다.

브랜드 이름 짓기(NAMING)

모든 신생 회사, NGO, 조직적인 운동, 서비스, 그리고 제품에는 이름이 필요하다. 이름 짓기는 브랜드 개발과정에서 가장 어려운 의사 결정 사안이다. 만일 여러분이 시인이나 언어 학자와 같은 재능의 소유자라거나, 창의적인 친구를 알고 있다면, 적절한 이름이 '뚝딱'하고 만들어질 것이다. 그렇지 않다면 브랜딩 에이전시 같은 전문 업체에 맡기거나 작명소 및 개인 작명가에게 의뢰할 것이다. 이름을 짓는 기술은 가볍게 여길만한 능력이 아니다. 어떤 전문가들은 시적 감각에 의존해 이름을 짓겠지만, 소프트웨어의 도움을 받는 전문가들도 많이 있다. 방법이 어떻든 간에, 하나의 이름을 짓기 위해서는 수십 수백 개의 이름이 거론되고, 여러 가지 생각을 덧대고 지우고 삭제하는 과정을 거쳐야 한다.

좋은 이름의 요건은?
이름은 브랜드를 가장 잘 나타내 주어야 하고, 하루에도 수십 번 이름을 말하고 보고 들어야 하기에, 이름을 정하는 것은 매우 중대한 문제다. 이름을 지을 때, 다음의 질문들을 고려해 보길 바란다.

» 특별하고 기억하기 쉬운가?
» 이름 속에서 제품이나 서비스가 속한 산업이나 범주를 인지할 수 있고, 차별화된 특성을 파악할 수 있는가?
» 상표화될 수 있는 이름인가?
» 온라인 도메인과 소셜 미디어에서 사용 가능한가? (똑같은 도메인네임은 없는지, 하이픈이나 접미사만 다른 이름은 없는지)
» 활동할 시장과 나라에서 긍정적인 의미를 지니는 이름인가?
» 들었을 때 알아듣고 받아쓰기 쉬운 이름인가?
» 시간적 제한이 없는가? 앞으로 최소 10년간 사용할 수 있는 이름인가?
» 들었을 때 다른 무언가로 착각할 만한 이름은 아닌가?

여러분이 선택한 이름이 옳다는 보장은 없다. 어떤 이름은 완벽한 실패작인 경우도 있다. 어떤 의미는 부정적인 느낌을 주는 단어였지만 제품의 성공 덕에 성공적인 이름이 되었다. 이름에서 빈공간을 떠올리게 하는 의류 브랜드 갭(GAP)과 여성 위생용품을 떠올리게 하는 태블릿 컴퓨터 아이패드(iPad)를 생각해보자. 노련한 작명 전문가들이 모든 요건을 충족하는 몇 개의 이름을 제안했을 때, 온종일 고민하다 보면 마지막에 느낌이 와닿는 이름이 있다면, 바로 그 이름이 브랜드에 걸맞은 이름일 확률이 높다.

트렌드

핏2000(Fit2000), 핏포유(Fit4You), 핏틀리(Fitly): 이름 짓기는 유행에 굉장히 민감해지기 쉬운 작업이다. 하지만 유행에 맞는 이름을 택하는 것은 그리 현명한 방법은 아니다. 2년 정도만 지나도 그 유행은 지나가고 여러분은 마지 못해 그 이름을 사용하게 될 것이다(브랜드가 아직도 망하지 않았다면 말이다).

법적 고려사항

작명 과정에서 반드시 기억해야 할 사항은 좋은 이름을 찾는 게 전부가 아니라는 점이다. 그 좋은 이름이 사용 가능한 것이냐가 관건이기 때문이다. 여러 이름이 상표로 등록되어 있으므로, 여러분이 찾은 그 '완벽한' 이름이 사용 불가한 것일 수 있다. 그러한 경우 외에도, 도메인네임이나 소셜 미디어의 사용자 이름으로 이미 사용되고 있을 수도 있다. 어떤 이름을 사용하기 전에 반드시 조사해야 한다. 사용 가능한 이름을 찾았다면, 상표로 등록하자.

DIY 이름 실험

작명 전문가의 힘을 빌리지 않고 브랜드 네임을 개발하기로 했다면, 다양한 소비자군을 대상으로 (신뢰할 수 있는) 설문조사를 하는 것이 좋다. 일반 대중, 잠재적 고객, 사용자나 투자자, 해당 산업 종사자, 그리고 가능하다면, 외국인들도 대상으로 해보자. '이 이름에 대해 어떻게 생각하나요?'와 같은 광범위하고 모호한 질문은 피해야 한다. 대신, '이 회사는 어떤 일을 하는 회사일까요?' 나 '이 이름을 보면 무엇이 떠오르나요?'와 같은 질문을 하자. 그리고 사람들의 답변을 모아 앞에서 언급한 좋은 이름의 요건들과 비교해 보자. 좋은 이름을 찾았다면 반드시 법적으로 사용 가능한지, 온라인에 같은 도메인네임은 없는지 확인해야 한다. 겨우 찾은 가장 맘에 드는 이름이 사용 불가능한 경우가 많기 때문이다.

결정적인 문구(PAYOFF)

핵심구절, 설명어, 표어, 모토, 또는 슬로건 등으로도 불리는 브랜드의 결정적인 문구는 주로 브랜드 네임 옆쪽에 쓰여 있고, 무엇을 하는 브랜드인지, 어떤 제품을 제공하는지 약간의 정보를 제공해 준다. 브랜드를 묘사하거나 감정에 호소하는 문구, 또는 영감을 주는 문구가 주로 사용된다. 이 문구를 보고 사람들은 여러분의 브랜드가 어떤 분야의 산업에 속해있는지 이해한다. 어떤 문구들은 사람들에게 영감을 주거나 소비자들이 더 큰 그림을 볼 수 있도록 독려한다. 브랜드를 묘사하는 문장을 더해주면 허구적인 브랜드 네임을 이해하는 데 도움이 된다.

기능을 나타내는 이름과 허구적인 이름

만일 유전자 검사를 해주는 회사 '23과 나(23andME)'가 '유전자 가게'라고 불렸다면 어땠을까? 기능적인 면을 드러내는 이름을 짓느냐, 아니면 허구적인 이름을 짓느냐는 외부에서 보는 브랜드의 이미지에 아주 큰 영향력을 지닌다.

기능을 나타내는 이름

+ 무슨 일을 하는지 명확하게 홍보할 수 있다.
+ 어떤 분야의 기업인지 대중들이 올바로 인식하는 데 도움이 된다.
- 이미 상표로 등록된 경우가 많다.
- 경쟁에서 눈에 덜 띈다.

허구적인 이름

+ 차별화와 상표화가 쉽다.
+ 소비자들이 브랜드의 특성을 떠올리고 감성적으로 연결짓는 데 도움이 된다.
- 대중들의 마음속에 명확히 자리 잡는 데 시간이 걸린다.
- 발음이나 제대로 표기하는 것이 어려울 수 있고, 온라인 검색이 힘들 수 있다.

 법적으로 브랜드 보호하기
206페이지에서 말린 스플린터(Marleen Splinter)의 글을 보며 브랜드 네임과 로고를 보호하는 방법에 관해 더 알아보자.

블로거(Blogger): 버튼을 눌러 출판하기
THNK: 창의적인 리더 양성 학교
스(Chirps): 날 괴롭히는 것을 먹어버리자
수그루(Sugru): 미래를 수리하자

주목할 만한 브랜드 네임

수그루(Sugru)
만능 고무 접착제로, 원하는 모양으로 고정하면 고무로 굳어지는 제품 (아일랜드어로 'play'를 의미하는 이 브랜드의 이름은, 브랜드의 창립자가 재료 개발을 시작한 지 5년 만에 생각해 냈다.)

레트로넛(Retronaut)
과거 사진을 복원하여 생명력을 불어넣는 큐레이터들

인생학교(The School of Life)
감성 지능 계발을 도와주는 강연, 도서, 그리고 이벤트

23과 나(23andME)
개인 유전자 검사를 해주는 회사로, DNA 속 23개의 염색체를 나타낸다.

UK언컷(UK Uncut)
일반인들이 벌이는 조직적인 운동으로 영국의 내핍 예산 정책에 반대하는 움직임.

BRCK
아프리카의 오지에서도 Wi-Fi를 사용할 수 있도록 하는 휴대용 무선랜 기기

린인(LeanIn)
셰릴 샌드버그(Sheryl Sandberg)가 외치는 구호(여성들도 리더가 될 수 있다는 격려)로, 도서로 출간되었을 뿐 아니라 단체를 설립하고 조직적인 운동을 이어가고 있다.

스(Chirps)
귀뚜라미 밀가루(cricket flour)로 만든 감자칩

1776
어려운 문제를 맞닥뜨린 창업자들을 지원하는 미국 단체 (숫자는 미국이 독립선언을 한 해를 나타낸다.)

세컨드샷(Second Shot)
동런던에서 운영되는 카페로 젊은 노숙인들을 고용해 카페를 운영하고, 카페 수익으로 노숙자 문제를 해결하는 데 앞장서고 있다.

홀라백!(Hollaback!)
공공장소에서 여성들이 괴롭힘을 당하는 것을 막기 위한 국제적인 운동

스페어 프루트(Spare Fruit)
상품화하지 못하고 버려지는 과일들로 만든 100% 과일 칩

슈퍼베터(SuperBetter)
정신 건강에 도움을 주는 게임을 제작

비아그라(Viagra)
발기 부전 치료용 약품: 나이아가라 폭포(Niagara Falls)와 활력(vigour)이라는 단어의 합성어

어조(TONE OF VOICE)

여러분이 말하는 방식, 선택하는 단어, 말에서 드러나는 성격, 이 모든 것이 어조를 만든다. 여기서 어조는 태도를 말한다. 훌륭한 어조에는 브랜드의 견해가 담겨 있다. 어떤 브랜드는 정중한 데 비해, 어떤 브랜드는 좀 더 활기가 있다. 어떤 브랜드는 질문하고, 또 어떤 브랜드는 소비자에게 권한을 준다. 전 세계 공용어로 말하는 브랜드도 있지만, 지역색을 강하게 띠는 브랜드도 있다.

브랜드의 개성이 강해야만 의외의 단어들로 그 특색을 드러낼 수 있고, 주제에 관한 비범하고 흥미로운 시각을 표현할 수 있다. 여러분이 선택한 단어는 전달하고자 하는 메시지보다 더 많은 것, 즉 단체에 관한 아주 많은 부분을 설명해 줄 수도 있다. 어조를 잘 택하면, 소비자들과 끈끈한 관계를 쌓는 데도 큰 도움이 된다.

이러한 어조는 라디오 광고나 동영상에 사용된 특정 한 사람의 목소리로 드러날 수도 있다. 여러분이 선택한 그 목소리 주인공의 성별, 문화적 배경, 그리고 억양은 브랜드로서의 특징을 지니기 때문이다.

그리 순진하지는 않아요

영국의 스무디 브랜드 이노센트(Innocent)만큼 두드러지는 어조를 가진 브랜드도 없을 것이다. 학생 세 명이 모여 설립한 이 회사는 브랜딩 과정의 첫 작업부터 한 작가와 함께했고, 이들의 어조는 누가 뭐래도 브랜드의 최고 자산이 되었다. 그리고 이 산업에서도 가장 돋보일 것이다. 이노센트의 목소리는 제품과 캠페인, 그리고 소셜미디어를 넘어선 모든 분야에서 돋보인다.

발렌타인데이: '네가 만약 페이스북 포스트였다면, 그 누구와도 공유하고 싶지 않았을 거야.'

'이 모든 게 어떻게 한 병에 다 들어가냐고요? 우리는 크기를 줄이는 특수 광선을 이용해요.'

주스 용기: '우리는 조금 특별한 레시피를 활용했어요. 세계 최고의 슈퍼 과일 중 세 가지인 석류, 블루베리, 그리고 아사이를 짜 넣었어요. 호스와 깔때기로 주스를 만드느라 고생하지 말고 훨씬 맛있는 주스를 맛보세요.'

웹사이트: '안녕하세요, 저희는 이노센트에요. 우리는 사람들이 자신을 위해 뭔가 좋은 일을 하는 데 도움이 되었으면 해요.'

스무디 용기 바닥: '이쪽 말고 반대쪽으로 뜯는 게 좋을 거예요. 여러분께 이래라저래라 하는 건 아니고요, 단지 음료를 마실 땐 위쪽을 열고 마시는 게 훨씬 편하다는 걸 알려 드리려고요.'

언론 보도자료: '파리 기후변화 협약에 관한 우리의 생각'

편집자의 시각
(EDITORIAL ANGLE)

어떤 주제에 관해 말하고자 하는가? 어떤 렌즈를 끼고 세상을 바라보고 있는가? 브랜드 핵심에 바탕을 둔 편집자의 시각으로 발표나 홍보 자료, 블로그 포스팅, 또는 마케팅을 개발하면 훨씬 도움이 된다.

이야기(STORY)

모든 브랜드는 나름의 이야기를 품고 있다. 설립자는 누구이며, 세상에 나오게 된 이유는 무엇인지, 오늘날에 이르기까지 무슨 일들을 겪어왔는지. 그 이야기를 인간적이고 흥미롭게 엮어낼 수 있다면 사람들의 관심을 끄는 데 도움이 된다. 그리고 사람들의 이야기를 함께 엮으면, 더욱 강력한 관계를 구축할 수 있다.

 스토리텔링
200페이지에서 로샨 폴(Roshan Paul)의 글을 읽고, 스토리텔링의 효과를 더욱 자세히 알아보자.

비주얼 아이덴티티(VISUAL IDENTITY)

비주얼 아이덴티티는 말 그대로 한 단체의 얼굴이다. 여러분의 단체가 물리적으로 참여할 수 없는 곳에서는 비주얼 아이덴티티로 그 존재를 드러낼 수 있다. 비주얼 아이덴티티는 사람들에게 끊임없이 인지되기 위한 가장 강력한 도구다. 어떤 브랜드의 아이덴티티가 시각적으로 강한 영향을 준다면, 경쟁의 틈새에서 드러나는 데 도움이 된다.

말 대신, 보여주기
비주얼 아이덴티티는 여러분의 개성을 구체적으로 표현하는 방식이 아닌 직관적으로 드러내는 방식이다. 천 마디 말보다 한 장의 사진이 더 효과적일 수 있다는 말도 있다. 요즘 세상에는 메시지들이 넘쳐나고 사람들은 촌각을 다투며 결정을 내린다. 짧은 한 문장도 끝까지 다 읽을 시간이 없다. 그렇기에 '말 대신, 보여주기'는 주문을 기억하자.

아이덴티티 요리법
비주얼 아이덴티티는 사람들에게 알리고픈 시각적 단서들을 모은 것이다. 그중 로고는 단지 하나의 재료일 뿐이다. 색상, 글꼴, 스타일과 형상, 위치적인 부분들도 모두 손댈 수 있다. 이 모든 요소를 잘 조합해서 특별한 요리를 만들어 보자.

고유한 특성
비주얼 아이덴티티에 남과 다른 고유한 특성이 많이 가미되어 있을수록 경쟁자들 사이에서 돋보이기 쉽고, 상표를 법적으로 보호하기에도 유리하다.

일관성과 다양성
여러분은 될 수 있는 한 많은 사람에게 브랜드를 알리되, 대상 고객에 알맞게 다른 메시지를 담아 다양한 방식으로 접근하고 싶을 것이다. 좋은 아이덴티티의 특징은, 브랜드의 일관성을 지켜주면서도 다양한 방식으로 세상에 전달 될 수 있는 자유를 허락해서 사람들이 알맞게 구분할 수 있도록 해준다는 점이다.

경쟁 속에서 돋보이기

여러분이 속한 분야나 산업이 전통적으로 고객과의 1대 1 만남이 필요하지 않은 곳이라면, 차별화된 브랜드의 필요성을 느끼지 못할 수도 있다. 우리가 주로 듣는 말이 '과학자가 모인 단체인데, 지루해 보일 수밖에 없죠,' 나 '우리는 경쟁을 추구하지 않으니, 돋보일 필요도 없어요.' 같은 것들이다. 하지만 모든 단체는 어떤 형태로든 경쟁을 한다. 정부 보조금, 기부금, 아니면 언론의 관심을 받기 위해서라도 경쟁을 한다. 비주얼 아이덴티티의 중요성 여부를 결정하기에 앞서, 여러분의 고객은 누구인지, 사람들이 여러분의 브랜드를 어떻게 생각하고 있는지 잘 생각해보자.

가장 좋아하는 브랜드로 실험해보기

여러분이 가장 좋아하는 브랜드의 제품에서 로고를 찾아 실험해보자. 어떤 요소들이 브랜드가 전하는 메시지를 가장 잘 나타내 주는가? 색상, 글꼴, 어조, 주제, 이미지 스타일, 아니면 구성일 수도 있고, 전부 다일 수도 있다. 세상에서 제일 잘 나가는 브랜드들은 언어 및 비주얼 아이덴티티가 아주 많은 역할을 하고 있다. 이 실험에서 어떤 점을 배울 수 있을까?

로고(LOGO)

로고의 기원은 아주 오래전으로 거슬러 올라간다. 과거 제품의 품질과 예술성, 또는 소유권을 나타내는 표시로부터 시작된 로고는 브랜딩과 동의어로 간주되기도 한다. 한 단체가 선박이라면, 로고가 찍힌 깃발을 꽂고 항해할 것이다. 그만큼 로고는 사람들이 가장 인지하기 쉬운 브랜드의 시각적 요소이다. 로고의 중요성만 과대평가되기도 하는데, 그 이유는 로고는 다른 시각적 요소를 모두 통합해서 표현하기 때문이다. 세상에서 가장 잘 알려진 브랜드인 코카콜라의 경우, 사람들은 코카콜라에서 제조하는 음료 그 자체보다 코카콜라 브랜드와 로고가 더욱 가치 있다고 생각한다.

상표화하기(TRADEMARKING)

브랜드를 법적으로 보호하기 위해서 로고를 상표화한다. 나이키의 로고인 스우쉬(Swoosh) 곡선은 인공위성에서 내려다본 모습이 그 곡선의 형태를 띠는 빌딩을 건축하는 것마저 금지되어 있을 만큼 철저하게 법적으로 보호받고 있다. 상표화는 여러분의 브랜드를 지켜줄뿐더러, 여러분이 타 기업 상표권을 침해하지 않는다는 사실도 확인하는 과정이다. 상표 때문에 소송에 걸려서 로고를 바꾸는 작업을 하면 (거기에 드는 비용과 어려움은 말할 것도 없고) 그간 힘들게 쌓아온 브랜드 인지도가 무너지는 심각한 상황을 겪게 된다.

논란의 중심

로고만큼이나 대중의 호불호가 갈리는 요소도 없을 것이다. 한 기업이 로고를 결정해서 발표하면, 긍정적인 반응과 부정적인 반응이 극명하게 갈리고 소비자들의 다양한 반응을 마주하게 된다. 2014년, 새로 만들어진 에어비앤비(Airbnb)의 로고는 엉덩이 모양 같다는 조롱을 받아야 했다. 갭(Gap)은 새로 발표한 로고가 반응이 너무 좋지 않자 3일 만에 로고를 내렸다. 어떤 로고가 마음에 들 수도 있고, 정말 싫을 수도 있지만, 결국 시간이 지나봐야 그 로고의 진가를 알 수 있다. 요즘은 모든 이들이 디자인에 관한 한 일가견을 갖고 있다.

비주얼 아이덴티티를 고안해 내는 일은 과소평가하면 안 되는 전문 분야이므로 꼭 전문가의 도움을 받도록 하자.

역동적인 로고

오늘날은 다양한 미디어와 기기의 도움을 받을 수 있어서, 브랜드 아이덴티티가 꼭 고정된 형식일 필요는 없다. 모든 상황에서 한 가지 색상과 형태로 된 로고를 사용할 필요는 없는 것이다. 로고가 움직일 수도 있고, 형태가 변할 수도 있으며, 로고 하나에 브랜드 이야기 전부를 담을 수도 있다.

> 이것을 그리는 데 단 몇 초도 걸리지 않았지만, 단 몇 초 만에 그리는 방법을 배우는 데는 34년이 걸렸다 - 폴라 쉐어(PAULA SCHER, 그래픽 디자이너)

기준

어떤 로고가 브랜드에 적합한지 판단하기란 쉬운 일이 아니다. 개인의 취향에만 의존하지 말고, 스스로 질문을 던져보자.

- » 특별하고 기억하기 쉬운 로고인가?
- » 상징성이 있는가? 다시 그리고 싶은 마음이 드는가?
- » 오랜 기간 사용이 가능한가?
- » 형태를 확장하거나 축소해도 괜찮은가? 비행기 꼬리 부분이나 볼펜 뚜껑에도 찍어낼 수 있는 로고인가?
- » 상표화할 수 있는 로고인가?
- » 보편적으로 적용 가능한 로고인가?

로고로 끝내지 말자

코카콜라의 경우, 어두운 곳에서 제품의 로고가 보이지 않더라도 형태를 통해 브랜드를 드러낸다. 애플 제품은 매우 단순하고 깔끔한 포장과 제품 디자인만으로도 브랜드를 나타내기에, 로고가 아예 필요 없는 제품도 있다. 애플이 생산하는 모든 제품에서 브랜드의 특성이 잘 나타난다. 엠페사(MPESA)는 녹색과 빨간색으로 칠한 빌딩만으로 브랜드를 표현한다. 케냐에서 그런 건물을 본다면 엠페사가 확실하니, 전 재산을 걸고 내기를 해도 좋다.

시각적 브랜딩 테스트

인도주의를 추구하는 단체들은 손으로 아이를 감싸고 있는 모습이나, 사람들이 손을 잡고 원을 이루고 있는 형태, 또는 씨앗을 심어 싹이 자라는 것을 상징하는 이미지에 주로 빨간색을 활용하여 로고를 제작한다. 반면 비즈니스 세계에서는 지구를 상징하는 원에 속도 선을 두른 형태의 로고를 흔하게 볼 수 있다. 195페이지에서 시각적 브랜딩 테스트를 통해 자신의 로고가 경쟁에서 돋보이는지 확인해보자.

모든 것을 움직임 속에 담다!

우버(Uber) 앱 화면이 시작될 때 캄캄한 검은색 바탕에
작은 빛으로 된 점들이 원을 그렸다가 사라지면서,
바닷속에서 잠수함을 탐지하는 레이더를 연상케 한다.

MIT 미디어랩은 다루는 주제에 따라 로고를 변경해,
그들이 지닌 다양한 관점을 나타낸다.

AOL은 밑그림이나 실제 사진 같은 배경 위에 깔끔한
디자인의 문구를 배치에 브랜드 특성을 드러낸다.

USA 투데이는 각 뉴스 분야에 따라 동그란 점(dot)
속의 로고 디자인을 바꾸었다.

나이키 곡선 이야기

브랜딩의 역사를 살펴보면, 로고 결정을 둘러싼 전설적인 이야기들
을 많이 접할 수 있다. 아마 그중에서도 단연 돋보이는 이야기는 1971
년 포틀랜드 주립대에서 그래픽 디자인을 공부하던 캐롤린 데이비슨
(Carolyn Davidson)이 고안해 낸 나이키 로고와 관련된 일화일 것이
다. 당시 그녀는 블루리본스포츠(BRS)라는 회사를 운영하던 필 나이
트(Phil Knight)가 진행하는 회계학 수업을 듣게 되었고, 그 인연으로
그의 회사에서 계약직으로 일하게 되었다. 일주일 동안 그녀는 대여
섯 개의 로고를 그려서 보여주었다. 나이트는 그리 마음에 드는 것이
없었다. 그는 당시 시장의 선두주자였던 아디다스의 로고처럼 좀더
상징적인 로고를 원했기 때문이다. 그리고 최종적으로 현재 나이키
가 사용하고 있는 로고인 스우시(swoosh, 휙[쌩] 하는 소리를 내는
움직임을 나타냄-옮긴이) 곡선을 택하게 된다. 나이트는 "썩 마음에
들진 않지만, 점점 좋아지겠지,"라고 말했다고 한다. 그리고 로고의
대가로 그녀에게 건넨 금액은 35달러였다.
1983년 9월, 나이트는 데이비슨에게 다이아몬드가 박힌 스우시 곡선
금반지를 제작해 선물했고, 나이키 주식이 담긴 봉투로 감사의 마음
을 전했다.

타이포그래피(TYPOGRAPHY)

문자는 아이덴티티를 담아내는 가장 작은 매개체이다. 서체에는 모든 종류의 특성을 표현해내는 힘이 있다. 격식 있는 서체인 명조체(serifs)부터 자연스러운 고딕체(sans)까지, 그리고 손 글씨부터 재미있는 서체까지 그 범주는 매우 다양하다. 누군가 쓰고 있는 안경의 형태가 그 사람의 많은 특성을 말해 주듯, 여러분이 브랜드를 나타내기 위해 선택하는 글꼴 또한 브랜드의 많은 것을 말해준다. 브랜드를 위한 맞춤형 서체를 개발해도 좋고, 세상에 존재하는 수천 가지의 서체 중에서 선택해도 된다.

Gg

칼리브 블랙
(Calibre Black)

Gg

라이온 디스플레이
(Lyon Display)

Gg

CA스크립트
(CAscript, C&A 주문 제작 서체)

Gg

프랭클린 고딕체
(Franklin Gothic Condensed)

색상

만일 세상의 마지막 날이 도래한다 해도, 혹은 가파른 산꼭대기에 올라갔다 해도, 빨간색 코카콜라 로고가 그려진 작은 구멍가게는 어렵지 않게 찾을 수 있을 것이다. 산업혁명 이후 현재 우리가 아는 브랜딩이라는 개념이 생겨났고, 색상은 브랜드를 규정짓는 가장 강력한 요소가 되었다.

색상은 자신만의 영역을 표시해주는 가장 강력한 도구이다. 모든 국가와 산업에서 특정 색상은 특정 브랜드를 상징한다. 유럽의 이동통신 시장에서는 마젠타색 T모바일과 빨간색 보다폰(Vodafone), 그리고 녹색 KPN이 서로 경쟁하고 있다. 많은 브랜드가 해당 산업 분야에서 자신의 색상을 드러내는데, 이는 색상으로 인지 효과가 놀라울 정도로 상승하기 때문이다.

특정 몇 가지 색상을 조합해도 한 가지 색상만큼 상징성을 가질 수 있다.

몇 가지 색상을 조합하여 더욱 풍부한 표현이 가능하고, 각각의 색상으로 제품과 서비스별로 구분하여 표시하는 데 사용할 수도 있다.

이미지 콘셉트

로고만으로 담아낼 수 없을 때 어떻게 하면 더욱 풍성한 표현이 가능할까?

어떤 단체는 그림문자의 단순함과 명료함을 잘 활용한다. 또 어떤 이들은 삽화를 활용해 개성을 잘 드러낸다. 때때로 현실감이 느껴지는 사진을 활용하면 가장 큰 효과를 보기도 하는데, 사진에는 수십 가지 종류가 있다. 불쾌한 현실을 노골적으로 드러내는 보도용 사진이라든가, 극적인 요소가 가미된 흑백사진, 재밌는 순간을 잘 포착한 스냅 사진 등, 이루 다 나열할 수 없을 정도로 그 종류가 다양하다. 셀카부터 전문 사진사가 찍어준 프로필 사진까지, 사진을 활용하고 보여주는 방식으로도 자신에 관한 많은 것을 보여줄 수 있다. 브랜드의 개성과 브랜드 스토리에 맞게 적합한 이미지 콘셉트를 잡아보자.

볼 수 없는 것은 될 수도 없다

많은 브랜드에서 자신의 이야기를 시각적으로 표현하기 위해 사진을 활용한다. 우리가 일상에서 마주하는 대부분의 이미지는 굉장히 익숙한 정서를 담아내고 있다. 이를테면, 남성은 리더 역할을 맡고 있고, 여성은 주변 인물일 뿐이거나 성적 특색만으로 표현된다. 엄마와 아빠의 역할 또한 고정 관념에 얽매여 있다. 셰릴 샌드버그가 설립한 린인(LeanIn)에서는 이러한 패러다임의 전환을 유도하고자 시각적 요소들의 변화를 시도했다. 린인 웹사이트(LeanIn.Org)와 게티이미지(Getty Image)는 상호 협업을 통해 린인 컬렉션(LeanIn Collection)을 만들게 되었다. 여기에는 여성과 소녀들의 활동, 그리고 다양한 종류의 가족 형태를 잘 묘사해주는 사진들과 다른 이를 돌봐주는 남성들의 모습을 잘 담아낸 사진들을 모아두었다. 이 사진들은 브랜드가 자신의 이야기를 들려주는 데 큰 도움이 되고 있다.

아이덴티티 관리하기

언어 및 비주얼 아이덴티티는 브랜드를 알리는 캠페인부터 브랜드 이벤트, 그리고 HTML 뉴스레터까지 다양한 곳에 사용되는데, 사용처마다 담당자가 달라서 일관성을 잃을 수도 있다. 다양하게 쓰이는 브랜드 아이덴티티가 일관성을 유지하기 위해서는 브랜드 표현의 원리를 담은 책자를 만들 수 있다. 로고 인쇄 시 사용되는 색상(CMYK)부터 화면용 색상까지(RGB), 그리고 어도비 색상 기준도 모두 정해놓은 안내 책자가 있다면, 동일 기준으로 브랜드 아이덴티티를 표현해 다른 색 사용 및 배치 형태를 방지하고, 훨씬 효율적으로 작업 할 수 있을 것이다.

배치 원리

메시지를 전달하는 방식 중 그 중요성이 자주 간과되는 것이 바로 특별한 배치 구조와 조합 원리이다. 한 프랑스 창고 업체는 신문 광고부터 지하철 광고까지, 자신들이 발행하는 모든 메시지 정중앙에 빨간색 사각형 로고를 배치했다. 비영리 단체인 이그나이팅 체인지(Igniting Change)는 메시지에 볼드체를 활용하는 전략을 택했고, 부정적인 단어를 긍정적 의미로 바꿔서 사용할 때 그 단어('노인'은 '어르신'으로, '죄수'는 '아들'로 표기)를 더욱 강조했다. 스포티파이(Spotify)라는 음악 재생 앱은 음악적 감성과 영혼을 잘 표현하는 비주얼 아이덴티티를 고안해 내고자 했다. 초기에 고안된 브랜드 아이덴티티도 앱에 잘 어울렸지만, 소비자들에게 정서적인 브랜드 경험을 제공하지는 못했다. 그들이 함께 작업한 브랜딩 업체 콜린스(Collins)는 다양한 색상과 형태의 이미지가 앨범 표지 사진 위에 겹쳐 보이게 하는 방식으로 브랜드만의 시각적 언어를 탄생시켰다. 수천만 장에 이르는 이미지 생성 작업을 다루기 위해 직원들이 활용할 수 있는 소프트웨어도 만들었다.

브랜드 상호작용(Brand Interactions)

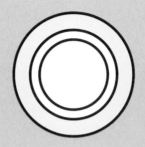

브랜드는 현실에서 의미 있는 방식으로 살아 숨 쉴 때, 딱 그만큼의 힘을 갖는다.
당신의 브랜드가 대중과 소통할 때, 브랜드의 핵심은 그러한 경험 속에서 얼마만큼 드러나는
가? 대중은 어떤 기업의 직원 한 명만 보고도, 혹은 서비스를 이용하거나 여러분의 연설이나 트
위터만을 보고도 브랜드에 대한 인상을 품고, 브랜드 경험의 느낌을 결정한다. 그러한 상호작
용 속에서 대중은 여러분의 브랜드가 행동하는 브랜드인지, 아니면 말만 거창하게 하는 곳인지
알아챌 수 있다.

구성 요소

- 홍보 채널
- 인적 자원 및 행동
- 장소와 이벤트
- 제품과 서비스
- 제조 공정과 공급원
- 파트너십과 협업
- 기술

목적

- 상호작용 과정에서 브랜드를 향한 사람들의
  생각과 느낌에 개입하기 위해
- 내면의 핵심, 신념, 그리고 특성을 가시적인
  경험으로 만들기 위해
- 모든 상호작용 과정에서 새롭지만 일관된
  경험을 만들어 내기 위해

홍보와 채널
(COMMUNICATION & CHANNELS)

홍보의 방식은 실로 다양하다. 디지털 방식과 인쇄, 말하기 방식과 쓰기, 1년에 걸친 캠페인과 30초짜리 동영상, 그리고 광고판과 소셜 미디어까지, 그 방법에는 끝이 없다. 일반적으로 대화와 콘텐츠에 중점을 두는 추세이며, 일방적으로 메시지를 전달하는 기존의 광고 방식은 점점 사라지고 있다.

홍보 방식은 몇 가지 분야로 나눠진다.
» 내부 홍보 (팀, 투자자, 임원 대상)
» 외부 홍보 (브랜드 인지도를 구축하기 위한 진행 상황 업데이트, 의견, 이벤트, 초대 등)
» 캠페인 (특정 주제나 이벤트를 위한 집중적인 노력)

소셜 미디어 시대에는 누구나 계정을 만들고 세상에 소리칠 수 있다. 자신의 메시지가 널리 퍼지고, 많은 사람이 자신이 제작한 동영상을 봐주길 기대하면서 말이다. 하지만 그중 소수만이 많은 대중의 관심을 받는 행운을 누리는데, 이 또한 전략적으로 의도한 결과라기보다는 우연한 결과인 경우가 많다. 열심히 준비한 캠페인을 그 누구도 공유해주지 않거나, 한껏 기대하며 올린 동영상의 조회 수가 200회도 안 된다면, 지옥이 따로 없을 것이다.

다양한 홍보 방법을 고를 수 있지만, 그보다 더 중요한 것은 브랜드 핵심을 기반으로 브랜드와 가장 잘 맞는 홍보 방식과 채널을 택하는 것이다. 좋은 홍보 전략의 열쇠는 대상 소비자와 그들의 고충을 이해하고 무엇을 제공할지, 어떤 채널을 통해 그들에게 다가갈지, 과연 그들이 필요로 하는 정보는 무엇인지 잘 이해하는 것이며, 그다음에 홍보를 시작해야 한다. 각기 다른 소비자에게 홍보하기 위해서는 홍보에 들인 노력만큼 최선의 결과를 낼 수 있는 각기 다른 채널을 잘 파악해야 한다.

홍보 그 자체가 목적이 되어버릴 수도 있다. 소비자의 행동을 끌어내지 못한 사실에 너무 집중하지 않도록 하자. 처음 홍보활동을 시작했을 때, 성공 여부를 판단하기란 쉽지 않다. 성공의 기준을 어디에 두어야 할지 모르기 때문이다. 브랜드 포스팅에 2000명이 '좋아요'를 눌렀다고 치자. 그 자체로 대단해 보일 수 있지만, 소비자가 아무런 행동도 하지 않았다면 소용이 없다. 언론에 보도되는 일도 굉장한 사건이지만, 목표 소비자들은 별 관심 없는 언론매체라면 아무런 효과도 없을 것이다. 전략적인 홍보가 필요하다. 목표를 세운 뒤, 가상의 홍보 방식으로 접근해 보고 조금씩 시도해 보자. 그 영향력을 실험했다면, 결과에 따라 개선하고 다시 시도하자.

소비자가 전부가 아니다

대중과의 상호작용 방식을 개발할 때 소비자나 사용자, 아니면 고객만을 생각해서는 안 된다. 잠재적 파트너와 직원들, 투자자, 공급자, 그리고 언론까지도 대상 고객으로 고려하자.

채널
155페이지에서 열아홉 개의 채널을 확인해보자.

전문가 집단에 접근하기

사업체나 개인이 자신의 전문성을 살려 개별적인 브랜드를 구축하고자 할 때, 링크드인(LinkedIn)이나 테드(TED)를 활용할 수 있고, 뉴스레터를 발행하거나 미디엄(Medium), 또는 슬라이드셰어(SlideShare)와 같은 플랫폼을 활용해 블로그를 운영할 수도 있다. 하지만, 개인적으로 이메일을 보내거나 직접 전화를 걸면 천 개의 트윗보다 효과가 좋을 것이다. 해당 전문 분야와 관련된 박람회나 학회에서 30분가량의 발표를 한다면, 구인 광고를 내는 것보다 인재를 불러 모으기에 유리하다. 사회적 기업가를 위한 스탠포드 소셜 이노베이션 리뷰(Stanford Social Innovation Review)나 야생 보호 기술과 관련된 주제를 다루는 몽가베이 와일드 테크(Mongabay's Wildtech)처럼 어떤 분야든 잡지 또는 자신을 드러낼 만한 플랫폼을 가지고 있다. 어떤 경로로 전문가 집단에 자신을 드러낼지 결정하고 목표한 바를 이룰 길을 찾아보자.

개인들에게 다가가기

기업들이 '소비자'에게 다가가는 방식은 매우 다양하지만 주로 사람이 많이 모이는 곳을 택한다. 킥스타터 캠페인을 하면 일 년 내내 페이스북에 포스팅하는 것보다 더 큰 효과를 볼 수 있다. 다시 강조하지만, 목표 소비자들이 주로 어떤 채널에 모이는지 잘 알아야 한다. 팝업 스토어를 활용하면, 디지털 공간에서 소비자들과 만날 때보다 훨씬 더 친밀한 관계를 구축할 수 있다. 네덜란드 유기농 여성용품 기업 요니는 클럽이나 카페의 화장실 앞에 서서 사람들을 직접 만나는 방식으로 홍보 활동을 시작했다.

물살 일으키기

홍보를 위한 홍보를 해서는 안 된다. 홍보는 브랜드가 주최한 이벤트, 이를테면 잠재적 투자자와의 만찬이나 공공의 선을 위한 소프트웨어 개발 이벤트, 새로운 초콜릿 출시, 또는 연례 보고에서 발생한 브랜드 상호작용의 결과물이어야 한다. 똑똑한 기업가는 브랜드 상호작용을 통해 얻을만한 홍보 기회를 미리 계획한다. 이벤트를 기획하고 시기적절한 최신 홍보 방식을 고안해 낼 수도 있다.

콘텐츠 공유하기

온라인 공간에서 대중의 관심을 받기 위해 많은 브랜드는 콘텐츠를 개발해 브랜드 이야기도 만들고 브랜드 특성도 고안해 낸다. 2014년 3월 러쉬(Lush)의 온라인 웹사이트는 잿빛개구리매(멸종 위기에 놓인 새로, 전 세계에 6마리만 남아 있었다)의 이야기를 다루는 데 전체를 할애했다. 자신들의 제품과는 전혀 별개의 이야기였지만, 환경적 가치와는 굉장히 깊이 연관된 이야기였다. 이처럼 브랜드에서 가장

규모가 큰 판매 채널에 자신들이 진심으로 중요하게 여기는 주제를 다룸으로써 많은 대중의 지지와 신뢰를 구축할 수 있었다.

특정 분야에서 어떤 생각을 주도하려고, 전문가들은 자신들의 생각과 지식을 전 세계에 공유한다. 전문 지식을 보여줌으로써 자신에 대한 대중의 인식에 개입할 수 있다. 블로그를 통해서든, 테드 강연을 통해서든, 아니면 책이나 트위터를 통해서든, 생각과 지식도 가치 있는 상품이 될 수 있다.

진정으로 퍼뜨릴 가치가 있는 콘텐츠를 만들자

하지만 콘텐츠가 빛을 발하기 위해서는, 그것이 대중에게도 가치 있는 것이어야만 한다. 세상에는 콘텐츠가 넘쳐난다. 만일 콘텐츠 개발과 큐레이션을 택하고자 한다면 상업 광고에 드는 시간 및 비용 대비 콘텐츠 개발에 드는 시간과 비용을 따져보자.

소비자가 주목받게 하기

브랜드를 지지해 주는 사람들과 소비자가 주목받도록 하는 브랜드는 그만큼의 사랑과 지지를 더 많이 받는다. 만능 고무 접착제 제조기업 수그루는 소비자들이 직접 활용 사례의 사진을 찍어 보내거나 창작물을 공유해 다른 소비자에게도 영감을 주도록 독려한다. 창의적인 리더 양성 학교인 THNK는 웹사이트나 학교 및 기업을 대상으로 홍보할 때, 참여자들의 이야기를 비중 있게 다뤄서 매우 좋은 기회의 장을 열어준다. 이러한 상호작용 방식은 소비자들의 마음에 브랜드가 자리 잡는 데 큰 도움이 되며, 브랜드 충성도를 높이고 다른 이들에게도 브랜드를 알리고픈 열정까지 부를 수 있을 것이다.

수그루
53페이지에서 수그루의 브랜딩 사례를 읽어보고 수그루가 사용자들의 참여를 독려한 방법을 알아보자.

스타트업 브랜딩의 기술

인적 자원 및 행동 (PEOPLE, TALENT & BEHAVIOUR)

여러분이 운영하는 단체의 얼굴은 누구인가? 그들의 행동은 어떤가? 어떤 재능을 가진 인재를 구하고 싶은가? 브랜드를 완성하는 사람들과의 관계는 그 브랜드에 관한 많은 것들을 대중에게 말해준다.

만일 모든 직원이 여러분이 중요하게 여기는 부분과 여러분이 하는 일에 보조를 잘 맞춘다면, 오래도록 기억에 남는 사용자 경험(UX)을 제공할 수 있다. 전화 상담이든, 기조연설이든, 아니면 일상에서 서비스를 제공하는 방식이든, 모든 대중과의 접점에서 일어나는 행위를 통해 사람들은 한 브랜드에 대한 생각과 느낌을 지니게 된다.

브랜드를 살아 숨쉬게 하는 가장 강력한 힘은 인사 정책에 있다

여기서 말하는 사람들은 외부의 대중만이 아니다. 직원들을 뽑고 보상하는 방식에서도 여러분의 규정한 브랜드 핵심이 중요한 역할을 해야만 한다.

치폴레(CHIPOTLE): 말이 없는 이야기

미국의 멕시코 음식 전문레스토랑 체인인 치폴레는 지난 10년간 소비자 기반을 넓히며 성장해왔다. 이 브랜드는 패스트푸드, 식품 영양과 윤리 등에 관한 사람들의 인식이 개선되는 상황의 중심에서 그러한 움직임을 한 한계 더 이끄는 데 성공했다. 이 브랜드가 식품 산업을 다시 디자인하자는 메시지를 전하기 위해 사용한 콘텐츠는 한 농부와 허수아비가 도시의 식품 공장에 왔다가 다시 진짜 농장으로 돌아가 진짜 음식을 먹기로 결심한다는 이야기를 다룬 사랑스러운 만화이다. 이 만화는 이해하기 쉬운 내용으로 소비자가 감정을 이입하도록 하는 데 성공했고, 단 한마디의 말도 사용하지 않은 채 거부할 수 없는 메시지를 전달했다.

레이(REI): 우리 가게에 오지 마세요

미국에서 가장 분주한 쇼핑 기간인 블랙 프라이데이에 아웃도어 장비 소매업체이자 협동 소비조합인 레이는 #OptOut('참여안함'이라는 의미의 해시태그-옮긴이) 캠페인을 벌이고, 블랙 프라이데이에는 문을 닫는다고 공지했다. 그리고 사람들에게 쇼핑 대신 아웃도어 활동을 즐길 것을 독려했다. 이 공지는 팬들에 의해 4만 번 리트윗 되었으며, 수많은 미디어가 이 브랜드에 대해 다뤘다.

파타고니아(PATAGONIA)의 서핑 정책

캘리포니아주에 있는 파타고니아 본사에 들어서면 파도의 상태를 보여주는 차트가 가장 먼저 눈에 들어온다. 이 회사는 근무 시간 중에도 언제든 직원들이 밖으로 나가 파도를 즐기도록 격려한다.

장소와 이벤트
(PLACES & EVENTS)

브랜드 핵심이 외형으로 나타날 수 있다면, 어떤 장소에서 나타나길 바라는가? 어떻게 사람들을 모으고 싶은가? 여러분이 속한 장소는 어디인가? 여러분의 공간은 어떤 모습을 하고 있는가? 여러분이 기업을 운영하는 물리적 공간이나 환경은 그 브랜드가 하는 일이나 특성에 관한 많은 것을 말해준다. 내부 인력은 물론이고 외부에서 브랜드를 접하는 사람에게도 나름의 인상을 심어주고 브랜드 경험을 제공한다.

일하는 곳의 위치, 형태, 또는 디자인이 중요한 의미를 지닐 수도 있고, 건물 전체나 지리적 위치(어떤 마을, 도시, 지역, 국가 또는 대륙), 또는 자아의식이 얽혀 있는 가상공간이 많은 의미를 품고 있을 수도 있다.

이벤트도 마찬가지다. 어떠한 공간에서 대중을 만나고 브랜드를 이해시킬 수 있을까? 테드 에듀케이션이나 사우스 바이 사우스웨스트(SXSW, 미국에서 매년 개최되는 영화와 음악 관련 콘퍼런스–옮긴이), 아니면 디자인 인다바(Disign Indaba)를 통해 이벤트를 개최해야 할까? 목표 고객들이 집중적으로 모인 곳은 어디인가? 바로 그곳에서 소비자들을 만나야 한다는 사실을 기억하자.

자신만의 이벤트를 기획해 보는 것은 어떨까?

대중과 언론에서 관심 가져주길 바라며 건물 옥상에 올라가 브랜드 이름을 외치는 순진한 사람은 없을 것이다. 기자에게는 여러분을 다뤄야만 하는 긴급한 뉴스거리가 있어야 한다. 이벤트를 기획하는 것보다 더 주목받을 만한 뉴스거리에는 무엇이 있을까?

이벤트라고 해서 꼭 물리적인 공간에 사람들이 모여야 할 필요는 없다. 온라인 동호회, 또는 포럼이나 이벤트도 관심사를 공유한 많은 사람을 불러 모으는 좋은 장소가 된다.

굉장한 이벤트들

디자이너톤 웍스(Designathon Works)는 어린이들에게 디자이너처럼 생각하는 방법을 가르쳐 주고 새로운 기술을 활용해서 세계 문제들을 해결하도록 도와준다. 이 단체는 뭄바이, 나이로비, 더블린, 암스테르담, 그리고 리우데자네이루에서 자신들의 방법을 공개하는 이벤트를 개최하는데, 그곳에 참가하는 아이들과 아이들의 발명품은 그 무엇보다 값진 브랜드 전도사 역할을 한다. 이들의 첫 이벤트는 패스트 컴퍼니(Fast Company)의 첫 페이지를 장식하기도 했다.

청바지는 될 수 있는 한 오랜 기간 입어야 한다는 신념으로 기업을 운영하는 K.O.I.는 세 가지 'R' 철학을 실행에 옮겼다. 바로 재활용(recycle), 수선(repair), 그리고 재사용(reuse)이 철학이다. 특별 제작된 수선 키트가 소비자에게 제공되고, 고객들이 모여 직접 수선을 해 입는 팝업 이벤트도 개최한다.

리틀 로투스 부티크(Little Lotus Boutique)는 트위터에서 #ethicalhour('윤리적 시간'이라는 의미의 해시태그–옮긴이)이라는 이벤트를 주최한다. 월요일 저녁에 한 시간 동안 진행되는 이 모임에는 수천 명의 기업가가 윤리적 사업을 구축하는 과정에서 배운 점들과 어려움을 논의한다.

인터넷 오브 엘레펀트(Internet of Elephants)는 공개 해커톤(Hackathon, 마라톤처럼 일정 시간 동안 어떤 장소에서 프로그램을 해킹하거나 개발하는 이벤트를 일컫는다–옮긴이)을 개최하고 야생동물 보호 활동가와 관련 기술자들이 모여 혁신적인 아이디어를 제안하고 함께 토론하는 기회를 마련한다.

토니스 초코론리(Tony's Chocolonely)에서는 토니 토크(Tony's Talk)라는 자리를 마련하여, 누구나 본사 사무실에 와서 새로운 초콜릿과 개발과정에 관한 이야기를 나누고 맥주, 초콜릿 등 다과를 나눌 수 있는 이벤트를 연다.

제품과 서비스

파트너십과 협업

제품과 서비스는 브랜드가 대중과 소통하는 가장 직접적인 방식이다. 어떤 기업은 전적으로 한 제품만을 기반으로 운영되고, 어떤 기업은 다양한 서비스를 제공하기도 한다. 브랜드 개발에서 가장 우선순위가 되어야 하는 점은 실제 제품이나 서비스를 브랜드 약속에 걸맞게 제공하는 것이며, 가능하면 그 약속보다 더욱 뛰어난 경험을 제공해야 한다.

브랜드 핵심이 여러분이 제공하는 제품이나 서비스에서 잘 드러나는지 확인해보자. 브랜드 아이덴티티가 그 제품이나 서비스에 가장 효과적인 방법으로 적용되어 있는지도 확인해보고, 제품과 서비스가 고객에게 전달되기까지의 모든 과정이 브랜드를 제대로 보여주고 있는지 조사해 보자.

강력한 브랜드 핵심을 제품이나 서비스의 형태로 바꾸는 작업은, 반대로 엔지니어들이 제품 제작 과정에서 새로운 아이디어를 떠올리는 데도 도움이 된다. 브랜드 핵심을 잘 전달하기 위해 어떤 제품을 생산하고 서비스를 제공하고 있는가? 현재 제공하고 있는 '메뉴'는 무엇인가? 그리고 새로이 규정한 브랜드 핵심이 있다면, 그에 맞춰 어떤 새로운 제품을 고안해 낼 수 있을까? 앞을 내다보고 브랜드를 잘 활용해서 새로운 사업 구상도 해볼 수 있다. 그동안 시도해 보지 않았던 방식으로, 브랜드 본질의 관점에서 제품과 서비스를 바라보자.

여러분의 의도를 가장 잘 보여주는 것이 운영 중인 기업의 종류인데, 기업의 의도나 비전, 가치, 그리고 소비자의 범주에 공통되는 부분이 많다면 파트너십을 구축하기에 좋다. 서로 상호보완 기능이 있다면 더 큰 도움을 주고받을 수 있다. 협력할 파트너를 더 쉽게 찾기 위해서는 어떤 브랜드인지, 어떤 일을 하는지, 그리고 이 브랜드가 왜 중요한지를 명확히 드러낼 필요가 있다.

세상을 보는 시각을 공유한다면 더욱 영향력 있는 투자자들을 확보하고 효과적인 모금 활동을 할 수 있다. 같은 분야에서 같은 미션을 지닌 단체와는 협업하기에 유리하다. 동일 가치를 추구하는 공급 업체와 제조사와는 관계를 오래 지속시킬 수 있다. 상호 보완적인 서비스를 제공하는 두 단체가 유사한 특성의 사람들이 모인 한 소비자군을 대상으로 활동한다면, 일석삼조의 효과가 발생한다.

키바(KIVA)와 트립어드바이저 (TRIPADVISOR): 러브 스토리

키바와 트립어드바이저의 파트너십은 천생연분이다. 개인 대 개인의 소액 대출을 연결해주는 키바의 기부자들과 트립어드바이저에 여행 중 활동이나 호텔, 그리고 관광지 후기를 올리는 여행객들은 주로 타문화권의 사람들과 긴밀한 관계를 맺고자 하는 세계 시민들이다. 그들은 지역 경제 활성화에 관심을 두고 지지할 방법이 있는지 항상 고민한다.

트립어드바이저에서는 키바가 지원하는 국가를 여행하고 후기를 올린 여행자에게 연락해, 그 국가에서 25달러의 소액 대출을 받을 사람을 선택할 기회를 제공한다. 소액 대출은 트립어드바이저의 기부금 25만 달러에서 지원되며, 여행자는 비용을 내지 않는다.

기술(TECHNOLOGY)

소비자와 긴밀한 관계를 구축하도록 무한한 가능성을 열어주는 것은 기술이며, 기술 덕분에 많은 팬들이 생기기도 한다.

현재 하는 일을 위해 어떤 도구를 활용하고 있는가? 미션을 위해 새로운 기술을 개발할 기회가 있는가? 기술 덕분에 여러분이 꿈꾸는 미래에 한 걸음 더 나아가거나, 과거의 영광을 되돌릴 수 있을까? 기술은 소비자와 긴밀한 관계를 구축할 수 있도록 무한한 가능성을 열어주고, 기술 덕분에 많은 팬이 생기기도 한다.

예를 들어, 창의적인 리더를 양성하는 학교인 THNK는 정부 관계자와 투자자, 그리고 중요 고객을 모아 지원받은 자금으로 어떻게 학교를 운영하는지 알려주는 'THNK의 맛(Taste of THNK)'이라는 이벤트를 개최했다. 거기서 그들이 사용한 단순한 기술 덕분에 고객들은 즐거운 경험을 하게 된다. 이벤트 접수처에서 참가자에게 나눠준 이름표에 RFID(무선 주파수를 이용하여 물건이나 사람 등과 같은 대상을 식별할 수 있도록 해 주는 기술) 칩을 숨겨둔 것이다. 참가자들은 입구에 들어설 때 단상 위의 큰 화면에서 자신의 이름이 나오자 놀라워했고, 기분 좋게 환영을 받으며 이벤트에 참여할 수 있었다.

새로운 기회

러브 매터스(Love Matters)는 와츠앱(WhatsApp) 방송리스트를 활용하여 인도의 구독자들에게 성교육과 성적 권리에 관한 정보를 공유한다.

인터넷 오브 엘레펀트(Internet of Elephants)는 데이터와 증강 현실을 활용해 사람들과 개별 야생 동물, 그리고 야생 보존 프로젝트를 연결해준다.

브랜드를 구성하는 모든 요소에
생명을 불어넣다.

웹사이트에 브랜드의 가치를 죽 늘어놓거나 제품 가득 로고를 붙여 둔다고 해서 강력한 브랜드가 되지 않는다. 강력한 브랜드가 되는 마법은 브랜드의 모든 요소를 잘 엮어서 고유한 특성을 가진 하나의 작품으로 탄생시켰을 때 비로소 완성되는 것이다. 영국의 스킨케어 브랜드 러쉬는 브랜드의 모든 요소를 성공적으로 결합해 최대의 효과를 낸 회사로 잘 알려져 있다.

> **브랜드적 사고하기 캔버스**
> 168~171페이지의 도구를 활용해 브랜드 핵심부터 아이덴티티, 표현 방식까지 총체적인 브랜드를 구축해보자.

일반적으로 동물 권리와 환경 보호에 무관심하다고 여겨지는 산업 분야에서, 러쉬는 창업자의 개인적 비전을 브랜드로 승화해 전 세계에서 850개의 상점을 운영하고 있다.

브랜드 핵심: 신선함, 원칙, 혁신

러쉬의 본질은 한마디로 요약할 수 있다. '신선한 삶(Life is fresh)'이 바로 그것이다. 이 브랜드 본질은 신선한 원료, 신선한 제품, 그리고 신선한 캠페인에서 모두 잘 드러난다. 핵심으로 들여다보면, 러쉬는 캠페인을 하는 기업이다.

러쉬는 동물 권리 보호에 앞장서고, 환경을 보호하며, 인도주의적인 조직을 지지해야 한다는 신념이 있다. 전 세계 수백 곳의 상점은 이러한 메시지를 전달하기 위한 특별한 장소가 된다. 이들 상점에 진열된 알록달록하고 기분 좋은 향이 나는 제품들, 그림과 메시지, 그리고 직원까지, 모든 곳에서 러쉬가 지향하는 행동주의의 대담성이 느껴진다. 이들은 수질 오염, 핵무기, 동물 실험, 또는 모피 등을 반대한다고 당당하게 말한다.

러쉬는 또한 모든 가능한 매체를 통해서 브랜드가 약속하는 바를 적극적으로 알린다. 동물 실험에 맞서고, 온라인에서도 신선한 제품을 판매하며, 윤리적 구매를 지향하고, 식물성 원료만을 활용한다는 사실, 그리고 수제 화장품을 포장하지 않은 채로 판매한다는 내용 등이 있다.

> 러쉬는 제품에는 물론, 웹페이지 하단과 모든 상점에 브랜드가 약속하는 바를 써두었다.

브랜드 아이덴티티: 볼드체와 거품

러쉬라는 이름은 소비자의 제안을 통해 선정되었고, 러쉬가 의미하는 신선함, 푸르름, 그리고 풍족함은 이 기업과 찰떡같이 들어맞는다. 그리고 러쉬가 사용하는 볼드체는 캠페인을 의도한 브랜드의 핵심을 잘 표현해준다. 검은색 바탕에 굵은 하얀색 분필로 쓴 듯한 손 글씨가 러쉬의 아이덴티티가 되었다. 이들은 캠페인뿐 아니라 가격표에도 검은색 바탕에 하얀 볼드체를 사용한다. 이 모두는 대조 효과를 주기 위한 전략으로, 과감한 형태로 쓰인 모든 문구나 가격 옆에는 항상 알록달록 거품 그림이나 낙관적인 문장이 적혀 있다. 러쉬는 시각적 커뮤니케이션에 중점을 둔다. 제품의 향기나 질감은 사진으로 담아낼 수 없지만, 알록달록 거품이나 진흙의 느낌, 또는 반짝이는 모습은 사진에 담아낼 수 있다. 손에서 녹색 진흙이 뚝뚝 흘러내리는 모습이라든지, 분홍 파랑 거품에 손가락을 담근 모습, 아니면 버터같이 생긴 비누 덩어리들이 층층이 쌓여 있는 모습 등으로 말이다. 음식 사진으로 침을 고이게 하는 효과를 내듯이, 러쉬도 화장품 재료를 섞거나 비누가 깨어진 사진 등으로 같은 효과를 내고 있다. 동물 권리 보호나 핵무기 반대 캠페인도 시각적 효과에 의존하는데, 예를 들어, 직원들이 여우처럼 분장하고 우리 안에 갇혀 있는 모습을 보여준다든가, 야생 동물 사냥에 반대하는 피켓을 들고 상점 유리 앞에 서 있기도 한다.

브랜드 상호작용: 소비자를 움직이는 러쉬만의 방법
러쉬는 수많은 방법으로 소비자에게 놀라운 브랜드 경험을 제공한다.

홍보 - 러쉬가 발행하는 인쇄용 잡지 〈러쉬타임즈〉는 모든 상점에서 무료로 받아볼 수 있으며, 제품 원료, 러쉬 직원들이 벌인 최근 캠페인, 그리고 제품 카탈로그, 이렇게 세 가지 내용을 다뤄 브랜드를 향한 소비자의 모든 관심을 충족시켜준다. 러쉬는 항상 제품, 브랜드의 사람들, 그리고 캠페인과 관련된 콘텐츠를 개발한다. 러쉬는 매년 6월 하루 동안 온라인 웹사이트에 멸종 위기에 놓인 새 잿빛개구리매의 이야기를 다루는 데 전체를 할애한다. 이 새는 영국에 단 일곱 마리만 남은 종이다. 이처럼 가장 규모가 큰 브랜드 쇼핑몰에 자신들이 진심으로 중요하게 여기는 주제를 다룸으로써 많은 대중의 지지와 신뢰를 받고 있다.

제품 - 러쉬의 설립자는 제품과 사업 활동을 환경과 연계할 방법을 항상 고민했고, 포장이 필요 없는 제품인 비누와 고체 샴푸 등을 개발했다. 그러한 가치는 제품 혁신으로 바로 나타났다. 러쉬 자선냄비(Lush Charity Pot)라는 핸드바디로션의 경우, 수익금 전부가 환경운동과 동물 권리 및 인도주의 운동을 위해 사용된다. 이 프로그램을 시작하고 5년 동안 소비자들은 20억 이상을 기부할 수 있었다.

파트너십 - 러쉬는 비비안 웨스트우드의 패션 디자이너가 설립한 기후 혁명(Climate Revolution)이라는 단체와 협력하여, 디자이너가 제작한 스카프를 제품 포장지 대신 사용해 재사용이 가능하도록 했고, 샤크 세이버스(Shark Savers)와 함께 매년 1억 마리의 상어가 잔인하게 죽임을 당하는 샤크 피닝(Shark Finning, 상어 지느러미만 잘라내고 몸통은 버리는 행위-옮긴이) 근절을 위한 특별 비누를 제작했다.

장소와 이벤트 - 러쉬 상점들은 대중의 시각과 후각뿐 아니라 촉감까지도 자극한다. 러쉬 상점이 있는 거리에 들어서면 벌써 러쉬의 향기

를 감지할 수 있다. 러쉬는 신선 식품 가게처럼 상품을 진열하는 방식을 택했다. 비누는 마치 방금 구워서 군침을 돌게 하는 파이들처럼 쌓여 있고, 분필로 써놓은 메뉴는 신선 채소를 파는 가게를 연상케 한다. 상점에 들어선 소비자는 비누나 스킨케어 제품이 마치 자연에서 온 신선한 식품처럼 느껴질 것이다. 그와 동시에, 러쉬 상점의 물리적 위치는 그 자체로 기업의 원리를 알리는 광고판 역할을 하고 기업이 벌이는 캠페인의 본거지가 되고 있다. 온라인에서 운영하는 러쉬키친(Lush Kitchen)에서는 매일 새롭고 특별한 수제 제품을 만들어서 소비자들에게 소개하고 있다.

윤리 캠페인 - 러쉬는 비누 상자 그 자체를 활용해 환경, 동물, 그리고 인도주의 문제를 대중에게 알린다.
벗어던지기(Go Naked) 캠페인을 통해서는 신체에 대한 긍정적인 인식 고취와 쓸데없는 포장에 맞선 메시지 전달을 위해 직원들이 옷을 벗은 채로 속옷에 앞치마만 두르고 있으며, 캠페인 포스터를 상점 여기저기에 두어 어떤 지역에서는 풍기문란 문제가 발생하기도 했다.

러쉬 상금 - 러쉬는 동물 실험 근절을 위해 혁신적인 제품 실험 대안을 선정해 매년 약 3억 7천만 원의 상금을 수여하고 있다. 제약과 화장품 개발과정에서 동물 실험을 대신할 실험 방식 개발에 초점을 둔 활동으로 러쉬의 직원과 고객, 그리고 대중이 모두 동물 실험 근절에 관심을 가지도록 했다.

채널 - 페이스북의 '좋아요' 94만 3천 회, 트위터 팔로워 13만 천 명, 인스타그램 팔로워 12만 4천 명, 그리고 핀터레스트(Pinterest) 팔로워 9600명까지, 러쉬는 온라인에서 대중과 소통하기 위해 최선을 다하고 있다.

러쉬는 소비자의 취향에 맞추면서도 원칙을 고수하고, 홍보활동과 행동주의의 시너지를 활용하여 총체적인 브랜드 구축에 성공한 사례이다. 사람들은 러쉬를 접할 때마다 적든 많든 이들의 이야기를 알아가게 되면서 이 브랜드를 더욱 선호하게 되고, 브랜드 충성도도 높아지고 있다.

CHAPTER 4
단계별로
브랜드 구축하기

브랜드 구축 과정

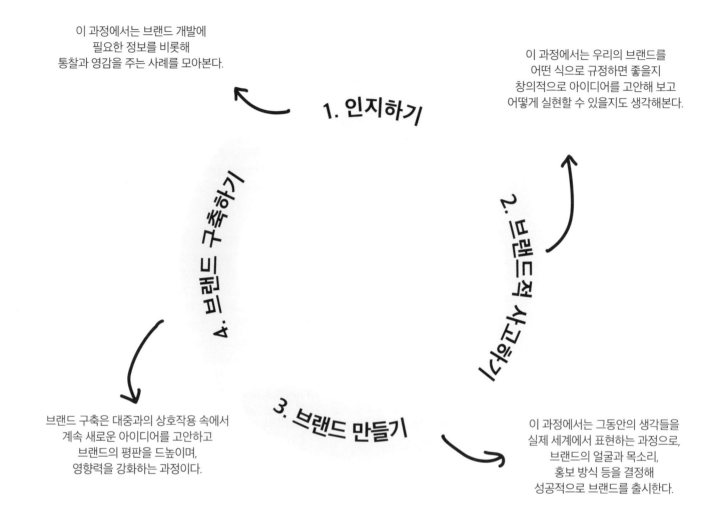

이 과정에서는 브랜드 개발에
필요한 정보를 비롯해
통찰과 영감을 주는 사례를 모아본다.

이 과정에서는 우리의 브랜드를
어떤 식으로 규정하면 좋을지
창의적으로 아이디어를 고안해 보고
어떻게 실현할 수 있을지도 생각해본다.

1. 인지하기

2. 브랜드적 사고하기

4. 브랜드 구축하기

3. 브랜드 만들기

브랜드 구축은 대중과의 상호작용 속에서
계속 새로운 아이디어를 고안하고
브랜드의 평판을 드높이며,
영향력을 강화하는 과정이다.

이 과정에서는 그동안의 생각들을
실제 세계에서 표현하는 과정으로,
브랜드의 얼굴과 목소리,
홍보 방식 등을 결정해
성공적으로 브랜드를 출시한다.

만일 브랜딩을 단순히 로고를 만들고 웹사이트를 구축하는 일이라고 생각한다면, 여러분은 브랜딩을 1차원적인 단기간 작업으로 보고 있다. 하지만 브랜딩을 브랜드에 관한 사람들의 생각과 느낌에 계속해서 개입하는 행위라 여긴다면, 목표 달성을 위해서 지속적인 영감, 투자, 그리고 관심이 필요하다. 브랜딩을 후자의 관점으로 보고 있다면 장기적으로 긍정적인 효과를 볼 수 있다. 이러한 장기적인 브랜드 개발과정을 통해 개인이나 단체는 자기 인지로부터 시작해 자신을 규정하고 스스로 방향을 정해가는 브랜드로 성장할 수 있다.

이 장에서 우리는 브랜드 개발과정을 하나에서 열까지 개략적으로 안내했다. 브랜드 개발에 한 가지 방법만 있는 것은 아니다. 각기 다른 제품과 서비스, 그리고 사람들과 생각은 그 나름의 방식이 필요하다. 우리가 제안하는 개략적인 방식은 다양한 범주의 체인지 메이커들에게 적합한 방식이다. 이 방법은 규범이 아니다. 그냥 필요에 따라 적용 가능한 안내서일 뿐이다. 어떤 단계에서는 그 단계에서 맞는 도구도 제공하고 있다. 도구를 소개하는 장에서 빈 곳을 찾아 자신의 브랜드에 맞게 직접 활용해보자.

첫 번째 국면
인지하기

인지하기 국면에서는 해야 할 과제가 있다. 자신의 브랜드가 뿌리내리게 될 세상을 여러 단계에 걸쳐 탐구하자. 더 많이 알면 알수록, 성공으로 가는 기반이 더욱 단단해진다.

1. 통찰의 순간에 주목하기
누구에게나 '아하'라고 외치게 되는 순간이 있다. 그 순간의 통찰은 바로 변화의 열쇠가 된다. 그러한 깨달음을 정확히 알아차리고, 실험하고, 구체화하자.

2. 브랜드 제의 규정하기
여러분의 브랜드는 무엇을 제공하는가?
그리고 어떤 것을 제안할 수 있는가?

3. 목표 고객의 세계로 뛰어들기
여러분이 가장 우선으로 여기는 소비사는 누구이며, 그들을 움직이는 힘은 무엇인가? 그 소비자들에게 영감을 주는 활동을 하고, 그들의 세계를 잘 간파하라.

4. 시장 지도 펼치기
브랜드가 제안하는 내용을 기준으로 볼 때, 브랜드를 운영하게 될 시장은 어디인가? 해당 시장의 지도를 펼치고 그 분야에서 자리를 잡고 싶은 위치를 찾아보자.

5. 경쟁 분석하기
경쟁 브랜드를 분석하고, 그들과 차별화되기 위해 어떤 특성을 살려야 할지 생각해보자.

6. 자원 확보하기
시간 및 금전적인 관점에서 브랜딩 과정을 살펴보자. 충분한 예산이 준비되어 있는가? 이 과정에서는 숫자들과 씨름해야만 한다.

7. 지원받기
여러분이 1인 기업이 아니라면, 브랜딩 과정에서 팀원들의 도움을 받자. 함께하면 더 좋은 결과가 나올 것이다.

1단계
통찰의 순간에 주목하기

이 책을 보는 여러분은 분명 몇 달 전이나 몇 년 전, 뭔가 큰 깨달음을 얻은 순간이 분명 있었을 것이다. 이 세상에 꼭 필요한 문제나 기회를 발견했는데, 아직 그 필요가 충족되지 않았음을 알아챈 순간 말이다. 이를 두고 우리는 통찰의 순간이라고 부른다. 이러한 통찰은 브랜드의 기반이 되어준다.

강력한 브랜드는 강렬한 통찰과 함께 시작된다. 이 통찰은 여러분이 제공하는 제품과 서비스의 근간이 되고 시장에서 위치를 좌우한다. 통찰의 형태는 여러 층위로 구분되어 나타난다. 통찰의 순간이 혁신적인 제품이나 서비스로 이어질 수도 있고, 완전히 새로운 시장을 창조할 수도 있다.

> "초콜릿 산업은 노예의 노동과 불공정 무역을 기반으로 성장해왔습니다. 초콜릿 애호가로서 그러한 노예 노동에 기여 한다는 사실이 싫었죠. 저는 노예 노동이 개입되지 않고, 제조 과정에 참여한 모두에게 공평하게 수익이 돌아가는 과정을 통해 생산된 초콜릿이 먹고 싶었습니다."

> "이 세계에는 우리가 풀어가야 할 복잡한 문제들이 정말 많지만, 그 문제를 효과적으로 풀어가는 방법을 가르치는 교육은 없습니다. 사회혁신 전문가들을 잘 훈련하고 길러내야만 했죠."

아니면, 어떤 통찰의 순간을 통해 기존 제품의 새로운 판매 방식을 고안해 낼 수도 있다. 60년 전통의 세제 제조기업 오모(Omo)는 부모들이 자녀가 옷을 더럽히더라도 온종일 재미있게 노는 것에 가치를 부여한다는 사실을 알게 되었다. 더럽게 된 옷은 어린이들이 마음대로 돌아다니고, 만지고 탐구하며 뭔가를 배워간다는 것을 의미하기 때문이다. 오모는 그러한 통찰을 바탕으로 '더러운 것이 좋다(dirty is good)'라는 캠페인을 개발했다.

어떤 통찰의 순간을 경험한 후 즉시 브랜드를 개발하는 사례는 흔치 않다. 보통 과거의 기억을 떠올리며, 그 깨달음의 진정한 의미가 무엇인지 확인하는 과정을 거친다. 그때 발견했던 문제를 다시 떠올려보고 아직 해결되지 않았다면 그때의 통찰을 구체적으로 재구성하자.

대중의 마음을 움직이는가?

가끔은 자신만의 통찰이 세상을 바꿀 수 있을 거라고 맹신하고, 대중의 관심은 간과하는 경우가 있다. 아무리 훌륭해 보이는 깨달음도 대중이 공감하지 못하면 실패로 결론지어질 확률이 높다. 추측만으로 브랜드를 구축하는 우를 범하지 않도록 지속적인 실험을 해보자.

혁신적

새로운 시장　　　아나미(Anami Institute) – 사회 변화를 이끌 전문가를 양성함
　　　　　　　　스페이스X(SpaceX) – 누구나 우주에 갈 수 있는 기술을 연구함

새로운 제품　　　수그루(Sugru) – 만능 고무 접착제를 개발함
(또는 변종)　　　BRCK – 아프리카 오지에서도 사용 가능한 이동형 무선랜 기기 개발

차별화된 방식　　　맥밀란(Macmillan) – 암환자 지원
　　　　　　　　소코(Soko) – 공정무역으로 제조하는 패스트 패션 액세서리
　　　　　　　　프레쉬 라이프(Fresh Life) – 위생적인 공공 화장실 제공

새로운 브랜드　　　요니(Yoni) – 유기농 여성 위생용품
　　　　　　　　토니스 초코론리(Tony's Chocolonely)

새로운 광고 캠페인　　오모(Omo) – '더러운 것이 좋다(dirty is good)'라는 캠페인을 개발하여 세제를 광고함

전략적

통찰의 순간에 주목하기
우리 주변을 둘러보면 통찰을 안 겨줄 요소가 산재해있다. 165페이지를 참고하여 여러분의 통찰력 탐지기를 가동해보자!

도구
통찰력 생산기

여러분은 어떻게 하면 변화를 이끌 수 있겠다는 통찰의 순간을 경험했다. 상황을 잘 관찰했고, 사람들이 왜 힘들어하는지도 확인했다. 여러분이라면 그들의 필요를 충족시킬 수 있을 것 같다. 이러한 통찰이 여러분의 브랜드를 전진하게 해줄 것이다.

목적
» 브랜드를 앞으로 나가게 할 통찰력을 규정하기 위해

활용 방법
» 관찰한 바와 문제, 그리고 사람들의 필요를 바탕으로 깨달은 통찰을 표현한다.
» 관찰한 내용에서 시작해서 한 단계식 나아간다.
» 통찰의 내용을 하나의 문구로 작성해 다음 단계의 근간이 되도록 한다.
» 대중을 대상으로 실험해본다. 사람들의 마음을 움직이는 통찰인가? 그들은 문제점과 필요성을 느끼고 있는가? 구체화한 해결 방안에 사람들이 공감하는가? 다음의 실험 과정을 통해 사람들의 반응을 살피고 1대1로 설득도 해보자.
» 필요하다면, 수정 과정을 거치고 다시 실험하자.

관찰
사람들이 인지하고 있는
세상의 문제들을 관찰해본다.

딜레마
사람들이 옳지 못한 행동이나
생각을 하게 만드는 딜레마에
빠져 있는지 확인한다.

필요
상황을 개선하기 위해
무엇이 필요한지 구체화한다.

요점 잡기
강렬한 문구로
통찰을 표현해 본다.

토니스 초코론리	아마니	오프라 윈프리
"초콜릿 산업은 노예 노동과 불공정 무역을 근간으로 하고 있다."	"세상에는 해결해야 하는 복잡한 문제가 너무 많다."	"삶의 모든 부분을 이해할 수 없을 때가 있다. 가끔 혼란스럽고 우울하다."
"초콜릿 애호가로서 그런 구조에 기여 하는 게 싫다."	"기존 교육 방식은 그러한 문제를 효과적으로 해결하도록 가르치지 못한다."	"너무 바쁘고 주어진 시간에 해야 할 일이 너무 많다. 어떻게 하면 더욱 의미 있고 더 나은 삶을 살 수 있을까?"
"노예 노동이 개입되지 않고, 제조 과정에 참여한 모두에게 공평하게 수익이 돌아가는 과정을 통해 생산된 초콜릿이 먹고 싶다."	"사회 변화를 이끌 전문가들을 육성해야 한다."	"더욱 풍성한 삶을 위해 지혜와 정보를 쉽게 얻을 수 있는 곳이 필요하다."
초콜릿을 먹었을 때 절대로 찝찝해선 안 된다.	사회 변화를 이끄는 것은 전문 기술과 지식이다.	모든 이들이 더욱 의미 있고 풍성한 삶을 위한 영감을 얻을 수 있어야 한다.

2단계
브랜드 제의 규정하기

다음은 아직 충족되지 못한 세상의 필요를 채우기 위해 어떤 제품과 서비스를 제공할지 구체화하는 단계다. 될 수 있는 한 단순하고 확실하게, 브랜드가 제시하는 바를 전달할 수 있어야 한다. 브랜드가 제시하는 바는 고유하고, 명료하되, 목적이 있어야 하며 소비자에게도 가치가 있어야 한다. 목표 소비자를 대상으로 먼저 조금씩 반응을 살펴보고 필요한 경우 요구에 맞도록 변화를 주자.

연습만이 완벽함에 이르는 길이다.

많은 체인지 메이커가 목적의식은 뚜렷하지만 무엇을 해야 할지 명확히 알지 못한다. 사실 복잡한 사회 환경적 문제들을 해결하는 데 필요한 일을 찾아내기란 쉬운 일은 아니다. 연습해보는 방법밖에 없다. 사람들에게 무엇을 해보자고 제안하는 데 부끄러워하지 말자. 매번 시도하다 보면 좀 더 명확하게 무엇을 할지 알아가게 될 것이다.

토니스 초코론리

초콜릿을 먹었을 때
절대로 찝찝해서는 안 된다.

토니스 초코론리는 초콜릿
산업에서 노예 노동이 개입되지
않도록 싸우며 맛있는 초콜릿을
만들어 냅니다.

FRAME GAME
Find creative ways to describe your
proposition. Play the frame game
on page 192.

탐스

독특한 여름 신발을
신고싶다.

독특하고 편안한 신발을
만들었습니다. 이 신발을
구매하면 어려운 사람들에게
기부도 할 수 있습니다.

아마니

사회 변화를 이끄는 것은
전문 기술과 지식이다.

우리는 새로운 교육 방식을
도입해, 사회 변화를 이끌
전문가를 양성합니다.

우분투랩(UBUNTULAB)

사람들이 편견을 갖지 않는다면,
우리나라도 발전할 수
있을 것이다.

우분투랩은 사람들이
서로를 이해할 수 있도록 하는
교육 프로그램을
개발했습니다.

3단계
목표 고객의 세계로 뛰어들기

여러분이 바라는 그 변화를 보려면, 목표 소비자의 세계를 깊이 이해해야 한다. 이 단계에서는 소비자들의 세계에 뛰어들어 그들은 누구이며, 무엇을 필요로 하는지, 어떤 삶을 살고 있는지, 그리고 그들의 고통과 삶의 동기는 무엇인지 알아보도록 할 것이다. 추측을 기반으로 제품이나 서비스를 제공해서는 안 된다. 시간을 투자해 그들의 필요를 제대로 이해하자. 조사한 내용을 바탕으로 한 명 또는 몇 명의 브랜드 페르소나(실제 고객들의 대표적 특징을 바탕으로 만든 가상의 고객 모델)을 구성해보자.

브랜드 구축에 앞서 목표 소비자들의 세계를 제대로 이해해야 한다는 점을 명심하자. 여러분에게 가장 중요한 고객은 누구인가?

많은 단체는 전통적 의미의 소비자 말고도 상대해야 할 고객이 있다. 아마 가장 먼저 투자자가 필요할 것이고, 아니면 기부자나 수혜자도 있을 것이다. 그리고 제품을 소비자에게 전달하는 과정에서 협력업체가 필요할 수도 있다.

브랜드를 개발할 때는 우리가 존재하려면 꼭 있어야만 하는 사람들에게 초점을 맞추게 된다.

꼭 있어야만 하는 사람은 주로 수익을 발생시켜주는 이들이다.

어떤 청바지 브랜드는 상점들을 대상으로 청바지를 판매해야 함에도 소비자에게만 초점을 둔다. 개발도상국의 아이들에게 태양열 전구를 기부하는 단체라면 전구 구매가 가능한 선진국의 소비자들에게 초점을 둬야, 그 수익으로 다른 하나를 기부할 수 있게 된다. 의료 서비스 자원봉사자를 교육하는 앱 개발자라면, 그 앱을 구매하여 자원봉사자를 교육하는 비영리 단체를 상대로 브랜드를 개발해야 한다.

어떤 단체는 꼭 필요한 고객이 두 부류일 수 있다.
주로 플랫폼 사업을 하는 기업들이 두 부류의 고객을 필요로 한다. 예를 들어, 장애인들의 구직을 돕는 단체는 고용주와 구직자 모두를 대상으로 한다. 에어비앤비의 경우 호텔 업주와 여행객 모두를 대상으로 한다. 아마니는 개인들을 대상으로 사회혁신 프로그램을 제공하고, 사회활동 기관을 대상으로는 관리 프로그램을 제공한다.

지속가능성을 판매하기
208페이지에서 스텔라 반 힘버겐(Stella Van Himbergen)의 글을 읽으며 소비자들이 지속 가능한 제품을 구매하게 하는 원동력에 관해 알아보자.

도구
페르소나 견본

페르소나는 가상의 브랜드 소비자를 설정하여 개요를 작성한 것이다.
페르소나를 실제 고객이라고 가정하고 브랜드 개발과정에 활용할 수 있다.

목적
» 대상 소비자에게 접근하는 방식을 명료히 하고, 관계를 구축한다.
» 실제로 존재할 만한 소비자를 가정함으로써 브랜드 사고와 계획에 도움을 줄 수 있다.

활용 방법
» 중요한 목표 고객의 세계를 조사하자. 그들을 대상으로 인터뷰를 하고, 그들이 많이 모이는 곳으로 가자.
» 해당 부류를 대표할 수 있는 한 명 또는 여러 명의 가상 인물을 만들어 보자.
» 단순화하자. 최대 세 명에서 다섯 명 정도로 하는 것이 좋다.
» 될 수 있는 한 실제 인물과 비슷하게 하되, 너무 뻔한 인물로 만들지는 말자. (모르는) 누군가의 사진을 그 인물의 모습으로 설정하여 가상의 페르소나에 생명력을 불어넣자.

이름+나이	가젤 아베디니(Gazel Abedini), 31세
거주지	런던
인적 사항	미혼. 주로 여자친구들과 어울리고, 조깅, 독서, 음악감상, 그리고 친구들 만나는 것을 좋아함

직업 경력

직업
프리랜스 작가

직장
패스트컴퍼니(Fast Company),
와이어드(WIRED), 야후 등과 함께 일함

그 외 경험 (과거 직업 및 봉사활동)
언론인을 위한 코딩 과정, 독립 소설작가가 되려고 시도함

교육
창의적 글쓰기 학사

활동과 경험

분야
경쟁이 매우 심한 분야에서 프리랜스로 활동

역할모델
뉴욕타임스에 사설을 기고하는
저술가 롭 워커(Rob Walker)

주된 감정
일하는 동안의 좌절감,
멍하게 글만 쓸 때가 있음.

지리적 근거지
샌프란시스코부터 나이로비나 뭄바이까지
기술 및 공공선의 본거지들

니즈

고통
새로운 기술 적용과 관련된 이야기는 너무 흔해서,
좀 더 목적의식을 가지고 글을 쓰고 싶어함

개선된 점
솔루션 저널리즘을 통해 효과적인 사회 해결책에 관한
글을 쓸 수 있음

필요한 것
해결책을 기반으로 한 이야기와 최선의 사례에 관해
쓸 수 있는 구조화된 방식

인용문

그/그녀가 할 것 같은 말

> '온종일 신생 기술
> 벤처기업에 관한 이야기를
> 써대는 일 말고,
> 뭔가 유의미한 일을 하고싶다.'

소셜 미디어와 기술

기술 사용능력 수준
상. 코딩을 할 수 있고 온라인과 디지털 기기 사용에 능숙함.
디지털 기기가 출시되면 첫 번째 사용자가 됨.

하드웨어
페어폰(Fairphone), 핏빗(Fitbit)

소셜 미디어
트위터, 레딧(Reddit)

상호작용

장소
와이파이 사용이 가능한 카페

이벤트
사우스 바이 사우스웨스트(SXSW), 언론인들의 코딩 모임

홍보 채널
이메일, 와츠앱, 페이스북 메신저, 인스타그램(사적인 용도),
트위터(공적인 용도)
빅타임 드롭박스(Bigtime Dropbox) 사용자

시장 지도 펼치기, 위치 설정하기

여러분은 시장에서 자신의 위치를 명확히 설정하고, 경쟁 속에서 차별화되기를 원한다. 그 과정은 소비자들이 해결책을 찾고자 하는 시장의 지도를 펼치는 일부터 시작된다. 시장이 어떤 모습으로 형성되어 있으며 경쟁자는 누구인지 이해하고, 자신의 위치를 설정하는 일은 소비자들에게 인지되고 선택받기 위한 필수 과정이다. 강력한 위치 설정은 브랜드 구축 과정에서 닻과 같은 역할을 하며, 더욱 효율적이고 효과적인 결과를 내는 데 도움이 된다.

시장 조사에서 제일 첫 단계는 여러분의 브랜드가 활동할 시장을 이해하는 것이다.

시장의 특성을 알아내기 위해 자신의 통찰과 브랜드 제의에서 힌트를 얻자. 시장 특성을 분석하는 축을 만들려면 양극단의 특성들을 활용해야 한다. 정확한 특성을 파악하는 일이 쉽지 않기에 여러 가능성을 분석해보자.

맥밀란 암 지원센터를 예로 들어보자. 이 단체는 점점 더 많아지는 자선단체들 사이에서 존재감을 잃었고, 여타 암 관련 자선단체들과 차별화된 점이 없었다.

아니면, 미국의 멕시코 음식 전문레스토랑 체인 치폴레를 예로 들어보자. 패스트 푸드이면서도 건강하고 윤리적인 레스토랑임을 표방했던 이들은 '간편하게 즐기는 진짜 요리(food with integrity, served fast)'라고 제의했다. 시장에서 이 브랜드의 위치를 파악하기 위해서는 패스트 푸드 - 슬로우 푸드로 이뤄진 축 하나와 가공식품 - 유기농 식품으로 이뤄진 축 하나가 필요했다.

예: 맥밀란 암 지원센터

암 치료	암 환자 지원	불치병 환자 요양
CRUK	맥밀란 암 지원센터	마리퀴리 (Marie Curie)

예: 치폴레

제의: 간편하게 즐기는 진짜 요리

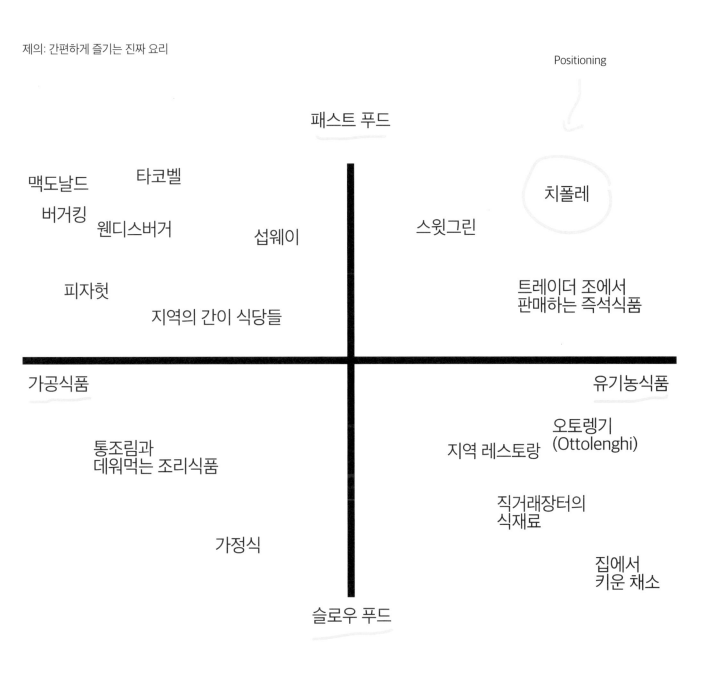

Positioning

패스트 푸드

맥도날드　타코벨

버거킹

웬디스버거　　섭웨이

피자헛

지역의 간이 식당들

치폴레

스윗그린

트레이더 조에서
판매하는 즉석식품

가공식품

유기농식품

통조림과
데워먹는 조리식품

지역 레스토랑

오토렝기
(Ottolenghi)

직거래장터의
식재료

가정식

집에서
키운 채소

슬로우 푸드

시장 이해하기

여러분이 속한 시장을 잘 이해하기 위해서는 소비자의 관점으로 시장을 바라보아야 한다. 만일 지역에 단 하나뿐인 인권 박물관을 세웠다면, 박물관 중에서 특별한 포지셔닝에 성공했다고 느낄지 모른다. 하지만 잠재적인 소비자의 관점에서 바라본다면, 비 내리는 일요일 오후 재미있고 배울 것도 많은 가족 활동을 제공하는 많은 업체와 경쟁하는 위치에 서게 될 것이다.

특별한 포지셔닝

시장 지도를 펼치고 들여다보면 정말 많은 경쟁자가 정확하게 같은 지점에서 자리를 잡으려고 애쓰는 모습을 발견하게 될 것이다. 시장의 특성을 재규정하는 과정을 거쳐 새로운 축을 세우고 자신을 돋보이게 할 혁신적인 접근방식을 취해보자. 이 과정은 THNK가 시도했던 것처럼 기존의 시장에 새로운 특성을 더하는 방식이다(오른 상단을 살펴보자). 아니면, 기존 시장을 규정하는 특성에 완전히 반대되는 방식으로 시장을 개척할 수도 있다. 오른 하단에 나온 새로운 법률 사무소 사례를 살펴보자.

기회 발견하기

브랜드 전략가 라헬 슈테인버그(Raquel Sztejnberg)가 한 법률 사무소의 브랜드 개발을 맡게 되었다. 그녀는 시장 조사를 하면서, 거의 모든 법률 사무소가 전통적 기업 모델인 지식 소유자 형태를 띤 '회사(firm)'라는 사실을 알게 되었다. 그녀는 그 두 특성과 정반대되는 특성을 찾아 다른 두 개의 축을 세웠다. 지식 소유자와 지식 공유자가 한 축을 이루고, 전통적 회사와 공동 창업 형태가 또 다른 한 축을 이뤘다. 기존의 법률 사무소 중에는 지식 공유자들이 공동으로 창업한 형태는 거의 없기 때문이다.

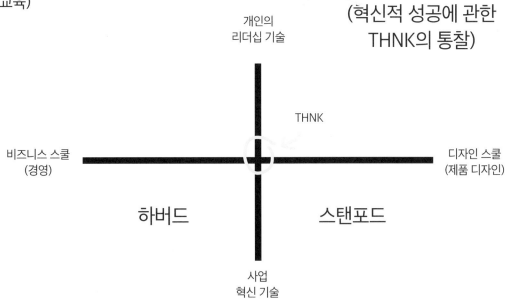

THNK, 창조적 리더십
교육기관
(시장: 혁신 교육)

개인의
리더십 기술

(혁신적 성공에 관한
THNK의 통찰)

THNK

비즈니스 스쿨
(경영)

디자인 스쿨
(제품 디자인)

하버드

스탠포드

사업
혁신 기술

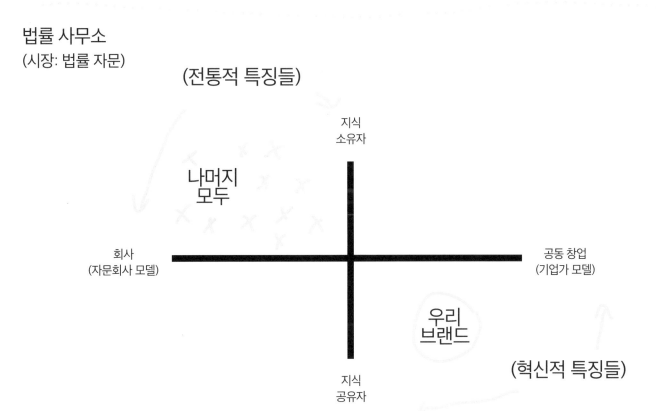

법률 사무소
(시장: 법률 자문)

(전통적 특징들)

지식
소유자

나머지
모두

회사
(자문회사 모델)

공동 창업
(기업가 모델)

우리
브랜드

(혁신적 특징들)

지식
공유자

5단계
경쟁 분석하기

이제 시장에서 위치를 잡은 여러분은 직접 경쟁해야 할 상대가 누군지 알게 되었다. 이제 고객, 소비자, 투자자, 그리고 지원금 등을 두고 그들과 경쟁해야 한다.

경쟁자들의 세계로 뛰어들자. 그들은 어떤 모습을 하고 있고, 어떻게 말하며, 어떤 경로를 통해 일하는가? 소비자들이 그 경쟁자가 최고라고 믿는 이유는 무엇인가?

그들로부터 배울 점은 없을까? 그리고 경쟁자들이 시도하지 않은 것 중 여러분이 취할 수 있는 특별한 뭔가는 없을까? 브랜드 분석을 통해 경쟁자뿐 아니라 벤치마킹의 대상이 되는 브랜드의 특징도 알아보자. 그들의 훌륭한 제품과 서비스, 브랜드 상호작용 및 아이덴티티를 분석해 나만의 특별한 브랜드를 구축해보자.

훌륭한 투자방법

시장, 포지셔닝, 경쟁을 분석하여 얻는 모든 정보는 이후 브랜드 구축 과정에서 상당히 유용하게 쓸 수 있다. 브랜드의 언어 및 비주얼 아이덴티티를 개발하고 홍보 방식을 택하는 데 참조할 수 있는 자산이 된다. 미래를 위한 투자라고 생각하고 철저하게 시장과 경쟁자를 분석하자.

경쟁적 분석
188페이지의 활동을 통해 주요 경쟁 브랜드를 낱낱이 파헤쳐보자.

6단계
자원 확보하기

브랜드 개발 여정에 착수하기 전에 시간과 금전적으로 준비가 잘 되어 있는지, 개발과정과 유지보수 작업을 할 여력이 되는지부터 확인하자. 많은 단체가 브랜딩이나 마케팅에 드는 자원을 간접비용으로 취급하기도 한다. 하지만 훌륭한 제품과 서비스가 성장하기 위해서는 소비자가 필요하다. 미리 자원을 비축해서 브랜딩 과정에 잘 활용하자.

강력한 브랜드만 있다면, 이미 설득에 성공한 것이다.
-줄리에 그린바움(Julie Greenbaum, 픽캔서(Fuck Cancer)의 공동 설립자이자 최고 리스크 담당 책임자)

대부분 (사회적) 기업가는 초반 브랜딩 과정에 투자할 자금이 부족하다. 얼마의 예산을 준비할 수 있느냐의 문제라기보다는 꼭 필요한 비용을 제외한 후 얼마가 사용 가능한가에 관한 문제다. 사용 가능한 예산이 적든 많든, 그 비용으로 살 수 있는 것과 선택의 결과가 어떨지 이해해야 한다.

브랜드 개발 비용은 얼마나 될까? 우선 브랜딩을 만들어 내는 과정과 수년에 걸쳐 브랜드를 구축하고 유지하는 비용은 따로 구분해서 생각하도록 하자.

브랜드 만들기

브랜드 개발은 어느 선까지는 개인적으로, 혹은 팀원들과 힘을 모아 할 수 있는 일이다. 팀원 중에 카피라이터나 디자이너가 없거나 웹사이트 개발을 자체적으로 할 수 없다면, 전문 디자이너나 전략가, 홍보 전문가가 필요한 시점이 온다. 그래서 많은 이들이 궁금해하는 점이, 브랜드 개발과정에 비용이 얼마나 드느냐 하는 것이다. 예산을 설정할 때 집을 짓는 과정과 비교해 보면 조금은 간단하다.

브랜드 구축과정을 집 짓기와 비교해서 생각하자.

오두막을 지을 수도 있고, 아파트나 빌라를 건축할 수도 있다. 지붕이 있다는 점만 같을 뿐 오두막과 아파트, 그리고 빌라는 거주 형태가 다르고 들어가는 비용에도 확실히 차이가 있다. 투자 비용의 범주를 확인하기 위해 다음 장의 표를 살펴보자. 물론 나라별로 그 비용은 천차만별일 수 있고, 다음 세 가지 요인의 영향을 받는다.

» 무엇을 얻느냐. 달랑 방 한 칸에 이케아로 가는 버스표 한 장인가, 아니면 가구가 모두 갖춰진 투룸에 최상급 주방 시설인가?
» 얼마의 시간과 능력을 투자하는가. 건축 재료를 사고 전문가의 도움을 조금 받아 직접 지을 것인가, 아니면 조립식 건물을 공수하여 올 것인가?
» 누구를 고용하는가. 지역에서 젊고 재능있는 인재를 찾아 부탁할 것인가, 세계적인 건축가와 그의 팀을 모두 불러서 집을 지을 것인가?

계약을 성사시키기 전에 꼭 예상 결과물과 금액을 자세히 확인하자. 대부분 신생 기업은 오두막이나 아파트에서 시작해 점점 더 성장한다. 계속해서 성장하고 싶다면, 기반이 튼튼한 건축물만이 증축 가능하다는 사실을 꼭 기억하자. 브랜드명을 상표화하지 않거나, 조카가 만들어준 로고를 사용한다면, 큰물에서 경쟁하기가 어려울 수 있고, 훗날 브랜드의 발목을 잡을지도 모른다. 다시 브랜딩을 하게 되면 성장에 가속도가 붙지 않고, 인지도를 잃을 수도 있으며, 시간과 비용을 낭비하게 된다.

브랜드 구축/유지하기

브랜드 구축 및 유지 비용은 주로 마케팅 비용으로 분류된다. 여기서는 두 종류의 투자 계획이 필요하다. 바로 (여러분과 팀원의) 시간과 (외부 상담, 디자이너, 재료, 제조 비용, 광고 공간 등)으로 발생하는 비용이다.

주로 한 명의 설립자가 다른 활동을 겸해 브랜딩과 마케팅 과정을 전담하게 된다. 구성원이 여덟 명에서 열 명 정도로 많아져 규모가 커지면, 브랜딩과 홍보를 전담하는 인력이 필요하고, 지속해서 지원해줄 팀도 필요해진다.

브랜드 구축과 유지보수에 드는 예산을 짜는 것은 그 자체만으로 한 권의 책을 쓸 수 있을 만큼 다양한 분야가 걸려 있는 중요한 작업이다. 단체별로 연간 마케팅 예산은 연간 수익의 5~50%까지 다양하다. 경쟁이 심한 시장일수록, 그리고 개별 고객과의 접촉이 덜할수록 마케팅의 중요성은 더욱 커지고 예산도 더 많이 필요해진다. 개별 고객을 상대로 앱이나 온라인 상점을 운영하는 신생업체들은 브랜딩과 마케팅의 비중이 매우 크다. 이러한 디지털 제품을 판매하는 업체에 전문가들은 다음과 같이 조언한다.

시간의 반은 제품 생산에 투자하고, 나머지는 사람들의 관심을 끄는 데 투자하라.

되도록 6개월이나 1년 전부터 브랜딩과 마케팅 예산을 짜도록 하자(투자 계획이나 연간 예산으로 편성하자). 달력을 보면서 앞으로 캠페인, 이벤트, 담보물, 광고, 상담 등 제 삼의 비용에 얼마나 들지를 예상해 보자.

브랜드 사례 속 예산
44페이지의 맥밀란, 그리고 56페이지의 소코 사례 연구를 통해 예산 및 투자의 대가에 관한 이야기를 살펴보자.

	오두막 ↳	
	(기본)	
예산	**1,000~5,000유로**	
얻을 수 있는 것	**브랜드 전략**	-
	브랜드 아이덴티티	• 가장 기본적인 비주얼 아이덴티티를 개발할 디자이너 (로고, 색상, 종류)
	법적 문제	-
	관리와 시행	-
	홍보	• 스퀘어스페이스(Squarespace)와 같은 고품질 웹사이트의 견본 사용 • 아이덴티티에 적합한 스타일 • ppt 견본, 명함, 뉴스레터 및 소셜 미디어 브랜딩 등의 기본적인 홍보 구상
스스로 할 일		• DIY 도구를 활용해 브랜드 전략 개발 • 시장 조사를 통해 경쟁업체와 산업 연구 • 사용자/고객/소비자를 대상으로 한 테스트 시행 • 디자이너/카피라이터에게 브랜드 개요 전달 • 도메인 네임과 온라인 사용자 이름 검색을 통해 브랜드 네임의 사용 가능성 확인 • 크리에이티브 커먼즈(Creative Commons)를 통해 저작권에 저촉되지 않는 사진이나 삽화 자료 찾기 • 홍보자료와 디지털 매체에 아이덴티티 드러내기 • 브랜드 구축 관련 아이디어 내기 • 소셜 미디어, 광고, 캠페인 등 연간 홍보 계획 짜기 • 웹사이트, 블로그 또는 소셜 미디어용 콘텐츠 개발하기

아파트 (전문가의 도움)	빌라 → (야심찬 투자)
10,000~25,000유로	**25,000~150,000유로**
• 브랜드 전략을 함께 논하고 도움을 받을 수 있는 개인 브랜드 개발자 또는 (소규모)에이전시	• 브랜드 에이전시가 브랜드 개발 구상 과정부터 참여해 경쟁력 있는 시장 조사와 사용자 조사까지 담당
• 브랜드 네임과 메시지 및 비주얼 아이덴티티(로고, 색상, 종류, 배치 구조, 삽화 또는 사진 스타일)을 개발해줄 개인 브랜드 개발자 또는 (소규모)에이전시 • 독자적 서체 개발 및 저작권	• 에이전시가 여러 개의 아이덴티티 콘셉트 개발 • 사용자를 대상으로 테스트 • 맞춤형 서체를 개발해 상표 등록도 가능
• 주요 시장에서 법적 상표 보호	• 주요 시장 및 유통 시장에서 법적으로 상표 및 로고를 보호
• 로고 및 색상 적용과 관련된 간단한 매뉴얼(pdf) 개발을 통해 제삼자가 사용할 때 혼란이 없도록 함	• 로고 및 색상 적용과 관련된 매뉴얼(pdf)을 개발하고 여러 가지 용례와 내려받을 수 있는 파일을 제공하여 제삼자가 더욱 효율적으로 사용하게 함
• 브랜드에 적합한 전문적인 웹사이트 견본 • 기본 홍보자료 디자인, 주요 데이터 시각화 및 표본 개발, (TED 강연, 투자자 대상 홍보)와 같은 중요 디지털 자료 • 사진이나 삽화와 같은 시각적 자료, 증권 자료 주문개발	• 전문 스토리텔러가 브랜드 스토리 제작 • 영감/정보를 줄 수 있는 짧은 동영상 제작 • 브랜드 니즈에 맞춘 전문 웹사이트 제작 • 전문 카피라이터와 디자이너가 제작한 홍보자료 • 사진, 도해, 동영상 등 시각 자료 수집 및 제작
• 이 책의 DIY 도구를 활용하여 브랜드 전략을 개발하기. 이 과정에서 에이전시의 도움을 구할 수 있음 • 창의적 과정을 보고하고 관리하기 • 시장 조사와 DIY 실험 • 광범위하게 사용할 수 있는 도메인네임을 획득하고 소셜 미디어용 사용자 이름 정하기 • 웹사이트, 블로그 또는 소셜 미디어용 콘텐츠 개발하기 • 브랜드 구축 관련 아이디어 내고 실행하기 • 브랜드와 홍보 담당자 지정하기 • 브랜드 스토리와 홍보 내용을 구상하고 실험해 볼 수 있는 플랫폼 확보하기 • 소셜 미디어, 광고, 캠페인 등 연간 홍보 계획 짜기	• (이 책의 도구를 활용하여) 브랜드 종합 계획 전개하기 • 에이전시를 관리하고 내부에 보고하기 • 사용자 테스트를 통해 콘셉트 공동 개발 • 광범위하게 사용할 수 있는 도메인네임을 획득하고 소셜 미디어용 사용자 이름/ 유사한 명칭도 선점하기 • 브랜드 홍보를 위한 내부 팀을 구축하고, 임원 또는 관리급에서 브랜딩 담당하기 • 소셜 미디어 관리 • 제품과 서비스 관련 콘텐츠 개발하기

지원받기

브랜드 개발에 시간과 자원을 투자할 때, 투자자, 임원, 공동 설립자, 그리고 팀원의 지원이 필요하다. 이들은 각자의 행동과 말을 통해 브랜드를 드러내게 될 것이다. 이들 중 일부는 얼마의 시간과 비용을 투자할지 (여러분과) 결정하기도 한다. 바로 이때 여러분은 브랜드가 꼭 필요한 이유, 브랜딩 과정과 의사 결정의 방향, 그리고 어떤 방식으로 그 모든 과정에 개입할지 설명할 수 있어야 한다.

공동 개발

사공이 많으면 배가 산으로 간다는 말이 있다. 사실 브랜드 하나를 개발하는 데 여러 의사 결정자가 있고, 너무 많은 의견을 배합하고 절충해야 한다면 개발과정이 더욱 복잡하고 어려울 수 있다. 하지만 어떤 부분에서는 여러 사람이 함께하는 것이 초기 구매나 영향력 발휘에 있어 효과적일 수 있다. 이 책에 나온 여러 도구와 활동은 팀워크에 큰 도움이 된다. 예를 들어, 선언문 만들기, 가치 게임, 그리고 브랜드적 사고하기 캔버스를 팀원들과 함께 활용해보자.

두 번째 국면
브랜드적 사고하기

이번 단계에서는 브랜드 청사진을
그려보자.

1. 핵심 규정하기
이제는 브랜드 청사진을 그려볼 시간이다.
시작점은 브랜드 핵심이다. 여러분이 향해가고 있는 세계는 어디인가? 그곳에 닿기 위해 무엇을 하고 있는가? 여러분의 생각과 행동을 움직이는 원동력은 무엇인가? 그리고 어떤 약속을 할 수 있는가?

2. 아이덴티티 브레인스토밍
어떻게 하면 브랜드 핵심을 외부 아이덴티티로 나타낼 수 있을까? 어떻게 하면 내면의 특성에 얼굴과 목소리를 입힐 수 있을까?

3. 상호작용 브레인스토밍
브랜드 핵심과 아이덴티티를 활용하여 브랜드에 생명력을 불어넣자. 홍보 채널과 장소, 이벤트 및 기술 실현을 통해 창의성을 발휘하자.

4. 소비자 분석하기
통찰의 순간을 상기하며, 어떤 소비자에게 어떻게 인지되길 원하는지 생각해보자. 그리고 그들에게 다가갈 방안을 떠올려보자.

5. 행동 계획하기
이제 아이디어가 산더미처럼 쌓였다. 그중 행동으로 옮길 수 있는 내용만 선택해 브랜드 구축 시기에 잘 활용하도록 준비하자. 이는 브랜드 전략으로, 목적 달성을 위해 브랜드를 활용하는 방법이다.

핵심 규정하기

이전 국면에서 인지하기 과정을 거쳤다면, 이제 브랜드 청사진을 그려볼 시간이다. 브랜드 청사진의 시작점은 바로 브랜드 핵심이다. 여러분이 일하는 목적은 무엇인가? 여러분이 향해가고 있는 세계는 어디인가? 그곳에 닿기 위해 무엇을 하고 있는가? 여러분의 생각과 행동을 움직이는 가치들은 무엇인가? 그리고 어떤 약속을 할 수 있는가? 브랜드 핵심은 브랜드 아이덴티티와 소비자를 대상으로 하는 모든 활동 및 홍보를 이끄는 원동력이다. 모든 의사 결정의 바탕이 되는 기업 문화와 윤리 또한 이 브랜드 핵심을 근거로 하고 있다.

시간 투자하기

자신만의 브랜드를 개발할 때, 브랜드 본질을 중심에 두고 시작해 나가는 것이 논리적으로 보이겠지만, 사실 브랜드 본질을 정확히 파악하기란 쉽지 않다. 비전이나 미션, 아니면 가치를 중심으로 시작해서 이 모든 것을 꿰뚫고 있는 강렬한 기본 본질을 찾아가자. 어쩌면 어떤 획기적인 문구가 머릿속에 떠오를지도 모른다. 아니면 한 문장을 만들어 내기 위해 몇 날 며칠을 고민해야 할 수도 있다. 어떤 이들이나 단체는 수년에 걸친 작업을 통해 정말 특별한 자신만의 본질을 찾아내기도 한다.

비전의 시각화
흥미롭고 특별한 비전을 찾기가 어렵다면, 189페이지의 활동을 통해 머릿속 생각들을 시각화해 보자.

도구
브랜드적 사고하기 캔버스 #1

브랜드적 사고하기 캔버스는 하나의 강력한 브랜드를 전체적으로 분석해서 보여주고 있다. 이번 브랜드 개발과정에서는 오른쪽 원 안의 노란색 부분에 해당하는 브랜드 핵심을 살펴보도록 한다.

목적
» 브랜드의 핵심 규정하기: 아이덴티티와 상호작용을 이끄는 원동력은 무엇인가?

활용 방법
» 목표 고객을 향한 브랜드 제의를 기반으로 브랜드 청사진을 그린다.
» 원 내부에서 시작해 외부로 나아가되, 브랜드 본질 규정은 마지막에 한다.
» 비전, 미션, 가치, 그리고 브랜드 약속으로부터 시작해 브랜드 본질로 마무리 짓는다.
» 단순화하자. 전체 단락이나 너무 많은 항목이 포함되지 않도록 간결하게 하자.
» 주요 고객이 두 부류로 나눠진다면, 비전, 미션, 그리고 가치는 통일하되 각각의 고객군을 위한 두 가지의 브랜드 약속을 설정하자.

도움이 필요하다면?

다음 페이지로 넘어가 미션과 비전을 개발하는 데 도움을 주는 도구를 활용해보자.

예:
마마 코드

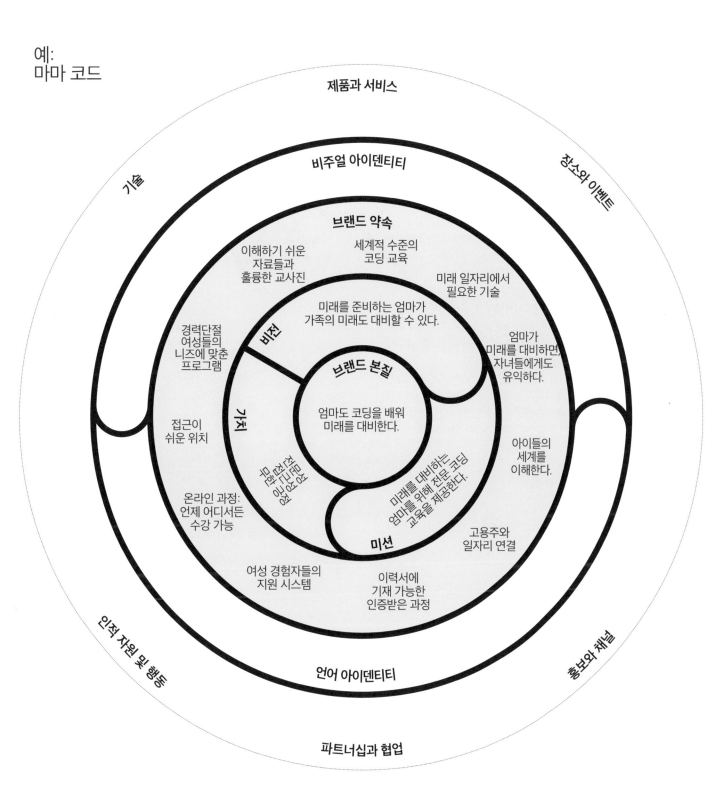

제품과 서비스

비주얼 아이덴티티

기술

장소와 이벤트

브랜드 약속

이해하기 쉬운
자료들과
훌륭한 교사진

세계적 수준의
코딩 교육

미래 일자리에서
필요한 기술

미래를 준비하는 엄마가
가족의 미래도 대비할 수 있다.

경력단절
여성들의
니즈에 맞춘
프로그램

비전

엄마가
미래를 대비하면,
자녀들에게도
유익하다.

브랜드 본질

접근이
쉬운 위치

가치

엄마도 코딩을 배워
미래를 대비한다.

아이들의
세계를
이해한다.

전문적이고 믿을 수 있는

온라인 과정:
언제 어디서든
수강 가능

미래를 대비하는
엄마를 위해 전문 코딩
교육을 제공한다.

고용주와
일자리 연결

미션

여성 경험자들의
지원 시스템

이력서에
기재 가능한
인증받은 과정

인적 자원 및 행동

언어 아이덴티티

홍보와 채널

파트너십과 협업

도구
산 오르기

사람들이 미션과 비전을 혼동하는 경우가 많다. 산 오르기 도구를 활용하여 미션과 비전의 차이를 정확히 알아보자.

목적
» 미션과 비전 규정하기

활용 방법
» 비전을 목표 지점으로 삼아 등반을 시작하자. 여러분이 이 세상에서 보길 원하는 변화는 무엇인가?
» 비전은 최종 결과물로 생각하자. 될 수 있는 한 가시적이며 명료한 결과일수록 좋다.
» 비전에서 역방향으로 내려가며 어떻게 꼭대기에 오르는지 규명해보자. 어떤 가치를 내세우며 무슨 도구를 사용해야 하는지 생각해 보자.

비전
여러분이 보길 원하는 세상

"나무로 가득한 숲을 보고싶다."

여러분이 만들어가고 싶은 세상은 어떤 모습인가? 여러분이 성공적으로 제품과 서비스를 제공한다면, 소비자들의 삶이 어떻게 달라질까?

와카와카(WAKA WAKA)는 에너지 빈곤이 없는 세상을 보기 원한다.

네스트(Nest)는 사려깊은 집을 개발한다: 집안에 사는 사람들과 집 밖의 세상을 모두 생각한다.

컬러오브체인지(ColorOfChange)는 인종과 계급에 상관없이 모든 미국인이 대접받고 보호받는, 그리고 모든 미국인을 대변하는 미국을 꿈꾼다.

솔라시티(SolarCity)는 재생 에너지가 화석 연료보다 저렴해지는 날이 오길 원한다.

스페이스X(SpaceX)는 백만 명이 화성에서 살게 되는 날을 기대한다.

미션
비전 달성을 위해 할 일

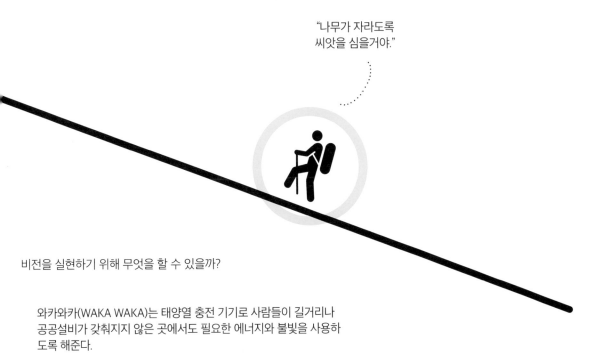

"나무가 자라도록
씨앗을 심을거야."

비전을 실현하기 위해 무엇을 할 수 있을까?

와카와카(WAKA WAKA)는 태양열 충전 기기로 사람들이 길거리나
공공설비가 갖춰지지 않은 곳에서도 필요한 에너지와 불빛을 사용하
도록 해준다.

컬러오브체인지(ColorOfChange)는 인터넷을 활용해 정치 분
야에서 미국 흑인의 목소리를 강화한다. 이러한 움직임을 통해
회원들이 정보를 얻고 미국 흑인들이 마주한 긴급한 문제에 맞
서 행동할 방안을 마련한다.

네스트(Nest)는 관심받지 못했지만 중요한 주
거 제품에 재투자한다.

솔라시티(SolarCity)는 지속 가능한 에너지의 대규모 도입을 가속화한다.

스페이스X(SpaceX)는 우주 기술 혁신을 통해, 다
른 행성에서도 사람들이 살 수 있도록 한다.

미션 구상하기

미션을 기술한 문장은 브랜드가 하는 일과 일하는 이유, 그리고 그것이 왜 중요한지를 대중이 잘 이해하도록 해준다.

목적

» 누구를 위해, 왜, 무엇을 하는지 명확히 한다.
» 지지 세력을 모은다.

활용 방법

» 화살표를 따라가자.
» 알맞은 단어를 찾을 수 없다면, 유의어 사전 (thesaurus.com)을 활용하여 대체어를 찾아보자.
» 적절한 문장을 찾을 수 없다면, 각각의 단어를 포스트잇에 써 붙여 문장을 만들고, 각각의 단어 아래 대체어를 써서 붙이자.
» 미션을 짧고 강렬한 문장으로 요약해서 나타내보자.

여러분이 해결하려는 문제는 무엇인가?

실명의 80%는 예방할 수 있다.
기존의 눈 관리 제품들은 가격이 비싸고,
사용이 어려우며, 구하기도 쉽지 않다.
사람들은 신속하게 충분히
관리받지 못하거나
아예 관리를 못 한다.

요약하기!

휴대 가능한 도구를
제공해서 실명을 예방하는 데
의료계 종사자들의
역할을 강화한다.

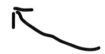

짧고 강렬한 문장으로
요약한 미션은 무엇인가?

나는 누구인가

이쪽으로 오세요!

우리는 픽 비전(Peek Vision)!
전문 기술자와 안구 전문가,
공공 보건 의사들과 제품 디자이너로
이뤄진 팀이다.
모든 이들이 고품질의 안구 관리를
받을 수 있도록 하고 싶다.

우리가 하는 일은

픽 비전은 스마트 폰을
안구 관리 도구로 활용한다.
우리는 사용이 쉬운
안구 관리 도구를 개발해
모든 클리닉과 의료계 종사자들이
사용할 수 있도록 한다.

왜 중요한가

우리 도구를 활용하면,
광범위한 의료계 종사자들이
예방 가능한 안구 질환을 발견하고
치료하여 실명을 예방할 수 있다.
실명으로 인한 고통으로부터
사람들을 구해준다.

여러분이 제공하는 서비스나
제조하는 제품

첫 번째 원 안에 썼던 문제를
해결하는 방법

도구

사다리

고객에게 하는 브랜드 약속을 정할 때 옆의 사다리를 활용하면, 기능적인 약속(무엇)부터 영향력에 관한 약속(왜)까지 세 단계 위로 이동하며 변화를 줄 수 있다.

목적

» 기능적인 약속에서 시작해 감정에 호소하는 약속으로 쉽게 접근할 수 있다.
» 브레인스토밍을 통해 브랜드 약속을 생각해 본다.

활용 방법

» 가장 아래쪽에서 시작해 사다리를 타고 한 단계씩 올라가 보자.

원대한 비전

우리가 하는 일이 궁극적인 목표에 도달했을 때, 세상은 어떤 모습일까.

열린 마음은 더욱 평화롭고 관대한 세상을 만드는 근간이 될 수 있다.

사회적 이득

왜 중요한가: 우리가 하는 일이 모든 사용자와 수혜자에게 도달했을 때, 세상은 어떤 모습일까?

가족과 뿌리를 알면 스스로 더 큰 그림 속의 일부라고 느끼게 된다. 우리의 DNA를 분석해 그 조합의 다양성을 인지하면, 타 문화와 다른 사람들에게 마음을 열 수 있다.

감성적 약속

왜 중요한가: 사람들의 삶에 어떤 가치를 제공하는가.

DNA를 통해 자신과 가족의 뿌리를 되돌아보고, 가족 이외에도 자신과 뿌리가 연결된 사람들이 있다는 사실을 알게된다. 가계도를 그려보면 친인척 관계를 확인하고 유대감을 느낄 수 있다.

기능적 약속

어떤 제품과 서비스를 제공하는가.

우리는 개인이 사용 가능한 유전자 감식 도구를 판매해, 사람들이 자신의 뿌리를 찾는 데 도움을 준다.

아이덴티티 브레인스토밍

이제는 브랜드 핵심을 시각 및 언어 아이덴티티로 표현할 방법을 생각해 볼 시간이다. 어떤 경로로 활동하든, 브랜드의 얼굴과 목소리에는 일관성이 필요하다. 아이덴티티란 브랜드의 특성이 어떤 로고나 색상, 사진이나 이름, 또는 목소리의 형태로 나타난 것을 의미한다. 브랜드의 모든 요소를 완벽하게 드러내 주는 모양과 느낌은 어떤 것인가? 될 수 있는 한 고유하고 독자적인 특성을 가진 아이덴티티를 개발하자.

언어 및 비주얼 아이덴티티
74페이지에서는 언어 및 비주얼 아이덴티티의 요소와 사례를 깊이 있게 다루고 있다.

브랜드적 사고하기
캔버스 #1

이번 단계에서는 다시 브랜드적 사고하기 캔버스로 돌아가 노란색으로 표시한 부분인 브랜드 아이덴티티에 관해 알아보겠다.

목적

» 언어 및 비주얼 아이덴티티를 자유롭게 제안해본다.

활용 방법

» 브랜드 핵심을 브랜드의 얼굴과 목소리로 표현해보자. 핵심에 바탕을 둔 브랜드 네임은 무엇인가? 어떻게 말하는가? 무엇에 관해 말하는가?

» 브랜드 핵심을 어떻게 하면 시각적으로 살아 숨 쉬게 할 수 있을까? 어떤 색상과 타이포그래피가 그 핵심을 잘 표현해줄까? 사진이나 삽화를 활용하여 무엇을 보여줄 수 있을까?

» 브랜드의 특성을 표현할 방법을 생각해야 한다. 어떤 특성을 가진 브랜드가 될 것인가?

» 비주얼 아이덴티티를 개발하는 작업을 할 때 무드보드(컨셉보드와 같이 디자이너의 느낌을 일기 쓰듯 그림이나 사진으로 표현하는 것-옮긴이)를 만들면 도움이 된다.

예:
마마 코드

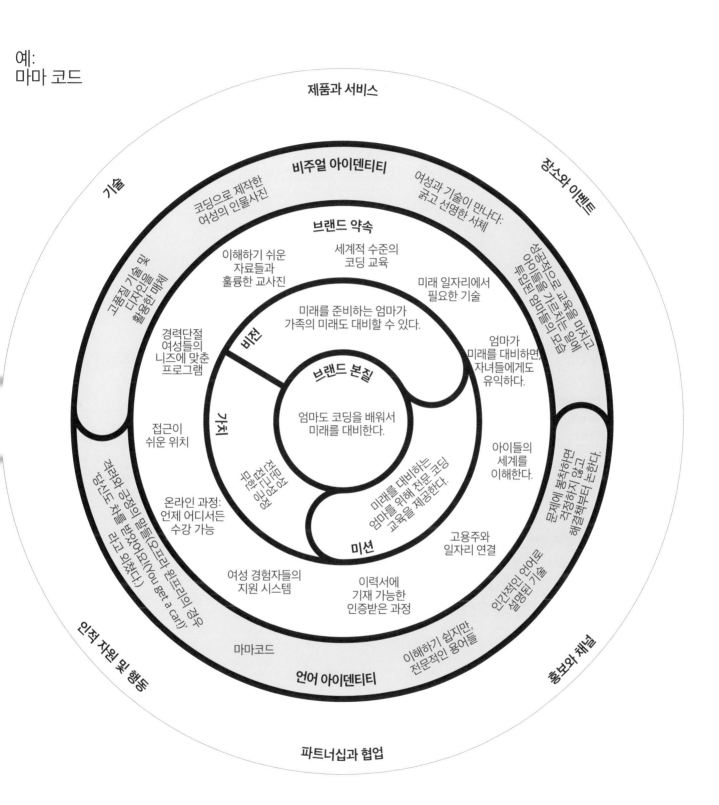

3단계
상호작용 브레인스토밍

이제는 브랜드에 생명력을 불어넣을 모든 방법을 떠올려볼 시간이다. 우리는 브랜드가 소비자들과 상호작용 하는 방법을 여섯 가지로 구분했다. 홍보와 채널, 제품과 서비스, 인적 자원과 행동, 기술, 파트너십과 협업, 그리고 장소와 이벤트로 이루어진다. 소비자와 상호작용을 할 방안이라면 아무 제한 없이 가능한 모든 방안을 떠올려보자.

풍성한 상호작용
86페이지로 가서 브랜드 상호작용의 의미와 인상 깊은 상호작용 사례를 알아보자.

도구
브랜드적 사고하기
캔버스 #1

이번 단계에서는 다시 브랜드적 사고하기 캔버스로 돌아가 노란색으로 표시한 부분인 브랜드 상호작용에 관해 알아보겠다.

목적
» 대중과 어떤 방식으로 상호작용해야 브랜드 핵심이 잘 드러나고, 사람들이 브랜드의 정체와 상징을 명확히 이해할 수 있을지 자유롭게 생각해 본다.

활용 방법
» 여섯 가지 방법 중 어떤 것을 택해 시작해도 상관없다.
» 브랜드 핵심을 잘 들여다보자. 브랜드 핵심이 잘 드러나려면 누구를 고용하고 누구와 협업하며, 어떤 이벤트에 참여해야 할까?, 등.

예:
마마 코드

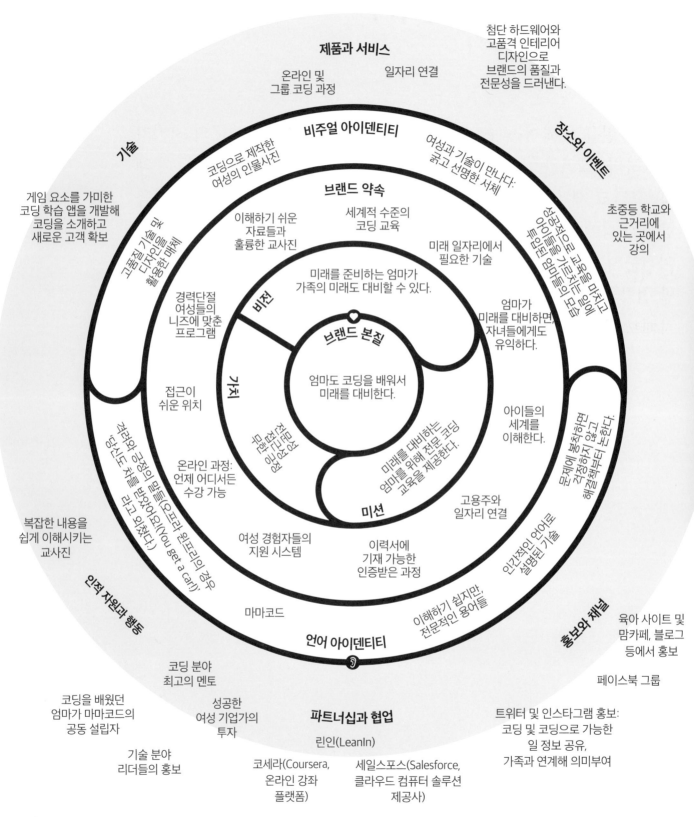

제품과 서비스

온라인 및
그룹 코딩 과정

일자리 연결

첨단 하드웨어와
고품격 인테리어
디자인으로
브랜드의 품질과
전문성을 드러낸다.

기술

장소와 이벤트

비주얼 아이덴티티

코딩으로 제작한
여성의 인물사진

여성과 기술이 만나다:
굵고 선명한 서체

게임 요소를 가미한
코딩 학습 앱을 개발해
코딩을 소개하고
새로운 고객 확보

브랜드 약속

세계적 수준의
코딩 교육

초중등 학교와
근거리에
있는 곳에서
강의

이해하기 쉬운
자료들과
훌륭한 교사진

미래 일자리에서
필요한 기술

미래를 준비하는 엄마가
가족의 미래도 대비할 수 있다.

엄마가
미래를 대비하면,
자녀들에게도
유익하다.

경력단절
여성들의
니즈에 맞춘
프로그램

비전

브랜드 본질

접근이
쉬운 위치

가치

엄마도 코딩을 배워서
미래를 대비한다.

아이들의
세계를
이해한다.

온라인 과정:
언제 어디서든
수강 가능

미래를 대비하는
엄마를 위해 전문 코딩
교육을 제공한다.

고용주와
일자리 연결

여성 경험자들의
지원 시스템

미션

이력서에
기재 가능한
인증받은 과정

마마코드

이해하기 쉽지만,
전문적인 용어들

언어 아이덴티티

육아 사이트 및
맘카페, 블로그
등에서 홍보

복잡한 내용을
쉽게 이해시키는
교사진

인적 자원과 행동

홍보와 채널

코딩 분야
최고의 멘토

페이스북 그룹

코딩을 배웠던
엄마가 마마코드의
공동 설립자

성공한
여성 기업가의
투자

파트너십과 협업

트위터 및 인스타그램 홍보:
코딩 및 코딩으로 가능한
일 정보 공유,
가족과 연계해 의미부여

린인(LeanIn)

기술 분야
리더들의 홍보

코세라(Coursera,
온라인 강좌
플랫폼)

세일스포스(Salesforce,
클라우드 컴퓨터 솔루션
제공사)

4단계
소비자 분석하기

비전 실현을 위해서는 주요 소비자 외에도 더 다양한 고객군의 지지가 필요하다. 그러한 고객군에는 투자자, 언론 파트너, (잠재적) 직원, 수혜자, 그리고 제조업체 등이 있다. 이들을 분석하고 잘 이해하면 변화를 향한 여정에서 이들의 도움을 받기가 더 수월하다. 다양한 고객군에서 여러분의 브랜드를 어떻게 인지하길 원하는지 규정하고, 그것을 성취할 전략적 로드맵을 짜보자. 어떤 행동과 홍보활동을 할지 자유롭게 생각해보자.

도구
목표 설정

다른 사람의 도움이 없다면 결코 변화는 일어나지 않는다. 브랜드의 목표를 나열하며 어떤 고객이 있는지 알아보자.

목적
» 다양한 고객군을 찾아낸다.

활용 방법
» 현재 위치로부터 시작한다. (A)
» 현재 처해있는 상황을 나열해본다.
» 약 3년 후의 모습을 가정하여 중간 목표를 설정해 본다. (B)
» 원하는 미래의 모습을 나열한다. 실현 불가능해 보이더라도 원하는 모습을 그려본다.
» 구체적이고 확실한 답을 써본다.
» 목표 달성을 위해 필요한 고객군을 확인해본다.

현재 도시들은 시민이 아닌 도시 계획 설계자가 디자인했다. 이러한 관행을 바꾸고 싶다.

도시를 변화시키는 기업가들을 양성하는 프로그램을 준비 중이다.

사람들이 우리 단체의 공동 설립자 두 명은 알아도 단체의 존재는 모른다.

처음 6개월간 사용할 초기 투자금을 확보했다.

우리는 남녀 각각 한 명씩으로 이뤄진 단체로 모두 투잡을 뛰고 있다.

멘토와 코치들로 이뤄진 팀이 필요하다.

가구와 비품들이 갖춰진 사무실이 필요하다.

카이로 시장이 우리 단체에 제안한 내용 두 가지를 추진했다.

=> 시청

우리 단체에 참가 중인 기업인은 열여섯 명이다.

=> 주요 고객: 참가자!

지역에서 우리 단체의 이름이 많이 알려졌고, 더 널리 알려지기 시작했다.

=> 언론

영향력 있는 투자자들로부터 자금을 받는데 성공했다.

=> 투자자

우리는 공동 설립자이고, 함께 단체를 꾸려가는 팀이 있다.

=> employees

전 세계에서 열 명의 멘토를 확보했고, 필요하면 코치 두 명의 도움도 받을 수 있다.

=> 교수들

이케아에서 우리 사무실에 필요한 가구와 비품을 후원해준다.

=> 스폰서

브랜드적 사고하기 캔버스 #2

두 번째 브랜드적 사고하기 캔버스를 통해 주요 소비자와 2차 고객군을 분석해보고, 각 고객에게 올바른 브랜드 인식을 심어줄 방법을 생각해보자.

목적

» 고객이 누구인지 분석한다.

» 브랜드를 향한 사람들의 생각과 느낌에 개입한다.

» 필요한 방안을 자유롭게 생각해본다.

활용 방법

» 브랜드적 사고하기 캔버스 #1에서 브랜드 본질 부분을 그대로 가져온다.

» 제품을 만들고 서비스 및 아이디어를 성공적으로 제안하는 데 필요한 다양한 고객을 배치한다.

» 가장 윗부분에 주요 소비자 먼저 적고, 시계방향으로 돌아가며 2차 고객군을 적는다.

» 고객군을 지정했다면, 그다음에 '무엇을'과 '어떻게' 부분을 채워본다.

» 고객이 브랜드를 어떻게 생각하고 느꼈으면 하는지 규정해 보자.

» 그런 생각과 느낌을 유도하려면 어떤 행동과 홍보 방식으로 관여할지 생각해보자.

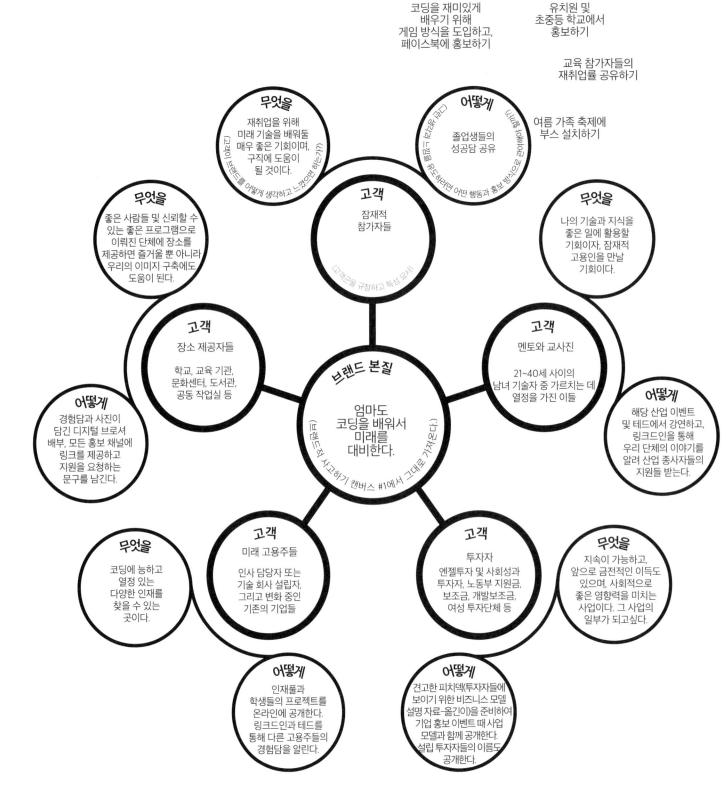

코딩을 재미있게
배우기 위해
게임 방식을 도입하고,
페이스북에 홍보하기

유치원 및
초중등 학교에서
홍보하기

교육 참가자들의
재취업률 공유하기

여름 가족 축제에
부스 설치하기

무엇을
재취업을 위해
미래 기술을 배워둘
매우 좋은 기회이며,
구직에 도움이
될 것이다.

(고객이 브랜드를 어떻게 생각하고 느꼈으면 하는가?)

어떻게
졸업생들의
성공담 공유

(고객을 유도하려면 어떤 행동과 홍보 방식으로 접근해야 하나?)

무엇을
좋은 사람들 및 신뢰할 수
있는 좋은 프로그램으로
이뤄진 단체에 장소를
제공하면 즐거울 뿐 아니라
우리의 이미지 구축에도
도움이 된다.

고객
잠재적
참가자들

(고객군을 규정하고 특성 묘사)

무엇을
나의 기술과 지식을
좋은 일에 활용할
기회이자, 잠재적
고용인을 만날
기회이다.

고객
장소 제공자들

학교, 교육 기관,
문화센터, 도서관,
공동 작업실 등

브랜드 본질

엄마도
코딩을 배워서
미래를
대비한다.

(브랜드적 사고하기 캔버스 #1에서 그대로 가져온다.)

고객
멘토와 교사진

21~40세 사이의
남녀 기술자 중 가르치는 데
열정을 가진 이들

어떻게
경험담과 사진이
담긴 디지털 브로셔
배부, 모든 홍보 채널에
링크를 제공하고
지원을 요청하는
문구를 남긴다.

어떻게
해당 산업 이벤트
및 테드에서 강연하고,
링크드인을 통해
우리 단체의 이야기를
알려 산업 종사자들의
지원을 받는다.

무엇을
코딩에 능하고
열정 있는
다양한 인재를
찾을 수 있는
곳이다.

고객
미래 고용주들

인사 담당자 또는
기술 회사 설립자,
그리고 변화 중인
기존의 기업들

고객
투자자
엔젤투자 및 사회성과
투자자, 노동부 지원금,
보조금, 개발보조금,
여성 투자단체 등

무엇을
지속이 가능하고,
앞으로 금전적인 이득도
있으며, 사회적으로
좋은 영향력을 미치는
사업이다. 그 사업의
일부가 되고싶다.

어떻게
인재풀과
학생들의 프로젝트를
온라인에 공개한다.
링크드인과 테드를
통해 다른 고용주들의
경험담을 알린다.

어떻게
견고한 피치덱(투자자들에
보이기 위한 비즈니스 모델
설명 자료–옮긴이)을 준비하여
기업 홍보 이벤트 때 사업
모델과 함께 공개한다.
설립 투자자들의 이름도
공개한다.

5단계

행동 계획하기

브랜드 청사진을 다 그렸다면, 이제 구상한 브랜드의 현실화를 위해 어떤 행동을 취해야 할지 생각해보자.

평판 되돌리기

현재 어떤 제품이나 서비스, 아니면 단체의 브랜드를 운영하고 있는가? 아니면 개인 브랜드를 갖고 있는가? 그리고 브랜드 평판에 문제가 생겼는가? 사람들이 여러분의 브랜드가 하는 일이나 상징하는 바를 제대로 모르거나, 잘못된 인식을 품고 있는가? 196페이지의 평판 되돌리기 활동을 통해 원하는 평판을 얻기 위해 할 수 있는 활동을 알아보자.

도구
행동 계획표

일단 무엇을 해야 할지 알았다면, 자신의 통찰력을 꼭 붙들자! 쉽게 확인할 수 있도록 행동 계획표를 만들어 보자.

목적
» 목표 달성을 위해 해야 할 일을 확인한다.
» 생각을 행동으로 옮겨 계획적으로 추진한다.

활용 방법
» 주요 브랜드 전략 내용을 알아보다가 브랜드 구축 방법에 관한 좋은 생각이 떠오를 때면 기록해두자.
» 굉장히 구체적이고 가시적으로 기록한다.
» 계속해서 업데이트한다.

목표
성취하고 싶은 것

언어 및 비주얼 아이덴티티를 갖는다.

강력한 기업 문화를 구축한다.

회사 개요의 중심을 세운다.

미션 수행을 위해 더 많은 사람이 협력할 수 있도록 한다.

언론에서 더 좋은 내용으로 우리 이야기를 다루게 한다.

스타트업 브랜딩의 기술

행동 목표 성취를 위해 할 일	자원 행동에 필요한 것들	기한 마무리해야 할 시기
브랜드 에이전시와 검토 견적을 고른다.	브랜드 지침서 제작	11월 15일
팀원들과 함께 기업 선언문을 작성한다. 가치를 정의하고, 가치 실현을 위한 방안을 규정한다.	날짜를 정하고 달력에 표시한다. 다과를 준비한다. 미팅룸을 예약한다. 성과 검토과정에 가치 요소를 포함한다.	1월 4일
웹사이트, 트위터, 페이스북, 그리고 구글에 나온 기업 설명을 모두 업데이트한다. 링크드인에서 설립자와 직원들의 프로필도 업데이트한다.	통일된 미션 선언문을 팀원 및 소셜 미디어 관리자, 또는 디지털 에이전시에 공유하고, 업데이트 기한을 설정한다.	1월 30일
테드 강연하기	테드 플랫폼 중 우리 브랜드와 성격이 맞는 주제를 선택한다. 우리 브랜드를 소개해 줄 강연자나 협력자를 찾는다. 우리의 아이디어를 왜 널리 알려야만 하는지를 소개하는 간단한 메일을 작성한다.	3월 12일
패스트컴퍼니(Fast Company) 기자에게 연락해 우리 브랜드 이야기를 다뤄달라고 요청한다.	작가인 지인의 소개를 받는다. 카피라이터와 함께 홍보 문구를 작성해 본다. 이벤트에서 찍은 괜찮은 사진을 고른다. 웹사이트에 언론 보도 페이지를 만든다.	2분기

3번째 국면
브랜드 만들기

이 단계에서는 브랜드를 이루는 가 시적인 자산들을 생성해본다.

1. 얼굴과 목소리 만들기
브랜드 만들기 국면에서는 아이디어를 언어 및 비주얼 아이덴티티와 같이 가시적인 형태로 변환하는 작업을 한다.

2. 직접 브랜드 저작권 확인하기
다음 단계로 넘어가기 전에, 브랜드 네임과 로고가 상표 로 등록되는지, 법적 보호를 받을 수 있는지 확인하자. 도 메인네임과 소셜 미디어 사용자 이름의 소유권도 확인 하자.

3. 브랜드 매뉴얼 개발하기
로고 및 색상 적용과 관련해 간단한 매뉴얼(pdf)을 개발 하여, 누구든지 일관된 방식으로 브랜드를 표현하도록 한다.

4. 첫 번째 경험 생성하기
브랜드 만들기 국면에서는 소비자와 올바른 관계를 구축 하기 위해서 기본적인 브랜드 경험을 개발해야 한다.

5. 출시하기!
대중에 선보일 날을 지정하자. 단번에 대박이 날 수도 있 고, 점차적 관심을 받을 수도 있지만, 어쨌든 이날은 브랜 드가 처음으로 세상의 빛을 보는 날이다.

얼굴과 목소리 만들기

이 단계에서는 브랜드만의 독보적인 얼굴과 목소리를 만들어 본다. 브랜드의 언어 및 비주얼 아이덴티티는 앞으로 매우 지배적인 요소가 될 것이며, 소비자들은 그 아이덴티티만 보고도 브랜드의 존재를 의식한다. 말할 필요도 없겠지만, 이번 단계는 가볍게 다룰 주제가 아니다.

이번 단계는 뭐든지 직접 하고자 하는 기업가도 전문가에게 도움의 손길을 구해야 하는 지점이다. 여러분은 브랜드 로고를 하루에도 몇 번이고 들여다보고, 브랜드 네임은 말 그대로 수십 번씩 고쳐 써보게 될 것이다. 즉, 모두가 좋은 로고와 브랜드명을 갖고싶다.

누구에게 맡겨야 할까

언어 아이덴티티(이름, 어조, 편집자 시각, 메시지)과 비주얼 아이덴티티(로고, 색상, 종류, 사진, 배치)은 한 명이 맡아서 개발할 수도, 여러 명의 담당자가 협업을 통해 개발할 수도 있다. 여기에는 나름의 장단점이 존재한다. 어떤 이들은 특정 분야의 전문가와 협업하길 원해서 전문 작명가와 기존에도 유사한 프로젝트를 진행해본 이력이 있는 전문 디자이너를 찾아 개발을 의뢰한다. 또 다른 이들은 전체 개발과정을 한 명의 담당자에게 모두 맡겨 브랜드의 여러 요소가 따로 놀게 되는 위험을 최소화한다. 선호하는 방식에 따라 다음과 같은 전문가들에게 일을 맡길 수 있다.

- » 브랜드 전략과 언어 및 비주얼 아이덴티티를 개발해주고 초기 홍보자료도 제작해 주는 브랜드 에이전시
- » 브랜드 전략을 짜주는 컨설턴트
- » 브랜드 네임과 브랜드의 목소리, 그리고 메시지까지도 개발해주는 네이밍 에이전시
- » 오직 브랜드 네임만 개발하는 네이밍 전문기업
- » 비주얼 아이덴티티와 홍보자료를 제작해 주는 디자인 업체 및 개인 디자이너

에이전시 찾기

아는 브랜드 에이전시나 디자이너 또는 작명가가 없다면, 어디서부터 시작할지 몰라 난감할 수 있다. 검색을 통해서도 원하는 결과를 찾을 수 없다면, 다음과 같은 방법을 활용해 보자.

- » 자신이 좋아하는 브랜드에 연락해 브랜드 제작 업체를 문의해 보자. 대담하게 연락해서 브랜드 제작의 배경에는 누가 있었는지 알아보자.
- » 디자이너 또는 광고 업체로 구성된, 지역 또는 국가협회를 찾아보자. 그들이 에이전시를 추천해 줄 수도 있고, 직접 도움을 줄 수도 있다.
- » 디자이너를 찾고 있다면, 비핸스(Behance)와 같은 온라인 포트폴리오 사이트나 핀터레스트 또는 인스타그램에서 검색해 보자.

강력한 브랜드 지침서 제작하기

함께 일할 전문가들이 브랜드 목표에 따라 브랜딩 과정을 잘 따라오도록 하려면 브랜드 지침서를 제작해야 한다. 시작이 반이다. 여러분과 협력업체가 창의적인 전 과정을 제대로 마치기 위해서는 올바른 내용과 배경 정보가 잘 담겨 있는 지침서가 꼭 필요하다. 오른쪽의 체크리스트를 보면서 브랜드 지침서에 필요한 내용은 다 담겨 있는지, 단계별로 어디서부터 시작해야 할지 확인할 수 있을 것이다.

지침서는 또한 견적을 요청할 때도 사용하고, 창의적 과정 전체에 걸쳐 참고용으로 활용할 수 있다.

견적서 검토하기

업체들의 견적서를 검토할 때 다음과 같은 사항을 감안하자.

- » 여러 업체에 창의적 작업을 맡길 때는, 모두가 같은 결과물을 낸다는 전제하에 견적을 비교해야 한다. 그렇지 않으면 사과와 오렌지를 비교하는 셈이 된다.
- » 견적에 포함되지 않는 사항은 무엇인지 꼭 확인하자. 주로 법적 상표권 확인 절차나 서체 저작권, 웹사이트 콘텐츠 개발 및 사진 사용 비용 등은 포함되지 않는 경우가 많은데, 이러한 사실을 미리 확인하지 않고 있었다면, 이후에 골치가 아플 수 있다.
- » 견적서 내용에 포함되지 않고, 직접 해야 하는 부분이 있는지 꼭 확인하자. 브랜드 조사나 상표권, 도메인 등록 등은 스스로 해야 하는지 미리 알아봐야 한다.
- » 누군가가 저렴한 견적 또는 무료 서비스를 제안한다면, 마감 기한 일정과 작업 후 모든 결과물의 소유권은 누가 가지는 것인지 확인하자.

전 과정을 이끌어가기

전문 업체에 브랜드 개발을 맡긴 것이 처음이라면, 전체 과정이 어떻게 이뤄지는지, 그리고 성공적으로 완료된 모습이 어때야 하는지도 인지하고 있어야 한다. 같은 공간에서 전략 회의를 하고 공동 작업을 할 수 있다면 서로 정보 공유가 잘 된 상태에서 작업을 시작할 수 있을 것이다. 이후 작업을 검토할 때는 원하는 결과물의 기준이 잘 확립되어 있어야 한다. 물론 업체에서 제시하는 콘셉트가 처음부터 꼭 마음에 들어서 기대하는 마음으로 시작할 수 도 있겠지만, 어떤 콘셉트는 작업 과정에서 진가를 발휘하기도 한다.

창의성과 혼돈은 다르다

창의적인 생각은 어떤 방향으로 뻗어 나갈지 미리 알 수 없기에, 기준을 정해서 방향을 이끌어 주는 것이 매우 중요하다. 어떤 활동이든 목표와 예상 결과물이 명확해야 하고, 성공의 기준을 미리 정해야 하며, 의사 결정 과정에서 (누가 최종 결정을 내리고 피드백을 제공하는지) 맡을 역할도 미리 규정해 두어야 한다.

창의적 작업 검토하기
여러 가지 비주얼 아이덴티티 콘셉트 중 선택해야 하는가? 195페이지에서 시각적 브랜딩 테스트를 해보자.

창의적 지침서 체크리스트

팀에 관한 사항

고객
고객은 누구이며, 누가 이 지침서를 작성했는가?

창의 작업
이 지침서는 누구를 위한 것인가? 여러 경쟁업체에 제시할 지침서인가, 아니면 한 업체만을 위한 지침서인가?

프로젝트 이해당사자
이 프로젝트에 관계된 이들은 누구인가?

시장과 소비자

시장
시장의 모습은 어떠하며, 어디에 위치 설정(포지셔닝)을 할 것인가? 경쟁자는 누구이며, 그들과 차별화된 점은 무엇인가?

소비자
소비자는 누구인가? 소비자에 관한 생각이나 배경 정보를 공유할 수 있는가?

홍보와 채널
기존의 홍보 방식과 채널 중 어떤 곳에서 소비자와 관계를 구축하는가?

브랜드 관련 사항

소개
브랜드적 사고하기 캔버스를 활용해 그려낸 브랜드 청사진을 바탕으로, 브랜드가 하는 일, 성취하고 싶은 일을 소개한다.

목표
성취하고자 하는 중요한 목표들을 나열하고, 브랜딩을 통해 어떤 도움을 받을 수 있을지 적는다.

어려움
브랜딩 과정에서 꼭 필요한 창의적 작업을 알려준다.

과제
창의적 작업을 담당하는 업체에 꼭 의뢰하고 싶은 일은 무엇인가? (전략 검토인지, 브랜드명인지, 로고인지, 카피라이팅인지, 데이터 시각화인지, 아니면 광고 캠페인인지)구체적으로 기술하자.

결과물
이 프로젝트의 가시적 결과물로 어떤 것을 기대하는가? (예들 들어, 소비자를 두 배로 늘리는 전략 제안, 로고 세트, 웹사이트 시각 디자인, 또는 연간 홍보 계획 등이 있다.)

창의적 과정에 관한 사항

의사 결정자
최종 결정자는 누구인가? 성공 여부를 어떻게 판단할 것인가?

과정
어떠한 방식으로 관여할 것인가? 업체와 어떤 관계로 일할 것인가?

법적 문제
창의적 결과물의 소유자는 누가 될 것인가? 상표권 등록이나 법적 저작권 관련 확인 절차는 누가 담당할 것인가?

계획
프로젝트 진행 시기는 언제인가? 마감 기한은 언제로 할 것인가? 중간 점검일은 언제로 정할 것인가?

예산
예산에 관한 안내 사항이나 예산 제안 구성이 어땠으면 하는 구체적 요구 사항이 있는가?

2단계
직접 브랜드 저작권 확인하기

다음 단계로 넘어가기 전에 브랜드 네임이 상표로 등록 가능한지, 그리고 그대로 도메인네임으로도 활용 가능한 지 확인하자. 여러 온라인 플랫폼에서 일관된 형태의 사용자 이름으로 사용 가능한지도 확인해야 한다.

상표권 등록은 시간이 걸린다.

브랜드 네임이 사용 가능한 것인지 확인하는 절차는 수 주에서 최장 몇 달까지도 걸릴 수 있다. 다른 나라에서도 상표권을 등록하려면 시간은 더 오래 걸린다. 브랜드 개발과정을 계획할 때 이런 시간도 감안해야 한다. 최종 후보에 오른 명칭을 모두 확인해 두면, 최종적으로 가장 마음에 드는 것을 등록하지 못했을 때 시간을 절약할 수 있다. 가장 안전한 방법은 최종 후보에 오른 도메인네임과 소셜 미디어 사용자 이름도 일단 상표권 신청을 해 두는 것이다. 사용을 안 하게 될 경우, 다른 사람이 사용할 수 있도록 권한을 풀어주자.

 상표권 등록
206페이지에서 말린 스플린터(Marleen Splinter)의 글을 보고 법적으로 브랜드를 보호하는 방법에 대해 더 알아보자.

3단계
브랜드 매뉴얼 개발하기

이번 단계에서는 브랜드 개발 작업과 관련된 사항을 모두 한 권의 책에 담아보자. 이 매뉴얼을 활용하면 누구든지 해당 브랜드를 대중에게 알리는 작업을 할 때 쉽게 활용할 수 있다. 매뉴얼에 포함되어야 할 사항으로는 전략적인 분야(통찰, 포지셔닝, 브랜드 청사진)와 창의적인 작업(메시지, 시각적 요소, 홍보 사례)이 있다. 더 나아가 메시지 고안 방식이나 제품 디자인 방법 같은 자세한 사항까지 다룰 수 있다.

어떤 형태로든 제작 가능한 매뉴얼

브랜드 매뉴얼은 인쇄된 책의 형태여도 되지만, 책이 아니라 어떤 물건이어도 되고 온라인에서 활용 가능한 pdf로 제작해도 된다. 지시 사항을 나열해도 되고, 영감을 주는 내용으로만 구성해도 좋다. 어떤 브랜드는 여덟 페이지의 매뉴얼을 제작하거나 포스터 형태로 만들지만, 또 어떤 기업은 수백 페이지에 달하는 매뉴얼을 제작하기도 한다. 기업 문화나 가치에 초점을 두기도 하고, 디자인 관련 세부 사항에 중점을 두기도 한다. 몇 가지 사례를 직접 보고 싶다면, 온라인에서 많은 기업의 매뉴얼을 바로 찾아볼 수 있다. '브랜드 북', '브랜드 매뉴얼', 또는 '브랜드 툴킷(toolkit)'을 검색하면 다양한 예시들을 찾을 수 있을 것이다. 아이디오(IDEO)의 '가치를 담은 작은 책(Little book of Values)'과 같은 경우, 아주 간결하면서도 뚜렷하게 기업의 가치를 드러내고, 그것을 시각적으로도 잘 보여준다. 이지그룹(EasyGroup)의 브랜드 매뉴얼은 기능적인 면을 굉장히 깔끔하게 보여주는 좋은 예이다.

만일 한 명의 디자이너와 작업하는 1인 기업이라면, 브랜드 매뉴얼을 제작할 필요가 없을 것이다. 하지만 기업의 규모가 점차 커지고, 여러 디자이너, 카피라이터, 그리고 제조업체와 협업하게 되면 브랜드 매뉴얼이 큰 자산이 된다.

브랜드 매뉴얼이 필요한 이유

브랜드 매뉴얼이 있으면:

» 내부 직원들에게 브랜드에 관한 정보를 제공하고 브랜드의 가치를 실현하게 하는 데 도움이 된다.
» 기술적으로 일관성을 유지할 수 있다. (예를 들어, 각기 다른 브로셔나 화면, 그리고 제품 등에 동일 색상을 사용하도록 한다.)
» 여러 업체가 각기 다른 제품을 생산해도 브랜드만의 일관성 있는 형태와 느낌을 잘 살릴 수 있다.

브랜드 매뉴얼에 포함되는 사항

브랜드 매뉴얼에는 다음의 요소들이 포함된다.

브랜드 전략
• 영감을 주는 내용: 이야기로 전달하는 브랜드의 청사진
• 기능적인 부분: 단계별 브랜드 청사진: 브랜드 통찰, 시장, 포지셔닝, 브랜드 핵심(본질, 비전, 미션, 가치, 브랜드 약속)

언어 아이덴티티
• 브랜드 네임과 결정적인 문구들
• 어조에 관한 가이드라인
• 메시지 또는 홍보 가이드라인
• 오디오 가이드라인(음악, 로고송, 보이스오버)

비주얼 아이덴티티
• 로고, 색상, 타이포그래피
• 도해, 그래픽 요소
• 사진 및 삽화 스타일
• 배치 형태 및 느낌
• 움직임 가이드라인
• 기준 사례
• 실제 용례 안내

브랜드 매뉴얼에는 위에서 언급한 요소에 관한 지침뿐 아니라 사람들이 웹사이트에서 직접 찾아볼 수 있는 파일도 제공한다(필요한 경우 암호 설정).

• 로고 세트: 픽셀(.jpg, .png)과 벡터 파일 형식(.ai, .eps), 일반, 투명 양화, 컬러 또는 흑백, 전체 로고와 스택 로고, 또는 아이콘, 소셜 미디어 아바타. RGB(화면), CMYK(컬러인쇄), 팬톤(특별 인쇄) 형식으로 파일이 제공된다.
• 색상별 견본: RGB, CMYK, 팬톤
• 사진 및 삽화 데이터베이스, 또는 바로 사용 가능한 자료
• 각기 다른 색상 형식으로 제작한 벡터/픽셀 형식의 도해
• 디자인 견본: 서신용 기본 견본(예들 들어, MS오피스용 상용문구, 파워포인트), 인쇄용 견본(안내 책자, 전단지), 그리고 디지털용 견본(뉴스레터, 소셜 미디어 형식)

스타트업 브랜딩의 기술

4단계

첫 번째 경험 생성하기

첫인상을 만들 기회는 단 한번뿐이기에 첫인상은 정말 중요하다! 핵심 고객들과 첫 상호작용을 시작할 방안을 개발하자. 고객들이 처음으로 방문하게 될 웹사이트가 될 수도 있고, 명함이나 안내 책자, 아니면 그 외 고객에게 나눠주는 가시적인 물건이 될 수도 있다. 처음 올리는 블로그 포스트 시리즈나 3분가량의 소개 동영상일 수도 있다. 투자자에게 소개할 피치덱도 매우 중요하다. 조금씩 시도해보며 브랜드 구축 기간 전체에 걸쳐서 발전해 나가자!

미션과 비전 등은 어떻게 활용할까?

브랜드 핵심 요소는 어떻게 활용할까? 웹페이지에 커다랗게 써놓아야 할까? 사실 브랜드 핵심 요소를 알리는 방식에 관한 한 정답이 없다. 어떤 단체는 내부 문서로만 브랜드 핵심 요소를 다룬다. 다만 행동이나 홍보를 통해 브랜드 핵심을 간접적으로 드러낼 뿐이다. 반면 어떤 단체는 사무실에 비전을 크게 써두고, 모든 팀원이 항상 비전을 보며 업무와 생활에서 실천하도록 한다.

행동으로 보여주기

많은 단체가 사회 환경적 변화에 열정을 갖고 있지만 전단지, 티셔츠, 모자, 볼펜, 그리고 수첩과 같은 브랜드 홍보물의 윤리적 결과 및 지속가능성은 고려하지 않는다. 왜 브랜드 홍보물 관련 문제는 부차적으로 생각하는가? 방글라데시에서 제조된 10달러짜리 티셔츠와 1달러짜리 플라스틱 펜을 나눠주는 행위는 단체의 미션과 상충할지도 모른다.

좀 더 지속 가능한 브랜드 홍보물을 배포하도록 하자. 예를 들어, 재사용이 가능한 물병이나 친환경 공책 같은 제품 말이다. 사람들이 이러한 물건은 좀 더 오래 사용하게 되고, 어디든 들고 다니며 브랜드를 홍보해 줄 것이다.

도구
브랜드 홍보 문구 견본

여러분은 앞으로 자신의 브랜드를 홍보할 기회를 수없이 마주하게 될 것이다. 이벤트에서, 회의장에서, 또는 엘리베이터에서 누군가를 마주쳤을 때, 그리고 식사 및 비즈니스 미팅에 참여했을 때 말이다. 이러한 순간을 대비해 간결하지만 강력한 홍보 문장을 생각해 둔다면, 매번 새로운 내용을 생각해 내지 않아도 요긴하게 사용해 강력한 인상을 남길 수 있다.

목적
» 브랜드 전략을 간결한 홍보 문구로 제작해 잠재적 파트너, 고객, 투자자나 언론을 대상으로 기회가 있을 때마다 효율적으로 홍보한다.
» 강한 인상을 남긴다.

활용 방법
» 오른쪽 견본을 활용해 브랜드적 사고하기 단계에서 했던 작업을 기반으로 이야기를 구성해 보자.
» 잘 기억해 두었다가 어떤 상황에서도 쉽고 자연스럽게 활용할 수 있도록 하자(한밤중에 누가 갑자기 깨운다 해도 바로 말할 수 있도록!). 팀원들도 모두 기억할 수 있도록 독려하자.
» 짧은 동영상으로 제작하거나 문서화 해서 공유하자.

예: 인터넷 오브 엘레펀트

어떤 문제를 다루나?

많은 야생 동물이 멸종 위기에 놓여 있고, 야생 보존을 위해 싸울 방법은 에코투어리즘과 자금 모금 두 가지밖에 없다. 에코투어리즘 같은 경우는 소수만이 택할 수있는 방법이다. 모금 운동에 동참하는 사람들은 이미 야생 보존에 관심이 많은 이들이다. 하지만 세상에는 동물은 정말 사랑하면서 보존 활동에는 적극적으로 참여하지 않는 사람들이 많다. 우리는 이런 사람들에게 다가가는 방법으로 변화를 이끌고자 한다.

어떤 점을 간파했나?

사람들은 하루하루 바쁘게 살아간다. 주위에는 그들의 관심을 끌려는 것으로 넘쳐난다. 우리 또한 그런 곳에서 사람들의 관심을 끌어야 하는데, 특정 동물이 멸종한다는 이야기는 사람들에게 너무 추상적으로 들릴 수 있다. 사람들은 사자 왕 쎄실(Cecil)의 죽음과 같이, 개별 동물이 죽었다는 이야기에 더 관심을 보인다.

여러분은 누구인가?

우리는 케냐와 미국을 기반으로 활동하는 신생업체 인터넷 오브 엘레펀트다.

무슨 일을 하는가?

개별 야생 동물 데이터를 활용해 전 세계 광범위한 사용자에게 접근하는 온라인 게임 개발 업체다.

왜 중요한가?

사람들이 야생 동물과 정서적 유대관계를 맺으면 야생 보존 운동에 매우 큰 도움이 된다. 우리는 전 세계 2천만 명의 사람들이 매일 아침 일어나 자신의 코끼리가 잘 있는지 확인하는 날이 오길 바란다. 게임이라는 인기 있는 매체를 통해 더 많은 대중에게 접근할 수 있고, 야생 보존에 사용할 수익을 낼 수 있다.

....

여러분이 사용할 문구

(홍보 문구는 사용 대상과 사용 단계에 따라 조정이 가능하다.)

우리는 우리가 개발한 첫 게임을 테스트할 게이머를 찾고 있다.

우리는 혁신적인 보존 사업 모델을 지원해줄 투자자를 찾고 있다.

우리는 2천만 명의 게임 사용자를 모집할 담당자를 찾고 있다.

5단계
출시하기!

이제 대중에게 브랜드를 선보일 날을 정하자. 단번에 대박이 날 수도 있고, 점차 관심을 받을 수도 있지만, 어쨌든 이날은 브랜드가 처음으로 세상의 빛을 보는 날이다. 처음으로 공개할 품목이 잘 준비되어 있는지 확인하자. 이 기회를 활용해 (온라인 또는 오프라인으로) 사람들을 모아 브랜드를 홍보할 수도 있다. 브랜드 출시만으로 흥미를 불러일으키기는 힘들다는 사실을 명심하자. 단순한 브랜드 공개를 넘어 다른 목적이 있을 때 언론뿐 아니라 소비자도 더 많은 관심을 보인다.

언론 홍보하기
202페이지에서 사이먼 버크비(Simon Buckby)의 글을 읽고 기자들과 관계를 구축하는 방법을 알아보자.

이벤트
목적이 있는 이벤트는 대중의 관심을 끌기에 아주 좋은 방법이다. 90페이지에서 이벤트를 통해 브랜드 성장에 가속도를 붙이는 방법을 알아보자.

스타트업 브랜딩의 기술

네 번째 국면
브랜드 구축하기

브랜딩이 끝나는 시점이란 없다. 브랜드 구축 과정은 의미 있는 상호 작용을 통해 브랜드가 계속해서 활성화되는 과정이다.

1. 홍보하기
계속해서 대화하되, 그 대화를 이끌자. 매년 다양한 상황에서 브랜드가 하는 일은 무엇인지 이야기하고 아이디어를 공유해야 한다. 그러한 과정에서 리더십을 구축할 수 있다.

2. 브랜드 활성화
소비자의 경험 범위를 넓혀갈 기회가 된다.

3. 브랜드 사절단 구축하기
내외부적으로 브랜드를 알릴 사절단을 구축하자.

4. 브랜드 구조 관리하기
브랜드가 성장함에 따라 새로운 제품이나 서비스를 출시해야 할 필요성이 대두되고 '새로운 브랜드로 출시해야 할까?'라는 질문에 봉착할 것이다. 두 번째 브랜드를 개발하기 전에는 많은 생각이 필요하다.

5. 진화하기
브랜드는 지속적인 유지보수가 필요한 살아 있는 유기체이다. 제대로 작동하지 않는 부분은 반복해서 시도해보자. 개선될만한 부분이 보이면 찾아서 진전시키자.

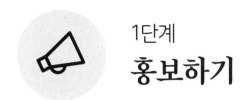

1단계
홍보하기

이 단계는 매우 중요한 시작점이다. 브랜드가 목표 소비자에게 다가서기 위해서는 전하고자 하는 메시지가 그들에게 설득되도록 해야만 한다. 바로 이 단계에서 마케팅/홍보 전략이 나온다. 이 전략을 통해 광고, 콘텐츠, 소셜 미디어 홍보, 그리고 연설 등을 어떻게 개발하면 좋을지 알아보자.

사람들은 '브랜드를 만들기만 하면 사람들이 찾아온다'라고 말하기도 한다. 하지만 새로운 브랜드에는 해당하지 않는다. 상점을 열어도 고객과 실질적인 상호작용이 없다면, 진공상태에 머물러 있는 브랜드나 마찬가지다. 대중이 알아서 찾아오는 기적을 기대하지 말자. 반드시 구체적인 마케팅/홍보 전략을 세우자.

마케팅/홍보 전략을 세우는 일은 따로 도구가 필요하기도 한 복합적인 활동이다. 아래에서 선택 가능한 분야의 기본적 개요를 살펴보자. 예산이 허락한다면, 마케팅 또는 홍보 전문가에게 전략 개발을 맡기고, 지속해서 이 전략을 수행할 담당자를 지정하자.

홍보
연간 계획에 따라 브랜드를 홍보할 다양한 기회가 생기거나 그러한 기회를 만들 수도 있다. 새로운 개발 건에 관한 보고를 하거나, 지식을 공유하고, 이벤트 또는 새로운 제품을 알리는 자리 등 기회는 다양하다. 직원들이 기자 정신으로 항상 최신 상황을 홍보하는 데 주력하도록 독려하자. 브랜드 지지자들도 주기적으로 새로운 소식을 접할 수 있도록 관리하자. 가장 흔한 홍보 채널은 뉴스레터나, 소셜 미디어, 아니면 웹사이트나 블로그가 될 것이다. 투자자와 기부자, 그리고 협력업체도 홍보 전략의 대상임을 잊어서는 안 된다. 그들이 핵심 고객은 아닐지라도 브랜드에 대해 계속해서 인지하도록 해야 한다. 홍보 달력을 제작하면 개괄적인 상황을 파악하는 데 도움이 될 것이다.

> 대부분 신생기업은 제품을 만들지 못해서 사라지는 것이 아니라 관심을 끌지 못해 사라진다.
> -가브리엘 와인버그(GABRIEL WEINBERG)와 저스틴 마레스(JUSTIN MARES)

 디지털 마케팅
모든 디지털 마케팅은 엄청난 영향력을 지닌다. 212페이지에서 벤 매튜스(Ben Matthews)의 글을 읽어보자.

마케팅

마케팅은 브랜드가 제시하는 바를 홍보하고 판매하는 활동이다. 마케팅은 다방면의 채널을 통할 수 있다. 직접적인 마케팅(이메일, 우편)뿐 아니라, 콘텐츠 마케팅(이야기, 비디오, 또는 블로그를 통해 제품 수요를 생성하는 일), 디지털 마케팅, 길거리 홍보, 그리고 그 외에도 수십 가지 방안이 존재한다. 디지털 서비스 이용자를 분석하고 기술적인 요소를 가미해 고객에게 접근하는 디지털 마케팅 방식은 '그로스해킹(Growth hacking, 한정된 예산으로 빠른 성장을 해야 하는 신생 기업에 효과적인 마케팅 기법으로, 상품 및 서비스의 개선사항을 수시로 모니터링하고 즉각 반영하여 성장을 유도하는 것-옮긴이)'이나 '견인력 생성(Creating traction)'으로 불린다. 이 방식은 고객이 주로 어디에 모이냐에 따라 산업별로 효율성이 다르다.

광고

유료 광고와 같은 전통적 브랜드 구축 메커니즘은 더 이상 확실한 방법이 못 된다. 우리가 사례 연구에서 조사해 본 결과, 그 어떤 브랜드도 초반 3년 또는 그 이후에도 대중 매체의 유료 광고를 활용하지 않았다. 어떤 브랜드는 광고에 아예 돈을 쓰지 않기도 했다. 그도 그럴 것이 브랜드 구축 분야는 대중화되었고, 소셜 미디어와 콘텐츠 전략이 유료 광고 시장을 빠른 속도록 대체하고 있다. 그럼에도 자신만의 채널과 네트워크에서 무료로 소문을 퍼뜨리기란 쉽지 않다. 어떤 채널이든지 제대로 활용해야 효과를 볼 수 있다. 사실 이 분야는 상당히 노동 집약적인 곳이다. 그렇기에 소셜 미디어 광고는 빠른 기간 안에 많은 이들의 관심을 받고 (그럴만한 가치가 있다면) 홍보 속도에 가속도가 붙을 것이다.

유료 광고가 더 이상 최우선 선택사항이 아니라고 해도, 아예 효과가 없지는 않다. 예산이 충분하고 효율적인 제품 대량 생산 및 서비스 제공이 가능하다면 광고를 통해 큰 효과를 볼 수 있다.
마케팅의 경우와 마찬가지로, 광고 방법에도 다양한 경로가 존재한다. 라디오 광고 및 팟캐스트 스폰서, 길거리 및 대중교통 광고, 그리고 소셜 미디어 광고와 스폰서(스포츠 팀/이벤트) 등이 있다.

소비자를 모으는 채널

대부분 단체는 마케팅과 홍보활동을 통해 고객을 늘리고 사용가 기반을 넓힌다. 소비자를 유인하는 과정을 '견인력 생성(Creating traction)'이라고 부른다. 《트랙션: 신생 기업이 폭발적으로 고객을 늘리는 방법(Traction: How Any Startup Can Achieve Explosive Customer Growth)》이라는 저서를 통해 가브리엘 와인버그와 저스틴 마레스는 고객을 유인하는 열아홉 가지 채널을 알려준다.

블로그 • 언론 • 기존과 다른 방식의 광고
검색 엔진 마케팅 • 소셜 미디어 및 디스플레이 광고
오프라인 광고 • 검색 엔진 최적화
콘텐츠 마케팅 • 이메일 마케팅
바이럴 마케팅 • 공학기술 마케팅
비즈니스 개발 • 판매 • 제휴 프로그램
기존 플랫폼 • 무역 박람회 • 오프라인 이벤트
강연 • 공동체 구축

와인버그와 마레스는 신생 기업이라면 열아홉 개 채널을 통한 방법론을 모두 시도해 보고 효과가 있는 곳에 계속해서 자원을 투자해야 한다고 말한다. 이 책은 각 채널을 통한 홍보 방법을 단계적으로 알려주고 있어, 많은 도움이 될 것이다.

여러 브랜드의 광고 사례
53페이지 수그루의 사례와 56페이지 소코의 사례를 통해 그들의 광고 방식을 알아보자.

2단계
브랜드 활성화

이제는 브랜드 홍보에만 집중하지 말고 어떻게 하면 브랜드를 활성화할지 생각해보자. 브랜드 구축은 말로만 하는 것이 아니라, 직접 행동으로 보여줘야 하는 과정이다. 여러분이 하는 모든 일에서 브랜드에 생명력을 불어넣을 기회다. 브랜드가 인사 정책에 어떻게 반영되었는가? 브랜드를 통해 주목받는 이들은 누구인가? 이벤트를 기획할 수 있는가? 브랜드적 사고하기 캔버스에서 개발한 아이디어를 다시 꺼내어 실현 가능한지 살펴보자. 이 아이디어를 실현하기 위해서는 어떤 행위와 홍보 방식이 가장 효과적이며 또한 실현 가능한지도 알아보자.

도구
행동 순위 매기기

브랜드 구축 콘셉트에 관한 브레인스토밍을 마치면 다양한 아이디어들이 나온다. 그중 어떤 것을 실행할 것인가? 행동 순위 매기기 활동을 통해 우선순위를 결정해 보자.

목적
» 실현 가능성과 영향력을 함께 고려하여 어떤 행동과 홍보를 우선순위에 둘지 결정한다.

활용 방법
» 칠판이나 종이 위에 두 축을 그린다.
» 포스트잇에 하나의 아이디어를 쓰고, 해당 사분면에 붙인다.
» 실현 가능성을 평가하기 위해 예산, 시간, 그리고 인력이 충분한지 자문해본다. 다른 조건이 필요한 경우도 생각해본다.
» 영향력 평가를 위해 원하는 소비자에게 접근할 수 있는지, 그들을 통해 목표 도달이 가능한지 상식선에서 예상해본다.
» 오른편 상단의 1사분면은 가장 좋은 기회를 제공한다. 왼편 상단에 있는 것은 '낮게 달린 열매'와 같아서 어렵지 않게 성취할 수 있어도 큰 보람은 없을 수 있다. 오른편 하단은 조금 무모한 내용을 포함한다.

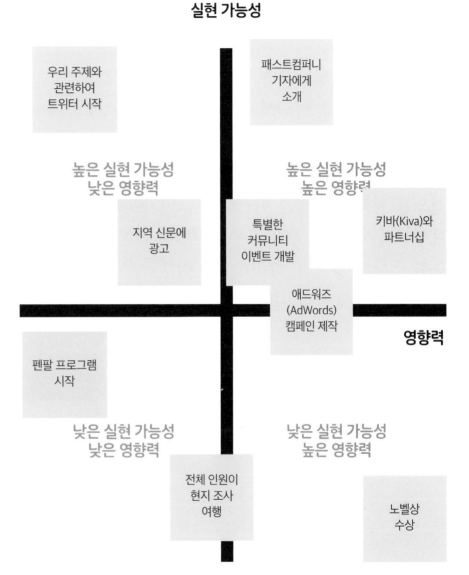

실현 가능성

우리 주제와 관련하여 트위터 시작

패스트컴퍼니 기자에게 소개

높은 실현 가능성
낮은 영향력

높은 실현 가능성
높은 영향력

지역 신문에 광고

특별한 커뮤니티 이벤트 개발

키바(Kiva)와 파트너십

애드워즈 (AdWords) 캠페인 제작

영향력

펜팔 프로그램 시작

낮은 실현 가능성
낮은 영향력

낮은 실현 가능성
높은 영향력

전체 인원이 현지 조사 여행

노벨상 수상

3단계
브랜드 사절단 구축하기

여러분은 팀원 모두가 브랜드 사절단이 되길 바란다. 각 팀원이 소비자와 상호작용하는 과정에서도 브랜드에 대한 사람들의 생각과 느낌에 관여하게 된다. 임원진부터 시작해서 파트너, 전화 받는 직원, 그리고 인턴과 자원봉사자에 이르기까지 단체에 속한 모든 이들의 행동이 긍정적인 브랜드 이미지를 구축하는 데 중요한 역할을 한다. 그리고 팀원만이 사절단이 되란 법은 없다. 열정적인 외부 지지자들도 사절단 역할을 맡을 수 있도록 권한을 주자. 요즘 브랜드들은 소비자 커뮤니티에 얼마만큼 활력을 불어넣느냐에 따라 성패가 갈린다.

공개 모집

케냐와 미국을 기반으로 활동하는 신생 야생 보존단체 인터넷 오브 엘레펀트는 의도적으로 대중과 함께 개발 작업을 했다. 게임을 출시할 때 사람들이 사용해 보도록 하고 피드백을 반영하면서 자연스럽게 사용자와 지지자 기반을 넓혔다.

수그루
53페이지로 가서 수그루가 지지자 집단을 구축한 방법을 알아보자.

브랜딩 도구로써 크라우드펀딩

크라우드펀딩은 제품과 서비스, 또는 어떤 목적을 위해 커뮤니티를 형성해서 지원받을 수 있는 훌륭한 채널이 되었다. 크라우드펀딩을 통해 기존 고객의 지원에 활력을 불어넣고, 새로운 지지층도 확보할 수 있다.

4단계
브랜드 구조 관리하기

브랜드가 성장함에 따라 새로운 제품이나 서비스를 출시해야 할 필요성이 대두되고 '새로운 브랜드로 출시해야 할까?'라는 질문에 봉착할 것이다. 두 번째 브랜드를 개발하기 전에는 많은 생각이 필요하다. 한 단체 내부 브랜드 간의 관계를 브랜드 구조(brand architecture)라 부른다. 제2의 브랜드를 개발하거나 브랜드 구조를 복잡하게 변경해야 할 때 신중하게 생각하자. 여러 브랜드를 관리하는 일은 자원이 많이 소모되는 일이기 때문에, 어떤 결정을 내리기 전에 모든 각도에서 생각해 봐야 한다.

 브랜드 구조
215페이지에서 수잔 반 곰펠의 글을 읽고, 제2의 브랜드 개발에 관해 신중해야 하는 이유를 알아보자.

브랜드 구조 결정 나무

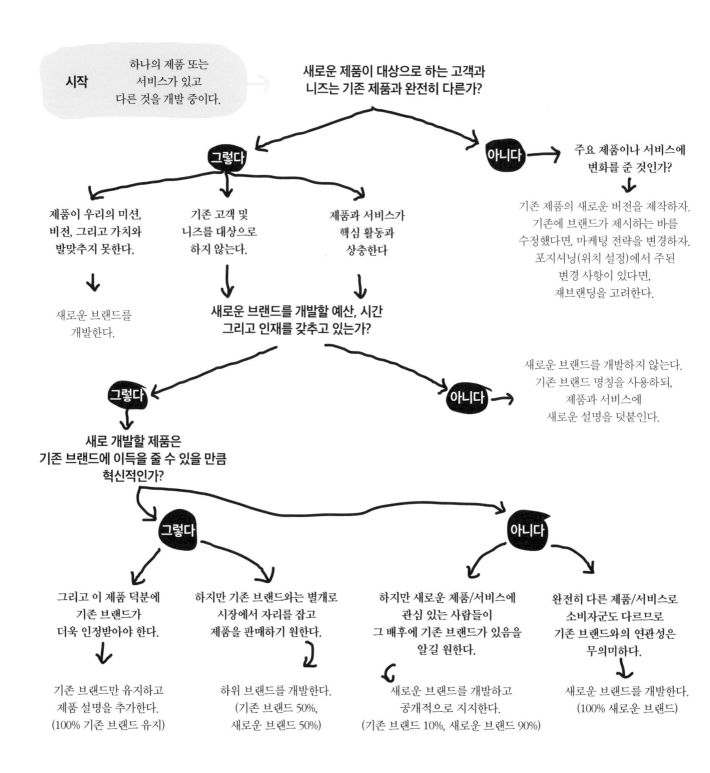

시작
하나의 제품 또는 서비스가 있고 다른 것을 개발 중이다.

새로운 제품이 대상으로 하는 고객과 니즈는 기존 제품과 완전히 다른가?

그렇다

아니다 → 주요 제품이나 서비스에 변화를 준 것인가?

기존 제품의 새로운 버전을 제작하자. 기존에 브랜드가 제시하는 바를 수정했다면, 마케팅 전략을 변경하자. 포지셔닝(위치 설정)에서 주된 변경 사항이 있다면, 재브랜딩을 고려한다.

제품이 우리의 미션, 비전, 그리고 가치와 발맞추지 못한다.

기존 고객 및 니즈를 대상으로 하지 않는다.

제품과 서비스가 핵심 활동과 상충한다

새로운 브랜드를 개발한다.

새로운 브랜드를 개발할 예산, 시간 그리고 인재를 갖추고 있는가?

그렇다

아니다 → 새로운 브랜드를 개발하지 않는다. 기존 브랜드 명칭을 사용하되, 제품과 서비스에 새로운 설명을 덧붙인다.

새로 개발할 제품은 기존 브랜드에 이득을 줄 수 있을 만큼 혁신적인가?

그렇다

아니다

그리고 이 제품 덕분에 기존 브랜드가 더욱 인정받아야 한다.

기존 브랜드만 유지하고 제품 설명을 추가한다. (100% 기존 브랜드 유지)

하지만 기존 브랜드와는 별개로 시장에서 자리를 잡고 제품을 판매하기 원한다.

하위 브랜드를 개발한다. (기존 브랜드 50%, 새로운 브랜드 50%)

하지만 새로운 제품/서비스에 관심 있는 사람들이 그 배후에 기존 브랜드가 있음을 알길 원한다.

새로운 브랜드를 개발하고 공개적으로 지지한다. (기존 브랜드 10%, 새로운 브랜드 90%)

완전히 다른 제품/서비스로 소비자군도 다르므로 기존 브랜드와의 연관성은 무의미하다.

새로운 브랜드를 개발한다. (100% 새로운 브랜드)

5단계
진화하기

여러분을 기다리는 확실한 것 한 가지는 바로 변화한다는 사실이다. 단체가 성장해감에 따라 소비자를 더욱 잘 이해하게 되고, 그에 따라 홍보 방식 또한 진화해 나갈 것이다. 제대로 작동하지 않는 부분은 반복해서 시도하고, 개선될 수 있는 부분은 찾아서 진전시키자. 브랜드 핵심은 그대로 유지되겠지만, 그것을 드러내는 방식은 여러분이 얻은 교훈에 따라 변화해 갈 것이다. 더 근본적으로, 제품과 서비스 시장에 변화가 있을 것이며, 새로운 경쟁자가 등장하고 소비자 삶의 형태도 바뀌게 된다. 강력한 브랜드는 항상 이러한 변화에 귀를 기울이고 성장해 나감과 동시에 변화에 적응한다. 브랜드 통찰과 제의가 더 이상 통하지 않을 때는 존폐 위기에 처할 수 있다.

전략 회의실

일 년 내내 브랜드 상호작용 과정을 살피기란 굉장히 힘들다. 철저하게 평가하고 그 과정에서 배우기는 더더욱 힘들다. 디지털 환경은 순간적이고, 이벤트들은 줄지어 치러진다. 여러분은 그 과정을 유심히 지켜보고, 성공 여부를 확인하며, 교훈을 얻고자 할 것이다. 이 모든 것을 좀 더 쉽게 하려면 방 하나를 전략 회의실로 꾸며서 브랜드 홍보 활동과 관련된 사진과 보도자료를 모두 모아두자. 사진 자료, 광고물, 안내 책자, 블로그 포스트, 소셜 미디어 광고, 언론, 대중 연설 등을 모을 수 있다. 스스로 타 경쟁업체나 본보기로 삼을 브랜드와 비교하고 싶다면, 한쪽 벽면은 그들 자료를 붙이는 용도로 활용하자.

 브랜드 진단하기
198페이지에서 브랜드 진단 활동을 통해 브랜드의 각 요소가 잘 유지되고 있는지 살펴보자.

아이디어!

시작

목표: 파트너와 고객 찾기

우리를 알려야 한다! 적절한 스토리텔링 방법을 고안해 보자. 브랜드 청사진을 그리고, 군더더기 없는 아이덴티티를 개발해 대중이 신뢰할 수 있게끔 초기 홍보를 시작하자. 소규모의 이벤트를 기획해서 콘셉트를 알린 후 참여자들의 반응을 살피고, 홍보의 기회로 삼자. 잠재적 파트너들이 주로 사용하는 미디어에 우리 미션을 잘 드러내는 블로그 및 포스팅을 올리자.

회사를 설립하고 사업 모델 구체화하기

1년 후

아직 시험용 프로젝트밖에 보여줄 것이 없지만, 곧 준비에 돌입한다!
견고한 웹사이트와 홍보 채널을 확립한다. 온라인 활동을 확충한다. 고객들을 대상으로 다양한 브랜드 약속을 선보이고 반응을 살핀다.

사용자의 마음을 얻고 투자자 찾기

브랜드 조정하기: 이제는 사람들이 우리 브랜드를 어떻게 생각해 주길 원하는지가 더욱 뚜렷해졌다! 명료하면서 강렬한 브랜드 약속을 고안하자. 긴밀한 네트워크 구축을 통해 제품 이용자를 늘리고 투자자들에게 확신을 주자.

홍보를 위해 끝내주는 디지털 홍보 자료 및 동영상을 제작하자.

주류 소비층을 대상으로 규모 키우기

2년 후

큰 시장에 진출하기 위해 투자하자. 내부에 브랜드 전담팀을 세우자. 소셜 미디어에서 우리 브랜드를 더욱 쉽게 인지할 수 있도록 독특한 사진 스타일을 확립하자.

브랜딩 과정은 브랜딩 그 자체를 위한 것이 아니다. 브랜딩에 들인 시간과 자원은 투자한 만큼의 결과물로 돌아와 목적을 이루는 데 기여해야 한다.

브랜딩에는 많은 시간과 자원이 들어가기 때문에, 목적 달성을 위해 브랜드를 활용한다는 점을 항상 염두에 두어야 한다. 그 목적이 단기적이고 실용적이든(좋은 인재를 고용하고, 공급자의 충성도를 높이기), 아니면 장기적이고 비전과 관련된 것이든(사회적 영향력을 높이고, 수익 창출하기) 말이다.

브랜드 개발의 목적은 사업 발전에 있다

단체가 성장하고 변화함에 따라 목적에도 변화가 있게 마련이다. 제공하는 서비스가 달라지면 대상 고객도 달라지고, 다른 것이 필요해지면 도움을 구해야 할 사람들도 바뀐다. 브랜드 또한 이 과정에서 진화해야 하기에, 6~12개월 단위로 시간을 정해 브랜드 전략을 살피고 개선해야 할 점을 찾으며 앞으로 나아가자.

 브랜드적 사고하기 캔버스

브랜드적 사고하기 기술을 활용해 제품, 서비스, 그리고 여러 상호작용에 필요한 새로운 아이디어를 개발하고, 브랜드로 혁신을 이끌자! 168~171페이지를 참조하자.

CHAPTER 5
도구 견본 모음

도구 견본 활용 방법

앞으로 소개될 도구 견본을 활용하기에 앞서 도구 왼편의 지시 사항을 확인하자.

도구를 활용할 때, 다음 사항을 염두에 두자.
» 도구 빈칸에 직접 쓰기보다는 포스트잇을 활용하면, 앞으로 수정이 필요할 때 편리하다.
» 예상대로 일이 잘 진행되면 브랜드가 진화해 나가면서 내용 수정이 필요하게 된다. 포스트잇을 떼어내고 새로 붙일 수 있도록 하자.
» 포스트잇에 글을 적을 때 검은색 매직펜을 활용하면 짧고 간결하게 쓰는 데 도움이된다.
» 가능하다면, 도구를 활용할 때 여러 사람과 협력하자. 혼자 일해야 한다면 신뢰할 수 있는 동료나 친구, 아니면 파트너나 멘토에게 결과물을 봐 달라고 부탁해 현실성이 있는지 확인하고 추가적인 조언을 얻자.
» 결과물을 스캔하거나 사진을 찍어 문서화 하자.
» 일상 업무 중에도 항상 볼 수 있는 곳에 두고 참고하자.

그 외 필요한 것들:
» 포스트잇 또는 벽면 노트
» 검은색 매직
» 활용할 수 있는 벽면
» 벽에 붙일 때 사용할 테이프 또는 자석
» 결과물을 찍어둘 사진기(또는 핸드폰)

👍
브레인스토밍에 꼭 필요한 도구

틀린 답이라고 할만한 것은 많이 없어도, 너무 뻔한 답이나 남의 것을 베낀 답은 너무나도 많다. 그저 빈칸만 채우려고 하지 말자. 예를 들어, 홍보 채널을 쓰는 칸에 아무 생각 없이 '트위터'라고 쓰는 대신 소비자에게 다가가기 위해 그것을 어떻게 활용할지를 써보자. 무엇을 공유할지, 어조는 어떻게 할지, 어떤 식으로 상호작용할지, 아니면 온라인상에서 누구를 지지할지 같은 내용 말이다.

통찰력 생산기

여러분은 어떻게 하면 변화를 이끌 수 있겠다는 통찰의 순간을 경험했다. 상황을 잘 관찰했고, 사람들이 왜 힘들어하는지도 확인했다. 여러분이라면 그들의 필요를 충족시킬 수 있을 것 같다. 이러한 통찰이 여러분의 브랜드를 앞으로 나아가게 할 것이다.

목적

» 브랜드를 앞으로 나아가게 할 통찰력을 규정한다.

활용 방법

» 관찰한 바와 문제, 그리고 사람들의 필요를 바탕으로 깨달은 통찰을 표현해보자.

» 관찰한 내용에서 시작해서 한 단계식 나아간다.

» 통찰의 내용을 하나의 문구로 작성해 다음 단계의 근간이 되도록 한다.

» 대중을 대상으로 실험해 본다. 사람들의 마음을 움직이는 통찰인가? 그들은 문제점과 필요성을 느끼고 있는가? 구체화 된 해결 방안에 사람들이 공감하는가? 다음의 실험 과정을 통해 사람들의 반응을 살피고 1대1로 설득도 해보자.

» 필요하다면, 수정 과정을 거치고 다시 실험해보자.

관찰

사람들이 인지하고 있는 세상의 문제들을 관찰해본다.

딜레마

사람들이 옳지 못한 행동이나 생각을 하게 만드는 딜레마에 빠져 있는지 확인한다.

필요

상황을 개선하기 위해 무엇이 필요한지 구체화한다.

요점 잡기

강렬한 문구로 통찰을 표현해 보자.

페르소나 견본

페르소나는 가상의 브랜드 소비자를 설정하여 개요를 작성한 것이다.
페르소나를 실제 고객이라고 가정하고 브랜드 개발 과정에 활용할 수 있다.

목적

» 대상 소비자에게 접근하는 방식을 명료히 하고, 관계를 구축한다.
» 실제로 존재할 만한 소비자를 가정함으로써 브랜드 사고와 계획에 도움을 줄 수 있다.

활용 방법

» 중요한 목표 고객의 세계를 조사하자. 그들을 대상으로 인터뷰를 하고, 그들이 많이 모이는 곳으로 가자.
» 해당 부류를 대표할 수 있는 한 명 또는 여러 명의 가상 인물을 만들어 보자.
» 단순화하자. 최대 세 명에서 다섯 명 정도로 하는 것이 좋다.
» 될 수 있는 한 실제 인물과 비슷하게 하되, 너무 뻔한 인물로 만들지는 말자. (모르는) 누군가의 사진을 그 인물의 모습으로 설정하여 가상의 페르소나에 생명력을 불어넣자.

이름 + 나이

거주지

인적 사항

직업 경력

직업 명

직장

그 외 경험 (과거 직업 및 봉사활동)

교육

활동과 경험

분야

역할모델

주된 감정

지리적 근거지

니즈

고통

개선된 점

필요한 것

인용문

그 또는 그녀가 할 것 같은 말

소셜 미디어와 기술

기술 사용능력 수준

하드웨어

소셜 미디어

상호작용

장소

이벤트

홍보 채널

브랜드적 사고하기 캔버스 #1

브랜드적 사고하기 캔버스는 하나의 강력한 브랜드를 전체적으로 분석해서 보여주고 있다. 이 캔버스를 활용하면 브랜드 각 요소를 규정하고 브랜드에 숨을 불어넣을 다양한 방안을 자유롭게 생각하는 데 도움이 된다.

목적

» 브랜드의 핵심 규정하기: 아이덴티티와 상호작용을 이끄는 원동력은 무엇인가?
» 언어 및 비주얼 아이덴티티를 통해 브랜드 핵심을 외부로 표현할 방법을 생각해본다.
» 대중과 어떤 방식으로 상호작용해야 브랜드 핵심을 잘 전달할 수 있을지 자유롭게 생각해본다.

활용 방법

» 오른쪽에 있는 견본을 활용한다(A4용지에 적합한 크기).
» 원 내부에서 시작해 외부로 나아가되, 비전, 미션, 가치, 그리고 브랜드 약속 및 본질로부터 시작해 아이덴티티와 상호작용으로 마무리 짓는다.
» 포스트잇을 활용하자.
» 단순화하자. 전체 단락이나 너무 많은 항목이 포함되지 않도록 간결하게 하자.
» 결과물을 벽에 붙여두고 여러분과 팀원들이 항상 눈으로 보고 기억하도록 하자.
» 포스터 크기의 캔버스는 www.the-brandling.com에서 내려받을 수 있다.

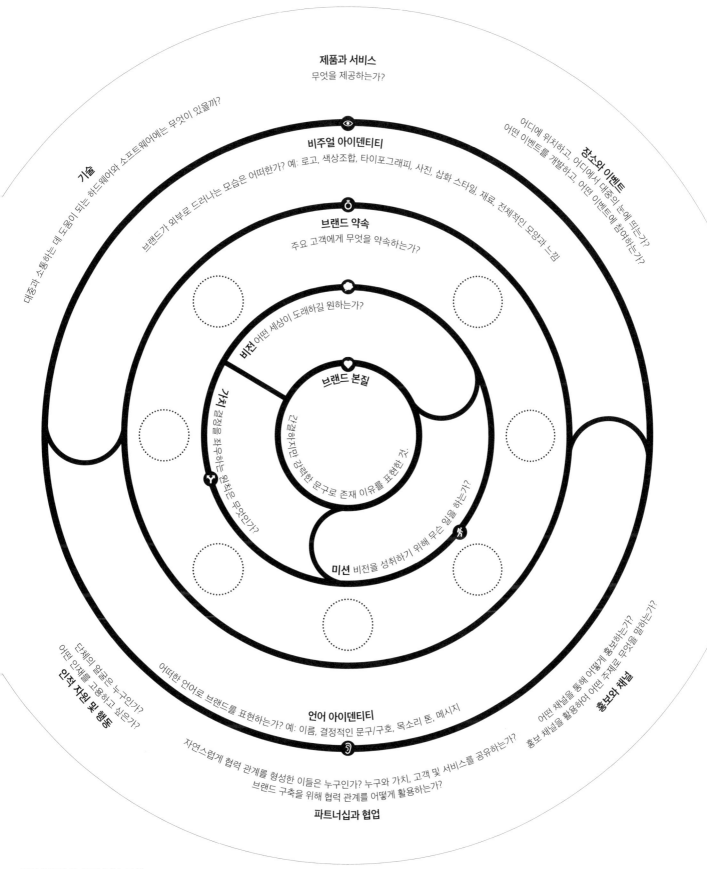

제품과 서비스
무엇을 제공하는가?

비주얼 아이덴티티
브랜드가 외부로 드러나는 모습은 어떠한가? 예: 로고, 색상조합, 타이포그래피, 사진, 삽화 스타일, 재료, 전체적인 모양과 느낌

브랜드 약속
주요 고객에게 무엇을 약속하는가?

비전 어떤 세상이 도래하길 원하는가?

브랜드 본질
간결하지만 강력한 문구로 존재 이유를 표현한 것.

가치 결정을 좌우하는 원칙은 무엇인가?

미션 비전을 성취하기 위해 무슨 일을 하는가?

기술
대중과 소통하는 데 도움이 되는 하드웨어와 소프트웨어에는 무엇이 있을까?

장소와 이벤트
어디에 위치하고, 어디에서 대중의 눈에 띄는가?
어떤 이벤트를 개발하고, 어떤 이벤트에 참여하는가?

홍보와 채널
어떤 채널을 통해 어떻게 홍보하는가?
홍보 채널을 활용하여 어떤 주제로 무엇을 말하는가?

인적 자원 및 행동
단체의 얼굴은 누구인가?
어떤 인재를 고용하고 싶은가?

언어 아이덴티티
어떠한 언어로 브랜드를 표현하는가? 예: 이름, 결정적인 문구/구호, 목소리 톤, 메시지

파트너십과 협업
자연스럽게 협력 관계를 형성한 이들은 누구인가? 누구와 가치, 고객 및 서비스를 공유하는가?
브랜드 구축을 위해 협력 관계를 어떻게 활용하는가?

브랜드적 사고하기 캔버스 #2

두 번째 브랜드적 사고하기 캔버스를 통해 다양한 고객군에 올바른 브랜드 인식을 심어줄 방법을 생각해보자.

목적

» 고객이 누구인지 분석한다.

» 브랜드를 향한 사람들의 생각과 느낌에 관여한다.

» 이를 위한 방안을 자유롭게 생각해본다.

활용 방법

» 브랜드적 사고하기 캔버스 #1에서 브랜드 본질 부분을 그대로 가져온다.

» 제품을 만들고 서비스 및 아이디어를 성공적으로 제안하는 데 필요한 다양한 고객을 배치한다.

» 가장 윗부분에 주요 소비자 먼저 적고, 시계방향으로 돌아가며 2차 고객군을 적는다.

» 고객군을 지정했다면, 그다음에 '무엇을'과 '어떻게' 부분을 채워본다.

» 고객이 브랜드를 어떻게 생각하고 느꼈으면 하는지 규정해 보자.

» 그런 생각과 느낌을 유도하려면 어떤 행동과 홍보 방식으로 관여할지 생각해보자.

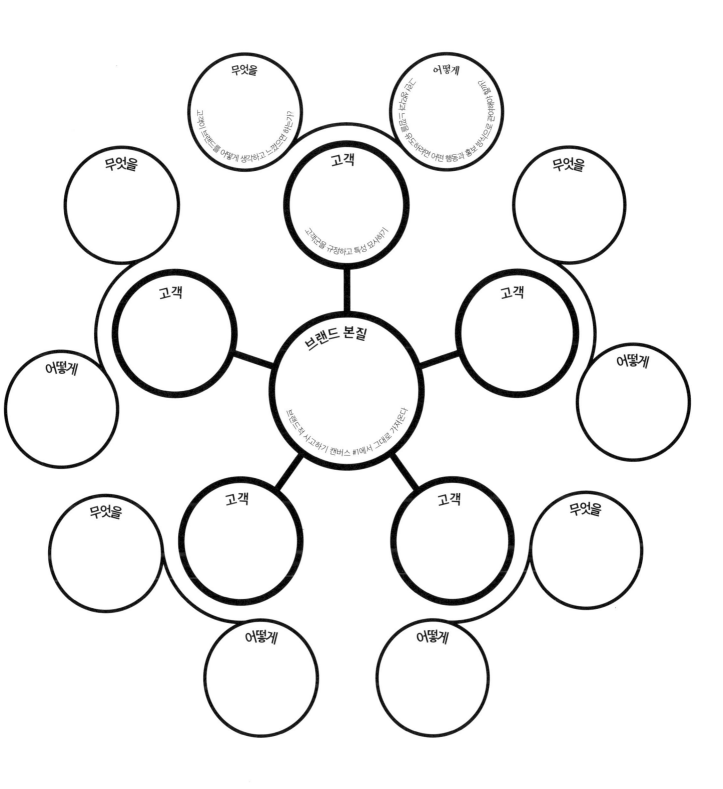

무엇을
고객이 브랜드를 어떻게 생각하고 느꼈으면 하는가?

어떻게
그렇게 생각하고 느끼게 유도하려면 어떤 행동과 홍보 방식으로 풀까?

고객
고객군을 규정하고 특성 묘사하기

무엇을

무엇을

어떻게

고객

브랜드 본질
브랜드로 사고하기 캔버스 #1에서 그대로 가져온다

고객

어떻게

무엇을

고객

고객

무엇을

어떻게

어떻게

도구
산 오르기

사람들이 미션과 비전을 혼동하는 경우가 많다. 산 오르기 도구를 활용하여 미션과 비전의 차이를 정확히 알아보자.

목적
» 미션과 비전 규정하기

활용 방법
» 비전을 목표 지점으로 삼아 등반을 시작하자. 여러분이 이 세상에서 보길 원하는 변화는 무엇인가?
» 비전에서 역방향으로 내려가며 어떻게 꼭대기에 오르는지 규명해보자. 어떤 가치를 내세우며 무슨 도구를 사용해야 하는지 생각해보자.

비전
여러분이 보길 원하는 세상

"나무로 가득한 숲을 보고싶다."

여러분이 만들어가고 싶은 세상은 어떤 모습을 하고 있는가?
여러분이 성공적으로 제품과 서비스를 제공한다면,
소비자들의 삶이 어떻게 달라질까?

미션
비전 달성을 위해 할 일

"나무가 자라도록
씨앗을 심을거야."

비전을 실현하기 위해 무엇을 할 수 있을까?

미션
구상하기

미션을 기술한 문장은 브랜드가 하는 일과 일하는 이유, 그리고 그것이 왜 중요한지를 대중이 잘 이해하도록 해준다.

목적

» 누구를 위해, 왜, 무엇을 하는지 명확히 한다.
» 지지 세력을 모은다.

활용 방법

» 화살표를 따라가자.
» 알맞은 단어를 찾을 수 없다면, 유의어 사전 (thesaurus.com)을 활용하여 대체어를 찾아보자.
» 적절한 문장을 찾을 수 없다면, 각각의 단어를 포스트잇에 써 붙여 문장을 만들고, 각각의 단어 아래 대체어를 써서 붙이자.
» 미션을 짧고 강렬한 문장으로 요약해서 나타내보자.
» (노란 점선으로 된 원 안에) 미션을 확장해서 써보고 투자자, 파트너, 고객 또는 기금 제공자에게 선보일 홍보 내용을 구조화해보자. 마지막에는 그들에게 행동을 요구하는 글이나 질문을 써보자.

여러분이 해결하려는 문제는 무엇인가?

요약하기!

짧고 강렬한 문장으로
요약한 미션은 무엇인가?

나는 누구인가

이쪽으로 오세요!

우리가 하는 일은

왜 중요한가

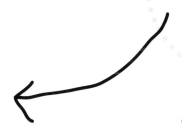

여러분이 제공하는 서비스나
제조하는 제품

첫 번째 원 안에 썼던 문제를
해결하는 방법

도구
목표 설정

다른 사람의 도움이 없다면 결코 변화는 일어나지 않는다. 브랜드의 목표를 나열하며 어떤 고객이 있는지 알아보자.

목적
» 다양한 고객군을 찾아낸다.

활용 방법
» 현재 위치로부터 시작한다. (A)
» 현재 처해있는 상황을 나열해본다.
» 주어진 질문은 바탕으로 다음 질문으로 옮겨가자. 현재 바꾸고 싶은 그 '상황'은 무엇인가? 이루고자 하는 것을 위해 누구를 알아야 하는가? 우리 팀에는 누가 있는가? 사업 지원을 해주는 이들은 누구인가: 소비자, 고객, 투자자? 여러분은 잘 알려져 있는가? 누군가가 여러분이 하는 일에 대해 소문을 내주고 있는가?
» 약 3년 후의 모습을 가정하여 중간 목표를 설정해 본다. (B)
» 원하는 미래의 모습을 나열한다. 실현 불가능해 보이더라도 원하는 모습을 그려본다.
» 구체적이고 확실한 답을 써본다.
» 목표 달성을 위해 필요한 고객군을 확인해본다.

행동 계획표

일단 무엇을 해야 할지 알았다면, 자신의 통찰력을 꼭 붙들자! 쉽게 확인할 수 있도록 행동 계획표를 만들어 보자.

목적

» 목표 달성을 위해 해야 할 일을 확인한다.
» 생각을 행동으로 옮겨 계획적으로 추진한다.

활용 방법

» 주요 브랜드 전략 내용을 알아보다가 브랜드 구축 방법에 관한 좋은 생각이 떠오를 때면 기록해두자.
» 굉장히 구체적이고 가시적으로 기록한다.
» 계속해서 업데이트한다.

목표
성취하고 싶은 것

행동 목표 성취를 위해 할 일	자원 행동에 필요한 것들	기한 마무리해야 할 시기

행동 순위 매기기

브랜드 구축 콘셉트에 관한 브레인스토밍을 마치면 다양한 아이디어들이 나온다. 그중 어떤 것을 실행할 것인가? 행동 순위 매기기 활동을 통해 우선순위를 결정해 보자.

목적

» 실현 가능성과 영향력을 함께 고려하여 어떤 행동과 홍보를 우선순위에 둘지 결정한다.

활용 방법

» 칠판이나 종이 위에 두 축을 그린다.
» 포스트잇에 하나의 아이디어를 쓰고, 해당 사분면에 붙인다.
» 실현 가능성을 평가하기 위해 예산, 시간, 그리고 인력이 충분한지 자문해본다. 다른 조건이 필요한 경우도 생각해본다.
» 영향력 평가를 위해 원하는 소비자에게 접근할 수 있는지, 그들을 통해 목표 도달이 가능한지 상식선에서 예상해본다.
» 오른편 상단의 1 사분면은 가장 좋은 기회를 제공한다. 왼편 상단에 있는 것은 '낮게 달린 열매'와 같아서 어렵지 않게 성취할 수 있어도 큰 보람은 없을 수 있다. 오른편 하단은 조금 무모한 내용을 포함한다.

실현 가능성

HIGH FEASIBILITY
LOW IMPACT

HIGH FEASIBILITY
HIGH IMPACT

영향력

LOW FEASIBILITY
LOW IMPACT

LOW FEASIBILITY
HIGH IMPACT

브랜드 홍보 문구 견본

여러분은 앞으로 자신의 브랜드를 홍보할 기회를 수없이 마주하게 될 것이다. 행사장에서, 회의장에서, 또는 엘리베이터에서 누군가를 마주쳤을 때, 그리고 식사 및 비즈니스 미팅에 참여했을 때 말이다. 이러한 순간을 대비해 간결하지만 강력한 홍보 문장을 생각해 둔다면, 매번 새로운 내용을 생각해 내지 않아도 요긴하게 사용해 강력한 인상을 남길 수 있다.

목적

» 브랜드 전략을 간결한 홍보 문구로 제작해 잠재적 파트너, 고객, 투자자나 언론을 대상으로 기회가 있을 때마다 효율적으로 홍보한다.

» 강한 인상을 남긴다.

활용 방법

» 오른쪽 견본을 활용해 브랜드적 사고하기 단계에서 했던 작업을 기반으로 이야기를 구성해 보자.

» 잘 기억해 두었다가 어떤 상황에서도 쉽고 자연스럽게 활용할 수 있도록 하자(한밤중에 누가 갑자기 깨운다 해도 바로 말할 수 있도록!). 팀원들도 모두 기억할 수 있도록 독려하자.

» 짧은 동영상으로 제작하거나 문서화 해서 공유하자.

어떤 문제를 다루나?

어떤 점을 간파했나?

여러분은 누구인가?

무슨 일을 하는가?

왜 중요한가?

....

여러분이 사용할 문구

이 단계에서는 홍보의 역학적인
특성이 적용된다. 홍보 문구는
사용 대상과 사용 단계에 따라
조정이 가능하다.

도구
사다리

고객에게 하는 브랜드 약속을 정할 때 옆의 사다리를 활용하면, 기능적인 약속(무엇)부터 영향력에 관한 약속(왜)까지 세 단계 위로 이동하며 변화를 줄 수 있다.

목적
» 기능적인 약속에서 시작해 감정에 호소하는 약속으로 쉽게 접근할 수 있다.
» 브레인스토밍을 통해 브랜드 약속을 생각해 본다.

활용 방법
» 가장 아래쪽에서 시작해 사다리를 타고 한 단계씩 올라가 보자.

원대한 비전
우리가 하는 일이 궁극적인 목표에 도달했을 때, 세상은 어떤 모습일까.

사회적 이득
왜 중요한가: 우리가 하는 일이 모든 사용자와 수혜자에게 도달했을 때, 세상은 어떤 모습일까?

감성적 약속
왜 중요한가: 사람들의 삶에 어떤 가치를 제공하는가.

기능적 약속
어떤 제품과 서비스를 제공하는가.

CHAPTER 6
활동하기

활동

예리한 통찰력으로 관찰하기

통찰은 우리 주변 여기저기에 스며 있다. 광고판이나 광고 방송, 안내 책자나 심지어 정치 연설 속에서도 강력한 통찰을 얻을 수 있도록 예리한 관찰력을 기르자.

목적

» 통찰한 내용을 이해하고 이를 홍보에 적용해 본다.

활용 방법

» 온라인, 신문, 잡지, 또는 텔레비전 광고를 자세히 관찰하는 습관을 기른다.
» 오른편에 나온 사례 중 세 가지 또는 그 이상을 분석한다.
» 판매되고 있는 제품 또는 서비스는 무엇인가?
» 홍보의 대상이 되는 세상은 어떤 곳인가?
» 소비자는 어떤 딜레마에 빠져 있는가?
» 제품과 서비스가 해결해야 할 니즈는 무엇인가?
» 통찰한 내용은 브랜드와 홍보에 어떤 방식으로 스며 있는가?
» 위의 사례를 통해 배울 점은 무엇인가?

테슬라(Tesla) 전기차
웹사이트 방문하기

치폴레(Chipotle)
동영상 감상하기

Generosity.com에 들어가
미션 선언문 읽어보기

제인 맥고니걸의 테드 강연 찾아보기: 당신
의 수명을 10년 연장해줄 게임(The game
that can give you 10 extra years of life)

유튜브에서 오모(Omo)의 세탁 세제 광고
확인하기: '더러운 것이 좋다(Dirty is Good)'

아야나 존슨 박사의 테드 강연
또는 그녀의 웹사이트 확인하기

스타트업 브랜딩의 기술

활동
시장 지도 펼치기

모든 활동은 시장에서 이뤄진다. 그 시장은 사람들로 북적대는 곳일 수도 있고, 틈새시장이거나 누구나 참여 가능한 오픈마켓일 수도 있다. 어떤 형태의 시장에 진입하든 간에 중요한 점은 시장 속에서 자신만의 포지셔닝을 확실히 하는 것이다.

목적
» 브랜드가 속한 시장과 브랜드만의 특별한 위치설정 방법을 이해한다.
» 브랜드 개발 작업을 통해 시장 속에서 존재를 드러낸다.

활용 방법
» 브랜드가 제의와 대상 고객을 바탕으로 시작의 특성을 파악한다.
» 정반대의 특성을 지진 여러 기준을 축으로 세워, 관련된 것들끼리 묶어본다. 이 방법을 통해 시장을 대표하는 특성을 찾아낸다.
» 축의 특성에 맞는 적절한 위치에 경쟁사들의 이름을 써보자.
» 예리한 통찰력을 바탕으로 자신만의 독특한 위치를 설정하자.
» 특별한 포지셔닝이 어렵다면, 다른 특성을 찾아내 더 구체적으로 분석해보자.
» 경쟁사 이름과 로고를 함께 배치해보면, 우리 브랜드가 시각적으로 선명하게 드러나는지 잘 판단할 수 있다.

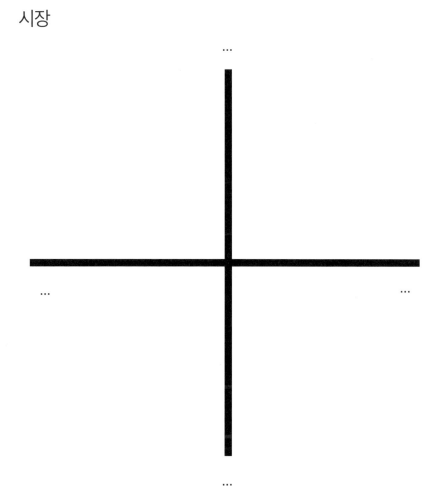

시장

활동
경쟁 분석하기

경쟁의 틈에서 돋보이는 브랜드를 개발하고자 한다면 경쟁사들은 무엇을 제공하며 어떤 모습을 하고 있는지, 어떻게 말하며 상호작용하는지 알아야 한다.

목적
» 차별화해야 할 대상과 그 방법을 이해한다.
» 브랜드 핵심, 아이덴티티, 그리고 상호작용과 관련된 일에 활용한다.
» 브랜드 만들기 국면에 있는 팀원과 카피라이터, 브랜드 에이전시 또는 디자이너에게 알린다.

활용 방법
» 시장 지도를 제작한 후 가장 가까운 위치에 있는 경쟁사를 택한다. 오른편에 있는 체크리스트를 활용하여 해당 브랜드 정보를 수집한다.
» 각 경쟁자의 자료를 모으거나 사례 연구집을 제작한다.
» 자료를 모아 발표 자료를 만든다.
» 특별히 배울 점이 보이는 성공 사례는 무엇인가?
» 타 경쟁사들의 공통점을 찾고, 그 점으로부터 차별화할 부분이 없는지 확인하자.
» 브랜딩 에이전시에 지침을 전달할 때 경쟁사의 자료로 함께 전달한다.

체크리스트

제의
신뢰할 수 있는 이유
(영향력, 결과, 증거, 증언 등)
가격대 (높은 편/낮은 편)
평판

로고
서체
색상
사진
(사진으로 보여주는 것과 사진 스타일)
삽화
(모션) 그래픽

언어 아이덴티티
이름
결정적인 문구
어조, 편집자 공식 (말하는 내용과 방식)
주요 메시지

상호작용
제품과 서비스
장소와 이벤트
파트너십과 협업
인적 자원 및 행동
기술

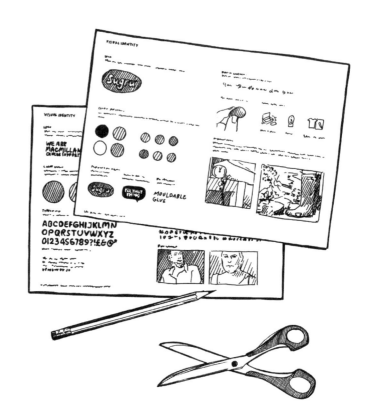

활동
비전의 시각화

자신이 원하는 세상을 상상하기란 그리 쉽지 않다. 미래를 예측하고 이를 가시적으로 만들려면 많은 상상력과 용기가 필요하다. 이를 시각화해본다면 원하는 미래의 실체를 확인하는 것이 좀 더 쉬울 수 있다.

목적
» 가시적이며 실행 가능한 비전을 세운다.

활용 방법
» 먼저, 변화를 바라볼 무대를 설정한다. 세계와 사회, 산업, 도시와 장소, 그리고 소비자의 삶을 상상해본다.
» 원하는 모습을 그려본다. 이 단계에서는 현실적으로 생각하자.
» 미래를 상상할 때 꿈꾸는 도시, 사람들의 무리, 또는 어떤 개인의 삶 중 하루를 떠올려본다.
» 그들은 무엇을 하며, 무엇을 사용하고, 어떤 느낌으로 살아가는가?
» 그림을 못 그려도 상관없다. 할 수 있는 한 최선을 다해보자. 동그라미와 직선으로만 사람을 그려도 괜찮다.
» 전문가의 도움을 받아 시각화 작업을 한다면, 외부 홍보용으로도 사용이 가능하다.

호기심 가득한 사회

도서관, 어린이 프로그램, 극장 및 음악회를 제공하고 과학자와 작가들의 작업을 평가해 상을 주는 한 기관의 근본에는 문화와 지식을 양산하는 예술가와 과학자를 독려하고 모두가 쉽게 예술과 과학을 접할 수 있어야 한다는 확신이 깔려 있었다.
내부 구성원 모두가 자신이 하는 일과 그 이유를 잘 이해했지만, 그것을 모두가 공감할 수 있는 글이나 영감을 주는 표현으로 옮기지 못했다. 이들을 대상으로 워크숍을 하면서, 우리는 먼저 이들이 마주한 현실을 표현했다: 사람들이 교육받지 못하는 사회, 무심한 사람들, 독단적인 사상과 규칙이 지배하는 곳에서 창의성을 잃고 비판적인 사고를 하지 못하는 사람들. 그리고 우리는 '호기심 가득한 사회'라는 정반대의 특징을 고안했다. 그리고 한 도시의 광장을 떠올리며 모두가 보길 원하는 미래를 떠올렸다. 그리고 그것을 간단한 그림으로 그렸다. 그림을 그리는 동안 팀원들은 수십 가지의 새로운 생각들을 제안해왔다. 3D 프린팅 공간, 협업 공간, 아이들을 위한 디자인 프로그램 등을 말이다. 이것은 시각화의 힘이었다. 이제는 모두가 미래를 볼 수 있고, 그곳으로 나아갈 새로운 아이디어를 고안해 낼 수 있다. 이 기관은 전문가에게 더욱 명료한 비전 그림을 의뢰할 계획이고, 그 그림을 사무실, 도서관, 극장 등에 걸어둘 것이다. 그리고 홍보활동에도 사용할 것이다.

활동
선언문(MANIFESTO) 만들기

선언문은 브랜드 의도와 동기를 개괄적으로 보여준다. (팀원들과 함께) 선언문을 작성하여 공유하면 의도를 가시화하고 실현하게 하는 데 도움이 된다.

목적
» 의도와 목적을 구체화한다.
» 강력한 기업 문화의 근간을 세운다.
» 마음이 맞는 사람들의 조직적인 움직임을 이끈다.

활용 방법
» 의식의 흐름에 따라 리스트를 작성하거나 마인드맵을 그린다.
» 혼자 하거나 팀원과 함께한다.
» 다음의 질문을 던져본다 (그 외 생각나는 질문들을 해봐도 좋다).
무엇을 성취하고 싶은가? 무엇이 진실이라고 믿는가? 당신이 하는 모든 일에 원동력은 무엇인가? 어떤 세상에서 살고 싶은가?
» 가장 두드러지고 행동으로 실천할 수 있는 요소들을 뽑아서 반 장, 또는 한 장 분량의 선언문을 작성하자.
» 내외부에 선언문을 공유하자.
» 선언문을 항상 가까이 두고 내용을 염두에 두자.

메소드 클리닝 (METHOD CLEANING)의 인간적인 선언문(HUMANIFESTO)

우리는 밝은 녹색 안경을 끼고 세상을 본다.

우리는 화학 공장에서 온 원료보다
식물에서 추출한 원료를 선호한다.

우리는 기니피그를 절대 실험 대상으로 삼지 않는다.

우리는 깨끗한 접시, 핥아도 될 만큼 반짝이는 바닥,
노벨평화상, 그리고 먹음직스러운 길거리 조각상과 같은
반질거리는 물체에 매료되었다.

제품을 담는 용기에 관한 한 우리가 롤모델이 된다.

우리는 일단 집을 깨끗이 청소하면, 다른 문제들도
깨끗이 사라진다는 사실을 알고 있다.

우리는 언제나 긍정적인 시각으로 사람들을 대한다.
우리가 만나는 누구든 방금 벤 신선한 풀 향기나,
그와 비슷한 싱그러운 향이 날 것이라 믿는다.

우리는 거인의 다리 사이를 오가며 연습하길 즐긴다.
스프링클러 사이사이로 뛰어다니는 것보다 더 흥미진진하다.

우리는 깨끗하게 비워진 집을 사랑한다.
완벽은 지루하지만 기묘한 것은 좋아한다.

'모두 함께 수영장으로 뛰어들자!' (우리는 가득 찬 열의를 믿는다.)

우리는 또한 모든 표면, 특히 지구 표면에 닿는 제품은
안전해야 한다고 믿는다.

우리는 실수로부터 배울 수 있다고 생각한다.
실수를 씻어내고 더 나은 길로 가는 법을 배운다.

우리는 황금률을 마음에 품고 있다: 자신을 대하듯이 집을 대하라.
(아침마다 나는 입 냄새가 고역이듯,
당신의 샤워실도 아침마다 악취를 풍기고 싶지 않다.)

그 외에도 더러운 것, 끈적거리는 것, 흐릿한 것,
독성이 있는 것, 그리고 모든 구역질의 화신은 공공에 최악의 적이다.
선은 언제나 지독한 것들을 이길 것이다.

수그루의 수리자 선언문

1. 고장이 났으면 고치자! 현실적인 문제 해결 방법은 창의성이 아름다운 형태로 나타난 것이며, 체제 전복적인 요소가 조금 가미되었다.

2. 고장 나지 않았으면 개선하자. 조금만 수정해도 앞으로 몇 년간 사용할 때 더욱 편리하게 쓸 수 있다.

3. 존재하지 않는다면, 만들자. 스스로 믿지 못하겠지만 모든 사람은 본래 창의적인 존재다.

4. 물건의 수명을 연장하자. 쓰레기로 넘쳐나는 세상에서 작은 것이라도 고쳐 쓰는 것은 의미 있다.

5. 일회용 물건인지는 우리의 선택에 달렸다. 일회용 물건의 수명을 두 배로 늘리면, 쓰레기장으로 가는 물건이 반으로 준다.

6. 불필요한 유행이나 개선을 지양하자. 고쳐서 사용하면 신제품의 포위에서 해방될 수 있다.

7. 이미 가진 물건을 아끼자. 상상력을 동원해 다시 사용하고, 고치고, 사랑하자.

8. 고쳐 쓴 것은 아름답다. 고쳐 쓴 모든 물건에는 추억이 담겨 있다.

9. 호기심을 키우자. 직접 해보면서 뭐든 배울 수 있다.

10. 아이디어를 공유하자. 뭔가를 고칠 때마다 공유하면 전 세계적으로 긍정적인 변화를 이끌 수 있다.

성격 보여주기

성격을 드러내지 않고는 선언문을 작성할 수 없다. 어떤 사람이나 기관은 굉장히 정중하거나 사교적이다. 실용적인 곳도 있고 거침없는 이들도 있다. 훌륭한 선언문은 하고자 하는 말을 돌려 말하지 않는다. 오해의 여지 없이 브랜드의 독창적인 특성을 잘 드러내는 어조를 지니고 있다.

아큐멘 선언문

가난한 자의 옆에 서서 목소리 내지 못하는
힘없는 이들의 말을 들어주고, 사람들이 타인의 절망에
관심을 보이는 날이 올 것이라고 믿으며 시작한다.

투자를 목적이 아닌 수단으로 생각하며
시장이 실패한 곳과 원조가 부족한 곳으로 찾아간다.
자본은 우리를 도울 뿐 지배하지는 못한다.

도덕적 상상력과 함께 번창한다. 세계를 있는 그대로 바라보는
겸손과 변화의 가능성을 상상하는 대담함, 실패를 인정하는 지혜,
그리고 다시 시작하는 용기 말이다.

인내와 친절, 회복성과 용기, 그리고 단단한 희망이 필요하다.
안주하지 않는 리더십, 관료주의 타파, 그리고 부패를 청산한다.
쉬운 일이 아닌 옳은 일을 하겠다.

아큐멘은 냉소적인 세상에서 희망을 키우자는 획기적인 생각이다.
세상이 가난을 다루는 방식을 변화시키고
존엄성을 근거로 세상을 구축한다.

스탠포드 D-스쿨 냅킨에 쓰인 선언문

우리의 의도: 최고의 디자인 학교를 만든다. 반드시.

미래 혁신가들을 돌파구를 마련할 사상가와 행동가로 준비시킨다.

디자인적 사고방식으로 다양한 분야의 사람들에게 영감을 준다.

학생, 대학, 그리고 산업간 획기적 협업 관계를 조성한다.

대형 프로젝트와 씨름할 때 새로운 해결책을 찾기 위해 프로토타이핑(prototyping, 실제 제품을 출시하기 전에 테스트를 위해 디자인 모형이나 실물 크기 모형을 제작하는 것. 디자이너는 이를 통해 실제 디자인 요건에 대한 핵심 통찰을 얻을 수 있다-옮긴이)을 활용한다.

활동
틀 짜기 게임

이번에는 여러분이 제공하는 제품 또는 서비스, 그리고 그것의 가치를 묘사하는 단어들로 게임을 해보자.

목적
» 제공하는 것과 가치를 명확히 한다.
» 설득력 있는 브랜드 약속을 창안한다.

활용 방법T
» 팀원들 또는 여러분이 하는 일에 관해 아는 몇 몇 사람들을 불러 모은다.
» 브랜드와 무관한 물건 두세 개를 고른다. 축구 공이나 일회용 커피 컵 같은 것도 가능하다.
» 판지나 별 특징 없는 상자 같은 데 제품이나 서비스, 또는 기관명 또는 로고를 쓴다.
» 원으로 둘러앉아 첫 번째 물건을 옆 사람에게 넘긴다.
» 물건을 받은 사람은 다음의 문장을 완성한 뒤 옆 사람에게 넘긴다: '너는 ~ 이다.'
» 더 이상 떠오르는 아이디어가 없을 때까지 이어간다.
» 더 이상 떠오르는 아이디어가 없으면, '너는 ~ 수도 있었다.'라는 문장으로 말해본다.
» 될 수 있는 한 많은 물건으로 이 활동을 해서 창의적 에너지가 더 많이 흐를 수 있도록 한다.
» 이제 여러분의 제품 또는 서비스로 활동한다. 위의 순서를 따라 해본다.
» 대담해지자. 틀린 답은 없다.
» 떠오른 아이디어들을 잊지 않도록 모두 기록하자.

별 특징 없는 물건이나 글씨가 없는 상자에 제품/서비스/기관명을 적는다.

1라운드

너는 우리 남동생의 절친이다.
너는 둥글다.
너는 흰색과 검은색으로 되어 있다.
너는 많은 나라의 열망을 담은 물건이다.
너는 아이들이 가장 좋아하는 장난감이다.
너는 다양한 크기로 만들어진다.
너는 어린이의 노동력을 활용하여 만들어졌을 수도 있다.
너는 고무로 만들어졌다.

너는 ~~어린이들을 치료할 수도 있다.
내 손과 눈의 박자가 잘 맞았다면 너는 나의 친구가 될 수 있었다.
너는 호나우두가 어릴 적 가지고 놀던 공일 수도 있다.
너는 바람을 빼도록 만들어질 수도 있다. 그러면 내가 너를 어디든 들고 다닐 것이다.
네가 밝은 오렌지 색이라면, 여러 축구공 중 너를 맞출 수 있을 것이다.
너는 유기농 원료로 만들어질 수도 있다.

2라운드

너는 아침마다 나의 구세주이다.
너는 중독이다.
너는 아침마다 우리 남편의 기분을 좋게 해주는 존재이다.
너는 과테말라 출신이다.
너는 한 농부의 손에서 길러졌다.
너는 디저트로도 최고다.
너는 상품이다.
너는 진하고 맛있다.
너는 향기가 좋다.

너는 좀 덜 쓸 수도 있다.
너는 농부들에게 좀 더 공정한 수익을 남겨줄 수도 있을 것이다.
너는 더 다양한 맛을 낼 수도 있을 것이다.
너의 포장방식은 너의 신선함을 더욱 오래 유지해 줄 수도 있을 것이다.
너는 내 입 냄새가 덜 나고 치아가 덜 변색 되도록 해줄 수도 있을 것이다.
너는 선의 동력이 될 수 있을 것이다.
너는 포장을 훨씬 줄일 수 있을 것이다.

3라운드

너는 장애인들을 위한 구직 플랫폼이다.
너는 일자리를 찾는 곳이다.
너는 의욕적인 직원을 구할 수 있는 곳이다.
너는 우리 팀에 필요한 다양한 직원들을 찾을 수 있는 곳이다.
너는 우리 팀의 다양성을 확보할 빠르고 쉬운 방법이다.
너는 여러 장벽을 허물고 인재들에게 기회를 제공하는 플랫폼이다.
너는 뛰어난 능력을 보유한 인재들을 찾을 수 있는 곳이다.

너는 직원의 5%는 장애인을 고용하겠다는 나의 도전 과제에 해결책을 제시할 수도 있을 것이다.
너는 일반 구직 플랫폼에 통합될 수도 있을 것이다.
너는 의욕이 넘치는 사람들을 찾을 수 있는 곳이 될 수도 있을 것이다.
너는 장애인 구직자를 바라보는 사람들의 시선을 재구성하는 역할을 할 수도 있을 것이다.
너는 사람들이 아무런 제한 없이 경력을 쌓도록 도울 수 있을 것이다.

언어표현 탐지기

팩토리45는 지속 가능한 의류 회사를 맡아
아이디어부터 브랜드 출시까지 돕습니다.
원단부터 시작해 제조업자를 구하고,
제품 생산을 위한 기금 모으기까지
전 과정에서 여러분을 도와드립니다.

X*는 예술을 통해 역량을
쌓는 일을 합니다.
우리는 창의성이 세상을
구할 수 있다고 믿습니다.

여러분이 무슨 일을 하는지 정의 내리기 어려
운가? 전문 용어나 특수 용어를 많이 사용하
는가? 자신만의 언어표현 탐지기를 작동시켜,
대중이 여러분의 말을 잘 이해하고 있는지 확
인하도록 하자.

X*는 급격히 진화하는 사회에서 유동성을 발휘하는
적응형 조직 내부의 체이지 메이커들을 이끌고,
이들과 협력하는 사회적 기업가들을 지원한다.

구글 아이디어(Google Ideas)는
폭력과 핍박을 마주한 사람들이
자유롭게 의사를 표현하고
정보에 접근할 수 있는
제품을 구축한다.

목적

» 명료한 메시지를 전달한다.
» 소비자에게 의미가 잘 전달되도록 한다.

활용 방법

» 친구, 가족, 동료, 코치, 또는 잠재적 고객에게
10분가량의 1대1대화를 요청한다.
» 대화를 녹음하여, 기록하지 않아도 되도록
한다.
» 상대방과 마주 서서, 상대방에게 언어표현 탐
지기 역할을 부탁한다.
» 상대방에게 비전, 미션, 또는 브랜드 약속의 일
부를 알려준다.
» 말하는 도중에 이해가 안 되는 부분이 있으면,
'왜?', '어떻게?', '무슨 의미인지 모르겠어.' 등의
말을 하며 대화를 중단시키라고 부탁한다.
» 여러분이 하는 일과, 그 일의 중요성을 다양한
방식으로 말해보자. 사용 단어를 바꿔보자. 전
문 용어는 피하는 것이 좋다. 되도록 구체적으
로 하는 일과 그 이유를 설명하자. 어떤 문구는
너무 자주 사용되기 때문에 수백 곳의 기관에
서 이미 사용하고 있을 수도 있다.
» 대화를 통해 배울 점을 찾고, 이야기를 재구성
해보자.

트라입원티드(TribeWanted):
아프리카, 아시아, 그리고 유럽의
공공설비가 갖춰지지 않은
지역에서의 여행 경험

우리는 요람에서 요람으로(cradle-to-cradle, 제품의
설계, 제작, 사용 기간뿐 아니라 새로운 제품으로의 재활용까지
포함하는 제품의 수명 주기-옮긴이) 콘셉트와 순환적
경제(circular economy) 연구에서 다루는 지속가능성으로
환경 운동가들이 공동체를 강화하도록 해주는 X*다.

X*의 미션은 여성, 남성, 커플과 가족들이
재정 능력과 관계없이 정신적, 직업적, 재정적,
법적 웰빙을 누릴 수 있도록
획기적으로 개선하는 것이다.

클라이언트어쓰
(ClientEarth)는
지구를 건강하게 지키는
환경 운동권
법률가들이다.

픽 비전: 스마트 폰을 전문적인
안구 관리 도구로 활용한다.
우리는 사용이 쉬운 안구 관리 도구를 개발해
모든 클리닉과 의료계 종사자들이
사용할 수 있도록 한다.

* 여러분의 판단에 맡기며 익명 처리한 부분도
있지만, 실제로 사용되고 있는 문장들이다.

활동
가치 게임

참가자에게 발표

시험대!

라운드 #2

- 한 명 또는 두 명의 동료와 함께한다.
- 각각 참가자는, 개별 카드나 포스트잇에 기관을 이끄는 원동력이라고 생각되는 여섯 가지 가치를 적는다.
- 차례대로 하나의 가치를 선택해 다음과 같은 설명과 함께 발표한다: '이 가치는 우리에게 매우 중요하다. 왜냐하면…'

라운드 #1

- 살아남은 가치들을 탁자 위에 올려둔다.
- 거수표결을 통해 가장 핵심적인 가치를 뽑는다. 각 참가자는 최대 세 번 거수할 수 있다.
- 거수표결을 통해 선택된 여섯 가지 가치(시험대를 통과한 것이 더 적으면 여섯 가지가 안 될 수도 있다.)가 후보자가 된다.
- 함께 협력해 가치의 의미를 규정한다.
- 각 참가자는 하나의 정의를 선택해 다른 참가자들에게 발표하고, 시험대에 오른다.

사진 찍기

- 살아남은 가치들을 탁자 위에 올려둔다.
- 거수 표결한다. 각 참가자는 최대 세 번만 거수할 수 있다.
- 가장 많은 표를 받은 세 가지를 남긴다.
- 결과물을 사진으로 찍는다.
- 가치를 담은 작은 책자를 제작해 동료와 파트너, 그리고 외부 고객에게 배부한다.

참가자에게 발표

시험대!

라운드 #3

팀원들이 함께 가치를 규정하고 그 가치대로 살아내는 것은 어렵다. 게임에 적용해 보자!

목적
» 아이디어에 불을 붙인다.
» 행동을 이끌 진정한 가치를 발견한다.
» 구성원들과 함께 가치에 대한 주인의식을 기른다.

활용 방법
» 라운드 #1부터 사진찍기까지 순서대로 선을 따라간다.
» 각 참가자가 자신의 가치를 발표하면, 다른 참가자들은 그 가치를 시험대에 올려 여러 질문을 한다. 예를 들어, 이 가치는 우리가 직원을 고용하는 방식, 원료 구매 방식, 점심시간, 다가오는 기회와 관련된 의사 결정, 그리고 파트너십 결정 방식을 어떻게 이끄는가? 등이 있다.
» 질문을 받지 않은 가치는 다음 라운드로 바로 넘어간다.
» 두 사람 이상이 선택한 가치는 하나로 본다.
» 시험대에서 질문한 사람이 만족했을 때만 다음 라운드로 넘어간다. 질문자가 만족하지 못한 경우, 모든 참가자의 거수표결로 다음 라운드 진출 여부를 결정한다.

스타트업 브랜딩의 기술

시각적 브랜딩 테스트

경험이 부족한 이들은 비주얼 아이덴티티로 표현되는 창의적 콘셉트의 힘을 판단하기가 쉽지 않다.

취향 문제나 의사 전달의 측면에서만 생각하게 될 수도 있다. 시각적 성과물은 사실 브랜드가 하는 모든 일의 전형이 될 수도 있는데, 사람들은 이를 간과하는 경향이 있다.

WHAT IT'S FOR
» 신속한 성과 테스트를 수행한다.
» 아이덴티티를 개선할 방법을 찾는다.

활용 방법
» 창의적 콘셉트 제안을 테스트하거나 기존 브랜드를 검토한다.

테스트 #1 크기의 중요성

브랜드 로고를 펜 끝부분이나 비행기 꼬리, 아니면 앱의 네모난 섬네일에 넣는 경우를 생각해 보자. 여러 크기로 표현되어도 충분히 상징적이고 인지할 수 있는 로고인가?

테스트 #2 로고를 넘어

안내 책자, 뉴스레터, 또는 광고판, 홈페이지 등에서 로고 부분을 가려 보자. 나머지 부분만 봐도 어떤 브랜드인지 충분한 인지가 가능한가? 여러분이 사용하는 언어 및 비주얼 아이덴티티는 다른 안내 책자들 한가운데 놓여 있거나 여러 웹사이트 틈에 있어도 확연히 돋보이는 독자적인 특성을 띠고 있는가?

테스트 #3 경쟁이 치열한 환경

같은 시장에 속한 다른 기관들 (협력업체 및 경쟁사)의 로고를 배열한 포스터를 제작하자. 모든 로고를 비슷한 크기로 제작한 후 아무 위치에 여러분의 로고도 배치하자. 여러분의 로고는 눈에 띄는가? 다른 로고들과의 공통점은 무엇인가? 시각적으로 아직 부족한 부분 (색상, 형태, 서체 등)이 보이는가?

테스트 #4 전략 회의실

방 하나를 전략 회의실로 꾸며서 브랜드 홍보활동과 관련된 사진과 보도자료를 모두 모아두자. 사진 자료, 광고물, 안내 책자, 블로그 포스트, 소셜 미디어 광고, 언론, 대중 연설 등을 모을 수 있다. 스스로 타 경쟁업체나 본보기로 삼은 브랜드와 비교하고 싶다면, 한쪽 벽면은 그들 자료를 붙이는 용도로 활용하자. 뭔가 눈에 띄는 부분이 있는가? 타 업체와는 차별된 면이 있는가?

평판 되돌리기

때로는 사람들이 여러분의 브랜드가 하는 일이나 상징하는 바를 제대로 모르거나, 잘못된 인식을 지니기도 한다.

목적

» 원하는 평판을 얻는 데 어떤 행위는 도움이 되고 어떤 행위는 방해가 되는지 분석한다.

» 원하는 지점을 향해 나아가기 위해서 어떤 일을 더(혹은 덜) 해야 할지 개괄적으로 작성한다.

활용 방법

» 현재 상황(A)과 목표 상황(B)을 확인한다.

» 큰 종이나 화이트보드에 아래와 같은 도표를 그린다. 현 상황(A)에 영향을 준 일과 목표 상황(B)에 기여하게 될 일을 분석한다.

» A의 원인이 된 일을 줄이거나 멈춘다. B에 기여할 수 있는 일을 늘리거나 시작한다.

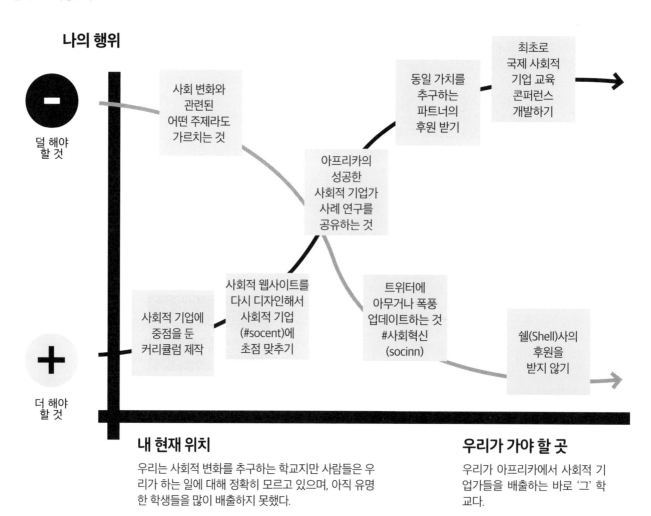

내 현재 위치

우리는 사회적 변화를 추구하는 학교지만 사람들은 우리가 하는 일에 대해 정확히 모르고 있으며, 아직 유명한 학생들을 많이 배출하지 못했다.

우리가 가야 할 곳

우리가 아프리카에서 사회적 기업가들을 배출하는 바로 '그' 학교다.

활동
브랜드 재구성

기존 브랜드의 틀을 새로 짜고 싶은가? 브랜드 재구성 과정은 브랜드의 목적, 평판, 또는 미션을 성공적으로 재규정 하는 데 도움이 된다.

목적

» 재브랜딩 및 위치 재설정을 지원하거나 문제가 있는 부분을 새롭고 긍정적인 시각으로 바라본다.

활용 방법

1. 문제의 핵심 원인을 파악하고 그것을 포스트잇에 적는다.

2. 핵심 원인이라고 생각한 근거를 써서 핵심 원인 주변에 붙인다. 그중 네 가지만 선택해 핵심 원인을 중심으로 각 모서리에 붙여둔다.

3. 각 근거에 정 반대되는 내용을 다른 색상의 포스트잇에 써서 2단계 포스트잇 아래쪽에 붙인다. 극단적으로 비현실적이거나 불가능한 내용이어도 무관하다.

4. 3단계에서 찾은 반대 근거를 바탕으로 문제의 핵심 원인을 재구성해본다. 이 과정을 공식화하여 1단계에서 규정한 핵심 문제의 해결책을 찾는다.

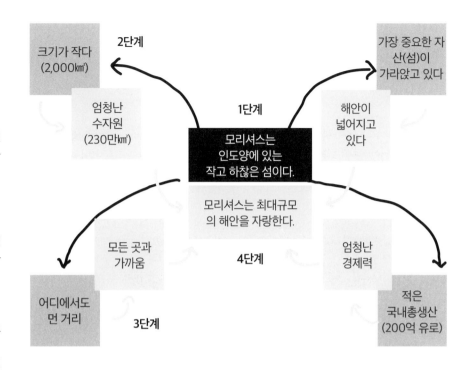

사례 2: 국방부

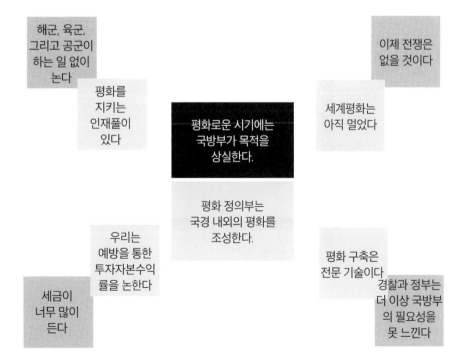

이 도구는 창의적 리더 양성 학교인 THNK와 카림 베나머(Karim Benammar)에서 볼 수 있다. reframe.thnk.org에 들어가 온라인에서 제공하는 재구성 도구를 찾아보자.

활동
브랜드 진단하기

기존 브랜드의 틀을 새로 짜고 싶은가? 브랜드 재구성 과정은 브랜드의 목적, 평판, 또는 미션을 성공적으로 재규정 하는 데 도움이 된다.

목적
» 브랜드가 트렌드를 앞서고 있는지 확인한다.
» 항상 새롭고 의미 있는 브랜드를 유지한다.

활용 방법
» 진단표를 활용하여 6~12개월 단위로 브랜드가 어디쯤 왔는지, 개선의 여지는 없는지 확인한다.
» 팀원과 고객을 테스트 대상으로 삼아 광범위한 진단을 내리자. 1번과 2번 같은 항목은 깊이 있는 시장 조사를 바탕으로 하면 더욱 좋다.

트렌드

시장 트렌드, 소비자 트렌드, 그리고 문화 트렌드는 모두 여러분의 브랜드가 제시하는 바와 상호작용하는 방식과 연관이 깊다. 최신 트렌드 보고서를 통해 트렌드 개발에 신경 쓰자. 온라인에서 무료로, 또는 구독료를 내면 얼마든지 찾을 수 있다.

1. 브랜드 통찰 여러분이 감지한 세상의 문제 또는 브랜드의 기반이 된 니즈는 아직 유효한가? 여러분 또는 누군가가 이미 그 문제를 해결했을 수도 있고, 아니면 상황이 변했을 수도 있다. ◯ 그렇다 ◯ 아니다

2. 브랜드 제의 브랜드가 여전히 강력한 해결책을 제시하고 있는가? 기술의 발전이나 트렌드 변화, 더 나은 제품/서비스를 제공하는 경쟁사의 등장으로 여러분의 해결책이 더 이상 힘을 발휘하지 못한다면 개선이 필요하다. ◯ 그렇다 ◯ 아니다

3. 브랜드 핵심: 비전과 미션 비전과 미션을 공유하고 그것을 브랜드를 이끄는 동력으로 활용 한지 6~12개월이 지난 후에도 여전히 그 비전과 미션은 팀원과 고객에게 영감을 주고, 명확한 미래 방향을 제시하는가? 그렇지 않다면 수정 및 재구성 작업이 필요하다. ◯ 그렇다 ◯ 아니다

4. 브랜드 핵심: 가치 가치에 따라 살고 있는가? 그렇지 않다면, 여섯 가지 브랜드 상호작용 방식 중 가치 통합이 이뤄질 수 있는 부분을 생각해보자. ◯ 그렇다 ◯ 아니다

5. 브랜드 핵심: 브랜드 약속 약속한 바를 수행하고 있는가? 그렇다면, 한 단계 더 나아가는 약속을 해보고, 그렇지 못하다면 약속한 바를 수행하기 위해 노력하자. ◯ 그렇다 ◯ 아니다

6. 브랜드 아이덴티티: 시각적 경쟁 분야는 어떤 모습이며, 그곳에서 돋보이고 있는가? 강력하고 눈에 띄며 일관된 비주얼 아이덴티티를 보유하고 있는가? ◯ 그렇다 ◯ 아니다

7. 브랜드 아이덴티티: 언어적 분명한 어조로 대중의 관심을 끄는가? 명료한 관점을 지니고 있으며, 그러한 관점을 일관되게 홍보하고 의사소통하는가? ◯ 그렇다 ◯ 아니다

8. 브랜드 상호작용 브랜드를 가능한 모든 브랜드 상호작용의 형태로 바꾸어 세상에 드러냈는가? 상호작용의 품질은 원하는 만큼 유지되었는가? ◯ 그렇다 ◯ 아니다

9. 브랜드 상호작용: 홍보 브랜드를 미디어(오프라인/온라인)를 통해 꾸준히 노출했는가? 소비자들이 쉽게 접하고 친근하게 여길 만큼 홍보활동을 자주 했는가? ◯ 그렇다 ◯ 아니다

10. 고객 주요 소비자 및 2차 고객군을 명확히 이해하고 있는가? 홍보활동이 그들에게까지 닿아 그들의 관심을 끌었는가? 여러분이 추구하는 바를 전하는 사절단이나 그러한 대의를 공유하는 커뮤니티가 존재하는가? ◯ 그렇다 ◯ 아니다

CHAPTER 7
전문가의
조언과 비결

스토리텔링
로샨 폴(ROSHAN PAUL)

스토리텔링을 통해 소비자와
감정적인 유대감을 형성하는 방법.

로샨 폴은 나이로비, 상파울루, 그리고 벵갈루루에 기반을
둔 아마니(Amani Institute)의 공동 설립자이자 CEO다.
아마니는 21세기의 문제 해결을 위해 인재를 키우는 새로운
형태의 고등 교육을 제공한다. 로샨은 하버드 케네디
스쿨에서 공공 정책으로 석사 학위를 받았고, 아소카
(Ashoka)에서 변화를 담당하는 수석 매니저로 일했으며,
미국 유명 사회혁신 잡지인 스탠퍼드 소셜이노베이션리뷰
(SSIR : Stanford Social Innovation Review)에 자주 글을
기고했다. 2014년에는 자신의 첫 번째 소설을 출간하기도
했다.

강력한 브랜드는 스토리텔링에 강하다. 감정이 이입되는 창업자의 개인적
인 이야기나, 팀 또는 고객의 이야기는 분석적인 기존의 홍보 방식보다 소
비자의 마음을 움직이는 데 훨씬 효과적이다. 좋은 이야기 하나는 브랜드
와 소비자간 감정적인 유대감을 형성하고, 소비자가 그 이야기를 기억하
고, 이야기를 통해 브랜드를 인지하여 널리 공유하게끔 만든다.

버락 오바마가 대통령 선거에 출마하기 이전에, 나는 하버드 대학교에서
이야기를 통해 사람들의 행동 변화를 이끄는 기술을 개발한 마샬 간츠
(Marshall Ganz)와 함께 일할 행운을 누렸다. 미국 전역에서 커뮤니티를
구성한 30여 년의 경험에 근거한 간츠의 기술은 오바마 캠페인에서 엄청
난 효과를 가져왔다. 미국의 첫 흑인 대통령을 가능케 한 기록적인 투표율
은 그가 지휘한 전략적 캠페인 덕분에 가능했다.

만일 여러분이 지난 10여 년 동안 전문적인 기술로써 스토리텔링의 중요
성에 관해 들어본 적이 있다면, 그 시작은 아마 오바마 캠페인과 마샬 간츠
까지 거슬러 올라갈 것이다. 그의 기술은 (나를 포함한) 제자들을 통해서
여러 도서로도 출간되고, 테드 강연, 컨설팅 회사, 그리고 전문 스토리 코
치를 양산했다. 대체 스토리텔링에는 어떤 효과가 있는 것일까?

마샬의 글에 의하면, 인간은 두 가지 방식으로 세상을 해석한다. 바로 분석
이나 이야기를 통한 방식이다. 분석 방법은 비판적 사고와 데이터, 그리고
신중함을 기반으로 행동하게 한다. 이야기를 활용한 방법은 그 이야기를
통해 감정을 이입하고, 어떤 대상에 대한 느낌을 행동의 근거로 삼게 만
든다.

하지만, 대부분의 홍보 방식은 분석을 통해 사람들을 설득하려고 한다. 사
람들의 마음을 움직이는 데는 이야기가 더욱 효과적이라는 증거가 넘쳐나
는데도 말이다. 사람들을 행동하게 하는 데는 굉장히 분석적인 사고방식
도 구체적이고 세세한 사항을 잘 다룬 이야기와는 경쟁상대가 되지 못
한다.

예를 들어, 아큐멘의 창립자 재클린 노보그라츠(Jacqueline Novogratz)의
사례를 살펴보자.

그녀는 세계화 시대에서 살아가는 인간들이 서로 연결되어 있다는 점을 보
여주기 위해 (그래서 가난한 이들을 도와야 할 의무를 알리기 위해) 국제
무역과 상품 및 서비스의 흐름을 분석하여 발표하곤 했었다.

하지만 그 내용 중 일부라도 기억하는 이는 아무도 없었다.

스타트업 브랜딩의 기술

그녀는 그러한 분석 대신 파란 스웨터 이야기를 들려주기 시작했다. 얼룩말이 킬리만자로산을 배경으로 풀을 뜯는 모습이 그려진 그 파란 스웨터는 그녀가 중학생이던 시절 내내 즐겨 입던 옷이었다. 고등학교에 진학해 옷이 작다는 친구의 놀림을 받고 그녀는 옷을 자선단체에 기부했다. 금세 10년이라는 세월이 흐르고 노보 그라츠는 르완다에서 일하게 되었는데, 그때 본 한 소년이 바로 그 파란색 스웨터를 입고 있는 것이 아닌가. 그녀는 그 소년에게로 달려가 스웨터 안쪽의 상표를 확인했다. 놀랍게도, 거기에는 그녀의 이름이 희미한 잉크로 빛이 바랜 채 남아 있었다.

이 이야기 속에는 그녀가 무역 박람회에서 했던 발표 내용과 같이 오늘날 경제 체제 속에서 인간들이 연결되어 있다는 사실이 담겨 있지만, 그 효과는 훨씬 좋았다. 지워지지 않고 희미하게 남아 있던 그녀의 이름처럼, 이 이야기는 우리 마음에 지워지지 않는 이미지를 남겨서 사람들은 그것을 오래도록 기억한다.

훌륭한 스토리텔링의 원리, 특히 이야기를 듣는 사람을 행동하게 만드는 원리는 무엇일까? 이제부터 여러분의 홍보물과 발표, 인터뷰, 그리고 개인적인 대화 중에도 활용할 수 있는 세 가지 원칙을 안내해 주겠다.

자신의 이야기를 들려주자:
왜 이 일을 하는지에 관한 근거가 될 수 있다.

많은 이들의 관심을 받았던 테드 강연에서 사이먼 사이넥은 '사람들은 여러분이 하는 일에 관심 없습니다. 그보다는 그 일을 왜 하는지에 관심이 있습니다.'라고 말했다. 많은 이들은 자신에 관한 이야기나, 동기에 관해 이야기하길 꺼린다. 하지만 그런 정보 없이는 누구도 여러분이 하는 일이 왜 중요한지 명확히 알지 못할 것이다. 그리고 사람들은 여러분과 관련된 정보가 없이도 어떻게든 이야기를 만들어 낸다. 인간의 마음이라는 것이 원래 그렇다. 그러니 능동적으로 자신의 이야기를 만들어 사람들을 이해시키지 않을 이유가 없지 않은가?

소비자에게 동기 부여하기:
그들의 가치와 연결짓기

우리는 감정을 기반으로 행동하고, 그 감정은 우리의 가치에 뿌리를 두고 있다. 지력에 의지해 행동하는 경우는 사실 거의 없다. 효과적으로 리더십을 발휘하기 위해서는 소비자가 어떤 대상에 대해 이미 품고 있는 신념과 연결되는 방법을 알아야 한다. 어떤 행동을 취하게 하는 동력으로 감정을 대체할 것은 없다. 특정 대상에서 영감을 얻거나 그 대상과 연결되어 있다는 느낌, 연민이나 권리와 같은 모든 감정은 행동을 취하게 하는 동력의 중심에 있다. 소비자를 위한 무언가가 여기 있다고 그들을 설득하는 일, 바로

그것이 스토리텔링에서 가장 어려운 부분이다.

사람들이 무엇을 할지 알게 하기:
구체적인 행동 요청하기

사람들에게 어떤 행동을 요청할 때, 구체적인 행동 요령을 알려줘야 한다. 그냥 '시리아 난민촌을 지원하자'라고 하거나 '게이의 권리향상 캠페인에 동참하자'라고 하는 것보다 훨씬 더 구체적으로 '지금 당장 X 웹사이트에 들어가 Y 기관이 운영하는 요르단 난민 캠프에 기부하자' 또는 '최근 LGBT+에 내려진 규제에 대항하기 위해 국회 앞에서 열리는 시위에 참여하자'라고 하는 것에는 매우 큰 차이가 있다. 전자는 사람들이 어떻게 행동에 나서야 할지 명확하게 알려주지 않지만, 후자의 예시는 구체적으로 행동 방법을 알려준다.

브랜드 구축을 위해 자신만의 이야기를 활용하자. 자신의 이야기를 통해 (왜 이 일을 하는지) 사람들이 왜 관심을 가져야 하는지(동참해야 할 이유) 알리고 무엇을 해야 할지도 구체적으로 알리자.

로샨 폴에 대해 더 궁금하다면
amaniinstitute.org를 참조하자.
SNS 계정 @roshpaul

언론의 도움 받기
사이먼 버크비
(SIMON BUCKBY)

언론매체의 긍정적 보도를 활용하여
브랜드 성장을 촉진하는 방법

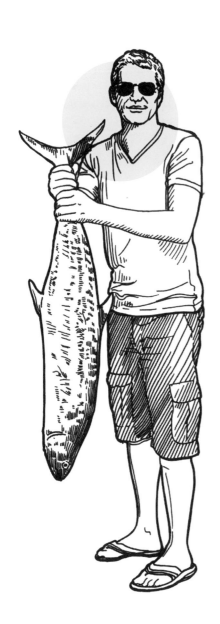

사이먼 버크비는 파이낸셜 타임스와 BBC에서 기자로
활동했다. 12년 전, 독자적 홍보 컨설팅 회사인 챔폴리온
(Champollion)을 설립해 언론 홍보, 공공 관계 활동,
그리고 디지털 홍보 관련 일을 하고 있다.

언론에 보도되면 무료로 홍보 효과를 누릴 수 있지만, 그런 기회를 얻기란 쉽지 않다. 그런 기회를 얻으려면 전략을 잘 짜서 훌륭한 스토리를 개발하고, 기자들의 눈에 띄기 위해 많은 시간을 투자해야 한다.

여러분이 어디에 있든, 어떤 매체를 통해 실체를 드러내고 싶든, 미디어 게임에는 공통 법칙이 있는데, 대부분 사회적 기업가는 이 법칙을 배울 기회가 없었다. 하지만 그 법칙은 그리 어렵지 않다. 지금부터라도 배워서 아무것도 없는 단계에서부터 시작해보자.

첫 번째로 말하고 싶은 가장 중요한 사실은 여러분의 메시지를 널리, 그리고 최대한 많은 매체를 통해 알린다고 해서 사람들의 관심을 끌 수는 없다는 점이다.

내가 기자였을 때, 말 그대로 수십 종류의 신문을 매일매일 받았다.

어느 언론사에서 발행했는지, 어떤 내용을 다룬 신문인지, 다 알 도리가 없었다.

그것을 다 들여다볼 시간이 없었다. 기자들이 이야깃거리를 찾아 기사를 쓰는 방식은 신문을 들여다보는 게 아니었기 때문이다.

구체적인 목표 대상 지정하기
일단 닥치는 대로 총을 쏘는 것보다 목표 지점을 정확히 하고 총을 쏘면 명중할 확률이 높다. 목적 없이 바다 밑바닥부터 그물을 끌고 다니며 아무 물고기나 잡는 것처럼 언론에 보도하거나 수시로 트위터에 홍보하지 말고, 특정 지역에서 서식하는 값진 어종을 잡으려고 노력해야 한다.

언론매체 알아보기
우선 어떤 언론매체가 가장 중요한 역할을 할 수 있는지 알아봐야 한다. 궁극적으로 접근하고자 하는 이들은 누구인가? 그들은 어떤 매체를 주로 접하는가? 특정 무역 출판물인가, 아니면 전자잡지인가?

기자 알아보기
어떤 매체를 통해 알려지고 싶은지 정했다면, 그 매체에 기고하는 기자 중 어떤 기자가 여러분의 이야기를 알리기에 가장 적합한지, 특별히 여러분의 입장에 공감하는 시각을 지녔는지 명확히 확인해야 한다. 그러기 위해서는 그들의 글을 읽어야 한다. 기자라면, 자신의 글을 결코 읽어본 적이 없는 누군가를 위해 글을 쓰는 것보다 하기 싫은 일은 없을 것이다.

믿을만한 글감이 되기

그다음 할 일은 해당 기자가 앞으로 관심을 가질만한 이야기를 제공할 수 있는지 확인하는 것이다. 언론사에 있다 보면 여러 기관의 홍보 담당자들이 많이들 연락하는데, 외부 세계에서는 아무런 관심도 없을, 오직 자신들에게만 중요한 이야기를 하는 경우도 많이 있다.

기자들이 원하는 것은 믿을만한 글감이며, 기사가 훌륭해 보이도록 쓸만한 자료를 제공해주는 사람들이다.

단 한 번에 그치는 것이 아니라 계속해서 소재를 만들어 내야 한다. 그러한 좋은 소재가 되는 데는 두 가지 중요한 기준이 있다.

믿을만한 소재

먼저, 제공하는 글감이 신뢰할 만한 것이어야 한다. 가령 여러분이 어르신들과 함께 일한다면 어르신과 관련된 이슈에 맞선 목소리를 내기 위해서는 그 경험을 끌어올 필요가 있다. 두 번째로, 신뢰를 얻었다면 기존의 정보에 가치를 더할 수 있는 의견을 제시해야 한다. 어떤 자료나 논의 거리도 좋다. 어떤 통찰이나 새로운 뉴스거리여도 된다. 여러분의 이야기를 끌어갈 소재가 된다면 말이다. 이 두 가지 사항을 유념하여 언론 보도의 기회를 노리자. 이제는 올바로 실행하는 일 밖에 안 남았다.

가치 있는 것 제시하기

기자들은 자신에게 뭔가를 바라는 사람을 반기지 않는다. 기자도 자신에게 뭔가를 줄 수 있는 사람들이 필요하다. 여러분이 후자에 해당하는 사람임을 알리는 방법은 소수의 기자와 장기간 관계를 유지하는 것이다. 직접 그들에게 접근해 그들이 하는 일에 관심이 있고, 어떤 식으로든 도움을 주고 싶다고 알리자. 그들이 기고하는 매체의 편집장에게 기사를 긍정적으로 평가하는 내용의 이메일을 보내자.

기자에게 기사를 잘 봤다는 메일을 보내고, 트위터도 남기자. 그들의 블로그나 웹페이지에 응원하는 글을 남겨도 좋다. 여러분이 그들과 친분을 쌓기 원한다는 것을 알도록 적극적으로 행동하되, 몰래 그들을 조사하거나 수상한 행동은 하지 말자.

나의 이야기 공유하기

그런 다음 되도록 전화로 여러분이 생각하는 이야기에 관해 말해주자. 이상적인 방법은, 해당 이야기는 다른 매체의 기자에게는 공유하지 않는다는 사실을 알려주는 것이다. 그리고 그 기사가 훌륭하기만 하다면, 다음 주에 나올지, 아니면 다음 달에 나올지 큰 관심이 없겠지만, 언제가 가장 적절한 시기인지 물어보자.

이렇게 유연하면서도 그들을 지원하는 접근방식은 성공할 확률이 매우 높다. 처음으로 이야기를 알리는 데서 그치는 것이 아니라, 그들과 장기적으로 관계를 유지하여 오래도록 서로 도움을 주고받는 것이 더 중요하다. 그 기자들이 앞으로 수년간 기사를 작성할 것이기에 여러분도 앞으로 수년간 도움을 받을 수 있을 것이다.

홍보를 비판하는 이들이 많다. 특히 자신들의 잘못된 홍보 방식을 잘 인지하지 못한 이들이 많기 때문이다. 하지만 조금만 더 생각해보고, 단기간 전문적인 도움을 받는다면, 작은 물고기를 최대한 많이 낚으려고 그물을 던지는 것보다 큰 물고기 몇 마리를 오래도록 잡는 방법을 고안해 내는 것이 여러분 브랜드에 훨씬 도움이 된다는 것을 금방 알 수 있을 것이다.

사이먼 버크비에 대해 더 궁금하다면 champollion.co.uk를 참조하자.

시장으로 진입하기
그랜트 튜도(GRAND TUDOR)

사용자를 더 잘 이해하고 그들의 마음을 사로잡으며 그들에게 이득을 주는 마케팅을 통해 영향력을 미치는 방법.

마케팅은 기업가가 자신의 가치를 시장으로 들여오는 과정이다. 민간 기업에 마케팅의 위력이 얼마나 큰지 우리는 잘 알고 있다. 하지만 사회적 기업가에게도 그 위력은 마찬가지라고 믿는다. 세계에서 가장 열악한 환경에 사는 사람들에게 가치를 전달하려는 미션을 지닌 사회적 기업도 마케팅을 활용해 더 나은 서비스를 제공하고 궁극적으로 영향력을 키우고자 하는 목표에 도달할 수 있다.

다음은 입문자를 위한 마케팅 과정 소개로, 다섯 단계, 또는 다섯 가지 큰 질문으로 구성되어 있다. '어떻게 하면 우리의 영향력을 키울 수 있을까?' 라는 질문에 대한 답을 찾기 위해 다섯 단계의 과정을 알아보자. 여러분의 기관이 마케팅을 잘 활용하고 사용자에게 가치를 전달하는 데 도움이 될 것이다.

우리의 포부는 무엇인가?

목표하는 결과가 무엇인지부터 알아보자. 여러분이 운영하는 기관의 올해 목표는 무엇인가? 사용자에게 어떻게 영향력을 행사할 것인가? 만일 어떤 제품이나 서비스를 시장에 제공하고 있다면, 목표는 명확하다. 바로 더 많은 사람이 여러분의 제품/서비스를 선택하는 것, 또는 기존 사용자들이 더 자주 그 제품/서비스를 사용하는 것이다.

만일 어떤 사회적 기업이 친환경 요리 레인지를 판매하고 있다면, 예를 들어, 이 기업은 시장 진입이나 기존에 석유를 활용하여 요리하는 사람들이 대체 제품을 사용하도록 하는 데 관심을 둘 것이다. 그러한 포부를 구체적으로 나타내면, '친환경 요리 레인지 판매를 X% 늘리고, 석유 사용률을 Y% 낮춘다.' 가 될 것이다.

어떤 포부가 있을 때, 그 포부는 영향력과 직접 연결되어 있어야 한다. 친환경 요리 레인지의 높은 사용률은 친환경 에너지의 증가와 더욱 건강한 집 등을 의미하기 때문이다. 포부를 측정 가능케 하려면, 수치화할 수 있어야 한다. 포부를 바탕으로 모든 활동의 틀을 짤 수 있으므로, 지나칠 정도로 명료하고 직접 연관이 있는 것으로 하자.

우리의 시장 상황은?

포부는 진공상태에서 존재할 수 없다. 어쩔 수 없이 외부의 영향을 받게 되어 있다. 명료한 포부를 설정한 다음, 시장 상황을 파악하는 시간을 갖자. 직간접 경쟁상대는 누구인지, 그리고 그들의 최근 상황은 어떠한지 알아보자. 그리고 여러분의 노력과 경쟁사의 노력에 어떤 시장 트렌드가 영향력을 미치는지 확인하자. 예를 들어, 석유 가격이 내려가면 친환경 요리 레인지 판매에 영향을 미칠 수 있다.

시장을 평가하는 유용한 방법은 시장의 여러 요소를 구분해보는 것이다.
- 다양한 사용자들이 선택 가능한 경쟁사, 또는 대체 가능한 옵션
- 현재 속한 시장의 형태, 분야 및 그 시장의 트렌드
- 현재 제품 공급 경로 및 전달 방식과 변화 가능성
- 현재 우리 제품을 사용하는 소비자 및 타제품, 혹은 아직 비슷한 제품을 사용하지 않는 다양한 고객군
- 포부를 이루는 데 도움이 되거나 방해가 되는 내부 요소

위 내용을 분석해보면 시장 환경과 소비자의 세계, 그리고 여러분 기업이 준비되었는지를 명확히 이해할 수 있다. 또한, 포부에 눈이 멀지 않고 객관적 시각을 갖도록 해준다.

방해 요소는 무엇인가?

포부를 향해가는 과정에는 암묵적인 방해 요소들이 산재해 있다. 여러분과 사람들 사이를 막아선 것은 무엇인가? 사람들은 지금 무엇을 하고 있으며, 앞으로 사람들이 어떻게 행동하길 원하는가?

그것을 찾아내기 위해 우리는 사용자를 대상으로 연구를 수행했다. 사람들이 생각하고 느끼고 행동하는 다양한 방식을 찾아내 그렇게 생각하고 느끼고 행동하는 이유를 밝혀냈다. 이는 마케팅 과정에서 가장 어려우면서도 중요한 과정으로, 명료한 통찰 없이는 마케팅이 값비싼 추측 게임이 될 수밖에 없는 이유이기도 하다.

물론, 연구자들이 활용 가능한 다양한 방법론이 기존에 존재한다. 설문조사 방식으로 활용되는 양적 분석 도구는 인기가 좋고 그 의도도 좋다. 정형화된 질문에 사람들이 대답하게 하는 방식은 아주 많은 사람을 대상으로 조사하고 그 결과를 비교하기에 좋다. 하지만, 이러한 방식에는 한계도 존재한다.

설문조사에서 응답한 사용자가 주중에 항상 친환경 요리 레인지를 사용한다고 답했다고 해도, 주말에는 석유를 쓰는 요리 도구를 사용할 수도 있다. 양적 연구는 사용 패턴을 연구하는 데는 유용하다. 하지만 그러한 결과의 원인은 어떻게 설명할 수 있을까?

반면 관찰 연구부터 개별 인터뷰까지, 질적 방법론은 행동 결정 요인을 분석하는 데 유용하다. 질적 방법론은 사람들의 감정과 행동의 미묘한 차이까지 이해하는 데 더 효과적이다. 결국, 영향력을 미치고 싶은 사람들과 함께 실제로 시간을 보내는 것보다 나은 방법은 없다.

스타트업 브랜딩의 기술

사용자 연구를 통해서는 사람들이 여러분의 제품 및 서비스를 사용하는 이유 또는 사용하지 않는 이유를 찾는 것뿐만 아니라 그 이유를 설명할 수 있도록 해야 한다. 그 결과가 바로 통찰이 되는 것이다.

4 어떻게 대응해야 할까?

통찰력으로 무장한다면, 그 기관은 이제 대응할 준비가 되었다. 사용자에 관해 아는 바를 바탕으로, 어떻게 하면 그들의 환경과 행동에 영향을 미치고 궁극적으로 우리의 포부를 달성할 수 있을까?

친환경 요리 레인지 회사가 있다고 가정하자. 아마도 사용자 연구 결과를 통해 석유 요리 도구 사용자들이 친환경 요리 레인지로 바꾸고자 한다는 사실을 알게 되었을 것이다. 하지만 가격이 지나치게 비싸다고 가정해 보자. 비용 지불 정책을 바꿔보는 것은 어떨까? 아니면, 비용 지불 능력은 충분한데, 디자인이 너무 마음에 안 들어서 구매하지 않는 것이라면?

디자인을 바꿔본다면 어떨까? 아니면 사람들이 이 새로운 제품의 기능을 신뢰하지 못하는 것일까? 강력한 브랜드는 소비자의 신뢰를 구축하는 데 능하다. 이런 신뢰감을 주기 위해 광고를 하는 것도 현명한 대응법이다.

연구 결과에 따른 잠재적 해결책은 가격 정책 전략부터 제품 디자인, 제품 기능과 광고까지 매우 다양하다. 아이디어 도출하기, 실물 모형 고안하기, 그리고 테스트하기, 이것이 바로 마케팅의 창의적 과정이다.

5 어떻게 하면 우리의 대응을 측정할 수 있을까?

창의적인 아이디어는 효과가 있는 아이디어다. 창의적 아이디어의 핵심 성과 지표를 개발하면 진행 상황을 측정할 수 있다. 마케터가 아이디어를 평가, 반복, 그리고 개선하기 위해 사용할 수 있는 방법론은 넘쳐난다.

예를 들어 양적 평가 지표를 사용하면, 가격 지불 정책을 채택했을 때 그 결과를 추적하는 데 도움이 된다. 추적을 통해 목표 달성이 가능한지 확인할 수 있다. 하지만 질적 연구는 추적뿐만 아니라 반복해서 시도하고 개선할 수 있도록 해준다. 사람들이 가격 지불 정책에 관해 물어볼 뿐, 개선된 정책을 받아들이지 않을 수도 있다. 그렇다면, 사용자를 대상으로 인터뷰를 해보면 그 이유가 드러나지 않을까? 계속해서 질문을 던지다 보면 새로운 아이디어가 생겨날 수 있다.
사용자를 대상으로 한 연구에서는 계속해서 결과를 측정해야 한다.

이 모든 과정은 여러분이 이끄는 기관을 위해 마케팅 역할을 충분히 해낼

것이다. 마케팅은 비싼 광고나 홍보용 구호 따위가 아니다. 마케팅은 사용자에게 미치는 영향력을 더욱 키워내는 체계적인 과정이다. 마케팅을 통해 소비자에게 더 나은 제품 및 서비스를 제공할 수 있을 것이다.

마케팅 계획을 짤 때는 기관의 구체적인 목표와 측정 가능한 결과를 도출하는 데 초점을 맞추자. 마케팅에 꼭 비용이 많이 들어가야 하는 것은 아니며, 현란하거나 기발할 필요도 없다. 마케팅 전략은 실제 소비자들의 니즈와 욕망에 중점을 둔 것이어야 한다.

그랜트 튜도에 대해 더 궁금하다면
populistgroup.org를 참조하자.
SNS 계정 @g_tudor

그랜트 튜도는 비영리 마케팅 단체인 파퓰리스트(Populist)의 창립자이자 CEO로 활동하고 있다. 이 단체는 사회적 기업가들이 가난하고 소외된 이들에게 꼭 필요한 제품과 서비스를 제공할 수 있도록 돕는 일을 한다.

브랜드 보호하기
말린 스플린터
(MARLEEN SPLINTER)

브랜드의 상표 등록으로 표절 및 경쟁사들의 모방을 방지하고, 기업의 가치를 높이는 방법.

말린 스플린터는 브랜드 상표권을 전문으로 다루는 법률 회사 라이스 브랜즈(Rise Brands)의 공동 설립자이다.
그녀의 미션은 고객의 브랜드를 법적으로 보호해, 여러 기회를 제한하는 법적 분쟁 없이 브랜드가 잘 성장할 수 있도록 돕는 것이다.

여러분이 브랜드 구축 단계에 있다면, 현재 많은 기대감으로 가득 찼을 것이다. 상표 등록은 아마 나중에 할 일로 미루어 두었을 터인데, 지금 바로 상표 등록을 하지 않는다면 일을 진행하는 도중에 큰 문제가 생길 수도 있다. 만일 나중에 어쩔 수 없이 다시 브랜딩을 해야 하는 상황이 오면, 인지도와 재정 및 시간 투자 비용을 잃는 등 엄청난 손해를 보게 될 것이다.

왜 브랜드를 상표화해야 할까?
- 해당 상표를 이용할 수 있는 권리가 어느 정도 안정적으로 보장된다.
- 누군가가 상표를 도용하면 조치를 할 수 있다.
- 상표권을 팔거나 점유율이 높아지면 기업의 가치가 높아진다.
- 투자자들을 유인할 수 있다.
- 가장 중요한 것은, 제대로 된 상표 포트폴리오가 있으면 타 상표와의 분쟁을 예방할 수 있다는 점이다.

상표(TRADEMARK)란 무엇인가?
상표는 대중이 여러분의 기관, 제품, 그리고 서비스를 구분하게 해주는 지표다. 어떤 단어, 로고, 형태, 노래, 구호 또는 이들의 조합 모두 상표가 될 수 있다. 강력한 상표는 사람들이 인지하기 쉽고, 타 브랜드와의 혼동을 막아준다.

상표 등록 절차
사업자 등록을 하고 웹사이트 도메인을 등록하는 일도 중요하지만, 그런다고 해서 상표권이 보장되는 것은 아니다. 상표를 등록해야지만 상표권 법으로 브랜드를 보호할 수 있다. 대부분 국가에서는 일정 행정 절차를 거치면 상표를 등록할 수 있다.

등록 가능한 이름인지 확인하기
여러분이 정한 브랜드 네임이 등록 가능한지, 사업을 하려는 국가에서 사용 가능한지 확인하자. 독자적인 상표만 등록할 수 있다. 일반적인 이름이나 서술적인 표현은 상표 등록이 불가하다.

등록 불가능한 이름의 예:
- 슈퍼(SUPER): 보험회사(또는 다른 제품)
- 치즈(CHEESE): 치즈 스낵
- 바이크팩토리(BIKEFACTORY): 자전거 가게

상표로 등록하기 위해서 독자적인 요소를 추가한다 해도, 상표권 등록 여부는 매우 제한적이다.

등록은 가능하지만, (말 그대로) 약한 상표의 예:
- 헬티(HELTTI): 건강식품 제품
- 핀터레스트(PINTEREST): 온라인 디지털 미디어 큐레이팅 사이트
- 링크드인(LINKEDIN): 온라인 비즈니스 인맥 네트워크

위 브랜드는 상표 등록을 통해 법적으로 보호를 받고 있지만, 기능적인 면을 상기시키는 데 그친다.

강력한 상표의 예:
- 질레트(GILLETTE): 면도 제품
- 애플(APPLE): 컴퓨터
- 트위터(TWITTER): 온라인 인스턴트 메시지 서비스

브랜드가 강력할수록 상표 보호의 범위가 넓어진다.

2 사용 가능한 상표인지 확인하기

브랜드에는 독자적인 요소가 있어야 한다. 그래야만 소비자들이 타 브랜드와 혼동하지 않고 마트에서 제대로 제품을 선택할 수 있다. 만일 여러분이 특정 브랜드에서 안경을 구매하려고 할 때, 같은 이름을 가진 우유 제품과는 혼동하지 않을 것이다. 하지만 동일 제품군에 비슷한 상표가 있다면 혼란을 불러올 수 있다.

사용 가능성을 미리 조사하면, 분쟁 또는 상표권 반대의 위험을 확인해 볼 수 있다. 우선 상표의 사용 가능성을 관련 영역에 등록된 상표 조사를 통해 확인하고, 도메인네임과 소셜 미디어 사용자 이름도 인터넷을 통해 확인하자. 사용 가능성을 확인해 브랜드 제작을 담당하는 전문가들이 있으니, 전문가의 조언을 구하는 것도 좋다!

3 어떤 것을 등록할지 결정하기

Word mark or combined word-device mark? 문자 상표로 할 것인가, 아니면 문자와 어떤 장치를 조합해 상표화할 것인가? 문자 상표 등록이 더욱 선호되는 방식이지만, 문자가 충분히 독자성을 지니지 않는다면, 문자와 로고를 조합해서 상표로 등록할 수 있다. 문자와 로고를 조합해서 등록하는 경우, 로고에 약간의 변화가 생겨도 새로운 상표로 등록해야 하며, 이 과

정에는 상당한 비용이 들고 이전 권리에 손실이 크다는 점을 기억하자. *어떤 제품/분야인가?* 상표권은 특정 제품군 내에서만 유효하므로, 상품 또는 서비스를 법적으로 보호하기 위해서는 법적 효력이 적용되는 상품/서비스 군을 제대로 구분해야 한다. 이후 등록 분야를 수정하는 것은 불가능하기에, 현재와 미래 활동 분야를 정확히 파악하는 것은 필수다. 특히 이전에 존재하지 않았던 새로운 제품의 경우, 상표권 등록이 꽤 복잡할 수 있다. 석연치 않은 부분이 있으면 전문가를 통해 꼭 확인하자. 상표권 보호는 해당 제품군에서만 효력이 있다는 사실을 기억하자.

4 국내 및 해외에서 상표 등록하기

국내에서만 브랜드를 등록했다면, 다른 국가에서는 법적 보호가 보장되지 않는다. 예를 들어, 스카이프(Skype)는 2003년에 출시되었지만, 최근 EU 상표권을 따는 데 문제가 생겼다. 영국 기업의 'SKY'라는 상표가 이미 등록되어 있었기 때문이다. 핀터레스트의 경우 미국에서 상표 등록을 하고 널리 사용되었지만, EU 상표권 등록이 막혀버렸다. 이미 동일 이름의 상표가 있었기 때문이다.

활동하려는 나라에서 각각 상표 등록을 하는 것이 바람직한 방법이나 몇 안 되는 해외 고객을 위해 그 나라에서 상표화 비용을 내기에는 부담을 느낄 수 있다. 제대로 된 상표 포트폴리오는 여러분의 사업에 힘이 되므로, 상표화에 드는 비용은 상표권 보호를 통해 실질적으로 원하는 것이 무엇인지와 관련지어 생각하도록 하자. 자금이 충분하다면 적극적으로 상표 등록을 할 수 있지만, 대부분 국가에서는 상표 등록 후 3~5년 이내만 법적 보호를 받는다. 평생 상표권을 유지하는 것은 불가능하다.

상표권 분쟁이 발생하면 브랜드를 영영 사용하지 못하게 될 수도 있다. 상표권 등록을 진지하게 생각하자.

말린 스플린터에 대해 더 궁금하다면
risemerken.nl을 참조하자.
SNS 계정 @RiseMerken

* 이 책의 마지막 장에서 온라인 자료 리스트를 확인해 보자.

지속가능성을 판매하기

스텔라 반 힘버겐
(STELLA VAN HIMBERGEN)

지속가능성을 제품 및 서비스의 주요 특징으로
내세워서 목표 고객의 소비를 유도하는 방법.

더 건강하고 가격도 저렴하면서 편리한 친환경 제품과 서비스에 대한 수요
는 점점 늘어나는 추세다. 이러한 상황에서 '지속가능성'이라는 가치만 제
시하면 쉽게 대중의 관심을 받을 수 있을 것 같이 보일지도 모른다. 하지
만, 소비자들은 우리가 생각하는 것만큼 이성적이지 못하다. 그 결과, 지속
가능한 제품이나 서비스를 판매하는 많은 기업은 어떤 식으로 지속가능성
이라는 가치를 제품의 일부 특성으로 녹여낼지 고민이 많다. 모든 소비자
는 같은 방식으로 지속 가능한 제품에 반응하지 않는다. 브랜드를 구축하
고 소비자 기반을 넓히려면 그들의 세상으로 뛰어들어 그들을 이해해야
한다.

스텔라 반 힘버겐은 네덜란드 개발 디자인
회사(Dutch Design in Development)의
CEO로서 기업들이 지속 가능한 제품을
개발할 수 있도록 전략 및 컨설팅을
제공하고 디자이너와 제작자 교육 지원
사업을 하고 있다.

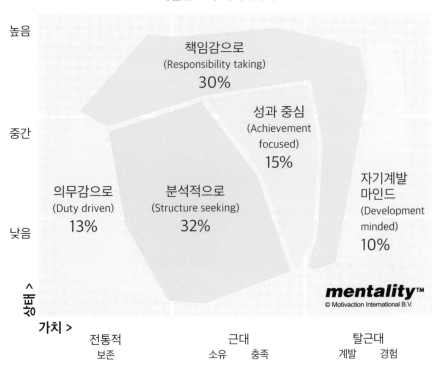

네덜란드의 지속가능성 세분화

높음

중간

낮음

책임감으로
(Responsibility taking)
30%

성과 중심
(Achievement focused)
15%

자기계발 마인드
(Development minded)
10%

의무감으로
(Duty driven)
13%

분석적으로
(Structure seeking)
32%

상태 >

가치 >

전통적
보존

근대
소유   충족

탈근대
계발   경험

mentality™
© Motivaction International B.V.

예: 네덜란드의 경우

지속가능성을 대하는 사람들을 세분화해보면 어떤 형태인지 알아보기 위해 네덜란드의 경우를 예로 들어보겠다. 모티백션(Motivaction)에 따르면, 지속가능성을 대하는 사람들의 시각은 대략 다섯 가지로 나눠진다(그림 참조).

그중 두 가지 경우를 자세히 살펴보면, 사람들이 지속 가능한 제품 및 서비스를 대하는 방식이 어떻게 다른지, 그리고 어떠한 접근방식을 택해 그들에게 다가가야 할지 이해하기 쉬울 것이다.

'분석적으로' 지속가능성이라는 가치를 대하는 사람들이 가장 많은 비중을 차지한다. 그들은 물질주의적인 사람들로, 삶을 즐기면서 사는 이들이다. 그들에게 지속가능성은 모호한 개념이며, 그들이 지속 가능한 제품에 관심을 두는 경우는 그 제품의 가격이 저렴할 때다. 이 부류의 소비자에게 접근하기 위해서는 구하기 쉽고 저렴한 제품을 제공해야 한다는 사실을 기억하자.

'자기계발 마인드'로 지속가능성이라는 가치를 추구하는 사람들도 있다. 이들은 지속 가능한 제품이나 서비스가 조금 비싸더라도 기꺼이 비용을 낼 준비는 되어 있지만, 지속 가능한 제품이나 서비스를 일부러 찾아 나서지는 않는다. 그럴듯한 홍보에 마음이 흔들리지도 않는다. 이들은 자신만의 방식대로 소비하되, 지속 가능한 제품이나 서비스가 개인적으로 꼭 필요하거나 굉장히 편리하다고 느낄 때 구매한다. 이들 중 일부는 지속 가능한 삶의 방식을 '트렌디'하다고 느낀다.

세분화 된 부류의 비율은 계속해서 변하고 있다. 예를 들어, '성과 중심(15%)' 부류는 가까운 미래에 20%로 늘게 될 것이다.

소비자들이 지속 가능한 제품에 관심을 보이도록 하려면 엄청난 노력이 필요하다. 일반적으로 사람들은 자신의 일상에 영향을 미치는 것에 관심이 있다. 가령 지속 가능한 공정 패션과 지속 가능한 식품이 있다면, 사람들은 지속 가능한 식품에 훨씬 더 관심을 보일 것이다. 방글라데시의 열악한 환경에서 생산된 청바지보다는 한 초콜릿 브랜드에서 제시하는 건강 정보가 소비자의 삶에 더 큰 영향력을 지닌다. 설령 사람들이 지속가능성에 관심이 있다고 해도, 중요한 것은 그 좋은 의도가 구매로 이어지냐일 것이다. 여러분에게 필요한 소비자는 환경에 관심만 있는 사람들이 아닌, 자가용을 포기하고서라도 여러분이 제공하는 자동차 나눠타기 서비스를 이용할 의향이 있는 사람들이다.

소비자 증가

지속가능성에 관심을 가지는 사람들이 점점 많아지고 있으며, 각기 다른 관심의 동기를 알아내는 것은 성공적인 판매를 위한 열쇠라고 할 수 있다. 어떤 이들은 지속 가능한 제품 및 서비스의 가격이 저렴할 때, 또 어떤 이들은 그런 제품을 사용해서 자신의 가치가 높아진다고 느낄 때 주머니를 연다. 소비자 부류와 그들의 동기를 분석하기 위해 기업가들은 주로 소비자들의 라이프 스타일을 분석해 잠재 소비자군을 세분화하는 시장 조사 기관에 의존한다.

조사 기관의 연구자는 나이, 수입, 교육 수준, 가족 상황 및 삶의 국면 등 다양한 조건을 바탕으로 사회 내의 소비자군을 분류한다. 이러한 요소는 소비자의 태도, 행동, 의견, 의도, 그리고 소비 패턴과 연결된다. 모든 국가 및 시장은 각기 나름대로 소비자 부류를 세분화하고 있다. 여러분의 시장에 속한 소비자를 제대로 파악하면, 그들의 신념에 영향력을 미치고 행동하게 하는 데 도움이 된다.

네덜란드 시장 조사 기관인 모티백션은 부유한 국가에 해당하는 서구에 적합한 소비자 모형을 규정했다. 모티백션과 독일 업체인 시누스(Sinus)는 동유럽과 아이사에 적용 가능한 모형도 개발했다.

여러분이 속한 시장에서 활용 가능한 연구 결과가 있는지 확인해 보자.

활용 가능한 연구 결과가 없다면, 시장 조사 기관에 의뢰해 조사하는 방법도 고려해 보자.

여러분이 속한 시장에서 어떤 특정 주제(자동차 나눠타기, 공정무역 청바지, 또는 노예 노동이 개입되지 않은 유기농 초콜릿 등)에 대한 소비자의 태도나 신념을 알면 그들의 마음을 움직이는 주장과 어조를 찾아내는 데 유용하다. 이 과정에서 '단 한 가지 옳은 방법' 따위는 없으나, 다음의 여섯 가지 로드맵을 잘 활용하면 큰 도움이 될 것이다.

1 목표 고객군 설정하기

어떤 소비자군을 대상으로 활동할 것인가? 우선 기본적인 사회 인구 통계를 활용하자. 이러한 인구 통계는 나이, 성별, 또는 가족 구성을 기준으로 한다. 지리적 기준, 예를 들어 특정 도시, 지역, 또는 한 국가별로 나눈 통계일 수도 있다. 사회 인구 통계 자료는 정부 기관에서 무료로 제공하는 경우가 많다.

2 시장 조사하기

시장의 규모는 어떠한가? 가장 중요한 신제품에는 어떤 것들이 있는가? 경쟁사들의 상황은 어떠한가? 그들 제품의 위치와 가격은 어떠한가? 이러한 자료는 시장 조사 기관을 통해 알아볼 수 있다.

3 목표 소비자의 가치와 라이프 스타일 규정하기

목표 소비자군이 중요시하는 가치에 초점을 맞추는 일은 민감한 사안이다. 그들의 정신을 반영하는 것은 무엇인가? 그들의 지속 가능한 행위를 가능케 하는 동기는 무엇인가?

4 목표 소비자를 대상으로 한 홍보의 어조 설정하기

어떤 어조로 소비자에게 다가가고 싶은가? 밝거나, 현실적인 어조, 또는 세련되고 교양있는 어조 중 알맞게 선택하자. 목표 소비자의 가치와 라이프 스타일에 잘 통하는 어조를 선택해야 함을 기억하자.

협력을 통한 가치 제안

목표 소비자군을 대상으로 깊이 있는 인터뷰 또는 그룹 토론을 통해 질적 연구, 계획 개발, 그리고 홍보에 그들이 동참하게 하자. 이러한 방법을 통해 여러분의 접근방식이 그들에게 잘 맞는지 확인하자.

영향력 측정하기

목표 소비자군을 대상으로 여러분의 접근방식이 원하는 효과를 내고 있는지 검토하자. 필요한 경우, 접근방식을 조정하자.

지속가능성은 사람들이 제품 및 서비스를 구매하는 데 있어서 결정적인 요인이 아니다. 브랜드의 성공은 각기 다른 소비자군 별로 알맞은 핵심 동기를 찾아내는 데 달려 있다.

지속가능성, 소비자 행동, 그리고 브랜딩 사이의 관계를 이해하는 것이 성공의 비결이다.

스텔라 반 힘버겐에 대해 더 궁금하다면 www.ddid.nl을 참조하자.

세인트 베이직스(SAINT BASICS)

세인트 베이직스는 세련된 유기농 면 속옷을 판매하는 지속가능한 브랜드다. 이 브랜드 스토리는 다음과 같다. '성인(a saint)이 되기란 그리 어렵지 않다. 세인트 베이직스를 입을 때마다 여러분은 좀 더 아름답고 공정한 세상에 공헌한다. 그와 동시에 여러분은 더욱 아름다워진다! 우리와 함께 가장 안쪽으로부터 변화를 만들어가자!' 세인트 베이직스는 신보수주의, 범세계주의자, 그리고 사회 운동에 야심 있는 이들 사이에서 인기를 끌고 있다.

이 브랜드는 좀 더 다양한 문화에 관심이 많고, 창의적인 부류의 소비자군에 접근하려고 했지만, 이들은 세인트 베이직스의 제품이 너무 단순하다고 생각했다. 이러한 조사 결과를 근거로, 세인트 베이직스는 다양한 색상의 제품을 개발했다. 가장 높은 비율을 차지하는 '분석적인' 소비자군에는 가격 문제로 인기를 얻지 못했다.

디지털 활용하기
벤 매튜스(BEN MATTHEWS)

디지털 마케팅의 기본을
바로잡는 방법.

벤 매튜스는 런던 기반의 디지털 마케팅
에이전시 몽포르(Montfort)의 책임자로
활동하고 있다. 선한 목적으로 세상을
변화시키고자 하는 사람들을 돕는다.

온라인 공간에서 여러분의 목적 달성을 위해 행해지는 모든 활동은 디지털 마케팅에 해당한다. 그 활동은 블로그 포스트부터 트위터, 유튜브 비디오, 그리고 구글에 올라간 광고까지 모두 포함한다. 사람들이 노트북, 모바일, 또는 다른 기기로 그러한 마케팅 콘텐츠를 접하는 과정 또한 디지털 마케팅에 해당한다.

점점 더 많은 사람이 온라인에서 활동하게 되면서 디지털 마케팅의 중요성은 그 어느 때보다 중요해졌다. 사실, 많은 기관에서 디지털을 먼저 생각한다. 먼저 온라인 마케팅을 하고, 그다음으로 오프라인에서 어떻게 활동할지 생각하는 것이다.

온라인 마케팅과 오프라인 마케팅의 구분은 모호해졌다. 오프라인에서 열린 이벤트 사진을 찍어서 온라인에 올리고, 소셜 미디어를 통해 공유한다. 어떤 문젯거리에 관한 온라인 토론 내용을 오프라인에서 알린다. 즉 두 마케팅 방식이 순환 구조를 이루고 있다. 이것이 바로 기관들이 마케팅 앞에 '디지털'이라는 단어를 빼는 이유라고 본다. 하지만 오프라인 및 온라인 활동은 항상 함께 이뤄지고 있다는 사실을 기억해야 한다.

디지털 도구 및 광고의 광범위성과 저렴한 비용 덕분에 소비자와 연결 고리를 형성하는 데 있어 디지털 마케팅은 훌륭한 방법으로 자리 잡고 있다. 디지털 마케팅 덕분에 사업을 처음 시작한 후 사람들에게 알려지기 위한 자원이 훨씬 덜 들긴 하나, 선택의 범위가 너무 넓어서 어디서 시작해야 할지 결정하기란 쉽지 않다.

디지털 마케팅의 채널이 너무나도 다양하므로, 제한된 자원을 어떤 온라인 채널에 투자하여 효과를 볼 수 있느냐는 정말 중요한 문제다.

지금부터 효과적인 디지털 마케팅을 위해 단계별로 알아야 할 우선순위를 알려주도록 하겠다.

먼저 웹사이트 구축에 집중하자.
웹사이트는 사람들이 여러분의 기관에 관한 더 많은 정보를 얻을 수 있는 주요 매체다. 여기서 사람들은 여러분이 어떤 일을 하는지, 왜 그 일을 하는지, 그리고 어떻게 하면 동참할 수 있는지를 알아본다. 그러므로 다른 뭔가를 시작하기 전에 웹사이트부터 구축해야 함을 기억하자.

전문 웹페이지 디자이너를 고용할 예산이 없다면 간결하면서도 효과적인 웹사이트를 무료로 제작해 주는 웹사이트 개발자들이 많으니 찾아보도록 하자. Wordpress.com, 또는 Strinking.ly에 들어가면 세련된 웹사이트를 무료로 사용할 수 있다.

전 세계적으로 모바일 사용 비율이 증가하면서, 웹사이트를 모바일에서도 쉽게 볼 수 있고 활용할 수 있도록 (모바일 최적화) 하는 것이 매우 중요하다. 모바일 최적화는 통신 환경이 느린 곳에서도, 피처폰으로든 스마트 폰으로든 상관없이 빠르게 접속할 수 있도록 하는 것이다. 글 위주로 웹사이트를 구축하고, 용량이 큰 사진은 올리지 않는 것이 좋다. 웹사이트에 사진을 올릴 때는 100kb 내외로 용량을 줄이는 것이 좋다.

해야 할 일
웹사이트를 구축하자. 모바일 기기에 최적화하고 빠른 접속이 가능하게 하자.

2 가능한 활동 분야에 대한 글을 많이 쓰자.
여러분의 웹사이트를 방문하는 대부분은 구글이나 빙(Bing) 같은 검색 엔진을 통해 들어오게 된다. 웹사이트를 검색 결과에 나타나게 하는 방법은, 웹사이트 내에 활동 분야 및 주제에 관한 글을 많이 올려서 검색 엔진이 웹사이트를 찾아낼 수 있도록 하는 것이다. 즉 웹사이트에 활동 주제와 관련된 글을 많이 올려야 한다는 의미다.

웹사이트에 글을 많이 올릴수록, 검색 엔진은 웹사이트를 찾기가 쉬워지고, 그에 따라 방문자 수도 늘어난다. 기업 소개 글, 자주 하는 질문(FAQs)에 올린 글, 팀 소개 내용 및 블로그 포스트가 될 수도 있다. 웹사이트에 집중하다 보면 다른 온라인 서비스에 덜 의존하게 된다. 온라인에서 콘텐츠를 노출하는 일은 점점 더 어려워지고 있다. 예를 들어, 페이스북에서 여러분의 페이지를 구독하는 사람도 콘텐츠를 보지 않을 수 있다. 자신만의 웹페이지를 잘 구축해 두면 검색 결과에 자주 나타나고, 그러면 소셜 미디어를 통한 노출보다는 좀 더 믿을만한 방문자들이 많이 찾게 된다.

해야 할 일
사람들이 브랜드를 어떻게 인식해주면 좋겠다는 생각을 바탕으로 소비자에게 필요한 정보는 무엇일지 생각해보자. 블로그 포스트로, 또는 웹사이트에 올리는 글로 어떤 주제를 택해서 글을 작성하면 좋을지 생각해보자.

3 가능할 때마다 사진 찍기
디지털 마케팅에 필수적인 활동은 바로 모든 활동을 사진에 담아 보여주는 것이다. 한 장의 사진은 천 마디의 말을 대신할 수 있다. 사진은 여러분이 어떤 활동을 하는지, 누구를 돕는지, 그리고 어떤 영향력을 미치고 있는지를 정확하게 보여줄 수 있는 가장 쉬운 방법이다.

이벤트 및 활동 리스트를 제작하자. 그리고 각각의 활동에 해당하는 사진이 있는지 확인하고, 사진이 더 필요한지도 확인하자. 사진이 더 필요한 경우 전문 사진작가 또는 팀원에게 활동할 때 사진을 찍어달라고 부탁하자. 완벽한 사진일 필요는 없다. 될 수 있는 한 이벤트가 있을 때마다 기회를 놓치지 말고 사진을 찍어두자. 사진이 다 갖춰졌다면 웹사이트와 소셜 미디어에서 활용할 콘텐츠를 더 많이 확보한 것이다.

해야 할 일
이벤트 및 활동 리스트를 제작하고 각 활동 별로 사진을 정리하자. 팀원들이 기자 정신을 갖도록 독려하여, 많은 사진을 온라인에서 공유하자.

벤이 말하는 온라인 자원

facebook.com/business에 가면 페이스북을 비즈니스 용도로 활용할 수 방법을 안내하는 훌륭한 자료를 볼 수 있다.

facebook.com/blueprint에 가면 효과적인 광고를 위해 활용할 수 있는 교육 자료가 있다. 광고 캠페인을 시작하기 전에 이 과정을 듣는다면 큰 도움이 될 것이다.

twitter.com/basics에 가면 트위터를 비즈니스 용도로 활용할 때 도움이 되는 내용을 확인할 수 있다.

소셜 미디어에서 동영상 활용 방법에 조언이 필요하다면, montfort. io/social-media-video/에 들어가 동영상에 관한 몽포르 안내서를 내려받자.

소셜 미디어 동영상에 관해 생각해보기

2016년, 소셜 미디어에 올라온 동영상을 본 사용자는 동영상이 없는 자료를 본 사람들보다 135%나 많았다. 소셜 미디어 동영상은 놀라울 만큼의 투자 수익률을 가져다줄 수 있고, 적은 비용으로 제작하거나 기존에 있는 영상을 편집해서 활용해도 된다.

비용과 시간을 아끼는 최선의 방법은 기존에 있는 비디오를 용도에 맞게 편집해서 재사용하는 것이다. 15~30초 내로 편집이 가능한 동영상이 존재하는가? 브랜드나 캠페인 이야기를 간결하게 제작해서 인스타그램이나 트위터, 아니면 페이스북에 공유할 수 있는가?

마지막으로, 페이스북 라이브를 사용해 본 적이 있는가? 없다면, 꼭 사용해 보길 바란다. 요즘 페이스북 라이브가 대세다.

페이스북 라이브를 시청하는 사용자들이 관심 있는 것은 주제에 관련된 것과 실시간으로 소통한다는 사실이지, 화면의 배경이 아니다. 그러므로 한정적인 예산 때문에 어떤 방식으로 동영상을 제작할지 걱정하지 말자. 동영상을 제작할 방법은 다양하고, 페이스북 라이브도 시도해 볼 필요가 있다.

해야 할 일

기존에 가지고 있는 동영상을 활용해 소셜 미디어에 올릴 수 있는지 확인해 보고, 페이스북 라이브도 활용해 보자.

소셜 미디어의 유기적인 특성을 활용하여 소비자 구축하기

엄청나게 많은 사람이 매일 매일 페이스북과 트위터를 이용한다. 여러분도 그중 하나는 사용할 것이고, 이러한 소셜 미디어가 어떻게 돌아가는지 잘 알기 때문에, 그곳에서 존재감을 드러내는 것의 중요성을 이해하고 있을 것이다.

더 많은 사용자에게 관심을 받고, 기존 구독자나 팔로워들의 흥미를 끌기 위해서는 자주 포스팅을 올려야 한다. 일주일에 적어도 두세 번은 포스팅을 올리고, 가능하다면 더 자주 하자.

독자적인 콘텐츠만 올려야 하는 것은 아니다. 뉴스 기사나 유튜브 동영상을 올려도 무관하다. 팔로워들이 관심을 가질만한 흥미롭고 재미있는 콘텐츠면 된다.

트위터 사용자 수는 페이스북 사용자 수 보다는 적다. 하지만 트위터는 좀

더 전문적인 분야의 사람들이 활동하는 무대다. 여러분의 분야와 관련 있는 언론인, 정치인, 활동가, 그리고 여러 인플루언서에게 다가갈 좋은 기회다. 관련 분야의 유명인들을 팔로우하고 그들의 활동에 관심이 있음을 드러내자.

콘텐츠를 올릴 때는 계획적으로 하자. 아무거나 생각나는 것을 올리는 대신, 여러분의 분야와 직접 관계된 몇 가지 영역의 콘텐츠를 올리자. 그렇게 하면 여러분도 해당 분야의 콘텐츠를 찾기가 훨씬 쉽고, 구독자나 팔로워들도 특정 분야의 콘텐츠를 기대하게 될 것이다.

방문자 수를 더 늘리기 위해서는 유료 광고를 이용하자.

웹사이트 방문객이 원하는 만큼 늘지 않는다면, 유료 광고의 도움을 받아보자. 현재로서 페이스북이 효과가 좋다고 해도, 구글 애드워즈(AdWords)와 트위터 애즈(Ads)도 활용해 볼 만한 가치가 있다. 우선은 약 100불 정도의 적은 예산으로 시작하되, 광고 효과에 확신이 드는 시점이 되면 비용을 늘리자.

다양한 광고 방식을 시험해 보자. 구글보다 페이스북이 더 효과가 좋은가? 사진보다 동영상 광고가 더 나은가? 어떤 사진과 이야기를 활용했을 때 가장 반응이 좋은가? 여러 가지 광고 형태를 비교하고 어떤 것이 가장 효과적인지 확인하자.

해야 할 일

초보자용 페이스북 청사진(Facebook Blueprint) 과정을 듣자. 적은 예산을 들여 광고 효과를 시험해 보자.

이메일 마케팅부터 검색 엔진 최적화(SEO, Search Engine Optimization), 그리고 미디어 유료 광고까지, 디지털 마케팅 방법은 다양하다. 그러나 앞서 소개한 기본에 충실해야만 성공적으로 디지털 마케팅을 활용할 수 있다.

벤 매튜스에 대해 더 궁금하다면
montfort.io를 참조하자.
SNS 계정 @benrmatthews @montfortio

브랜드 구조 구축하기
수잔 반 곰펠
(SUZANNE VAN GOMPEL)

한 기관 내에서 제품과
서비스의 브랜드 포트폴리오를
관리하는 방법.

수잔 반 곰펠은 뭄바이를 기반으로 활동하는 브랜드 개발자이자 브랜딩 활동 책임자다. 지난 20년간 광범위한 시장 분야에서 기업 및 신생 자선단체를 도와 브랜드를 개발하고 재구성하는 일을 해왔다. 현재는 스탠드 아웃 프롬 더 크라우드(Stand Out From The Crowd)라는 독자적인 브랜드 컨설팅 활동을 통해 일하고 있다.

브랜드가 성장함에 따라 새로운 제품이나 서비스를 출시해야 할 필요성이 대두되고 '새로운 브랜드로 출시해야 할까'라는 질문에 봉착할 것이다. 다수의 브랜드를 관리하는 일은 자원 소모가 크기 때문에, 의사 결정 과정에서 많은 생각이 필요하다.

첫 번째 브랜드가 성공적으로 시장에 자리 잡았고, 사업이 성장 가도에 있다고 가정해 보자. 거기에 더해, 굉장한 신제품 및 새로운 서비스를 개발했다고 치자. 기존 브랜드의 제품으로 출시해야 할까, 아니면 새로운 브랜드를 개발해서 출시하는 것이 현명한 방법일까? 말할 필요도 없이 새로운 브랜드 개발로 인한 위험 요소, 비용, 그리고 (예상)이윤을 신중하게 고려해 보아야 한다.

몇 개의 브랜드가 필요한가와 몇 개의 브랜드를 끌고 갈 수 있는가 중 하나를 선택해야 한다.

일반적으로, '새 브랜드를 출시해야 할까?'의 답은 '아니오'다. 다음의 상황 중 하나라도 해당하지 않는다면 말이다.

1 새로운 브랜드를 출시하는 데 필요한 자원을 갖추고 있을 때
새로운 브랜드를 만드는 일도 쉬운 일이 아니지만, 그 브랜드를 소비자에게 알리고 관심을 받는 일은 또 별개의 문제다. 많은 시간과 비용이 들 뿐 아니라 인내심도 요구한다. 자원(예산, 시간, 전문 인력)이 부족할수록 새로운 브랜드를 출시하기를 권장하지 않는다.

2 새로운 시장에서 기존 브랜드가 신뢰를 얻지 못할 때
맥피자(McPizza)가 맥도날드(McDonald's) 마케터들의 입장에서는 그럴 듯해 보였을지도 모른다. '패스트푸드는 거기서 거기'라는 생각으로 말이다. 하지만 소비자들은 햄버거 회사에서 만드는 피자보다는 전문적으로 피자를 만드는 브랜드를 더 신뢰했다. 빅(Bic, 일회용 제품 회사)의 일회용 속옷 출시는 실패로 돌아갔다. 볼펜으로 유명한 회사에서 사적인 물품인 속옷을 구매한다는 생각은 소비자들의 공감을 얻지 못했던것이다.

3 신제품과 기존 브랜드가 상충할 때
1980년 중반, 반항적인 이미지의 오토바이로 유명한 할리데이비슨(Harley-Davidson)에서 와인쿨러 제품을 출시했을 때, 소비자들은 외면했다. 지옥의 천사가 와인을 홀짝이는 모습은 어울리지 않았기 때문이다. 신뢰받는 스킨케어 전문 업체 니베아(Nivea)에서 메이크업 제품을 출시했을 때도 실패했다. 니베아 소비자들의 눈에는 스킨케어와 메이크업은 어울리지 않았기 때문이다.

기존 브랜드 제품의 가격대와 신제품의 가격대에 큰 차이가 있을 때

'저렴하고 믿을 수 있는 자동차' 토요타(Toyota)에서 고급스러운 차종을 렉서스(Lexus)라는 새로운 브랜드로 출시해 엄청난 성공을 거둔 데는 그만한 이유가 있다.

기존 브랜드가 새로운 목표 고객에게 신뢰를 얻지 못할 때

구세군(The Salvation Army)은 종교적이고 구시대적인 이미지 탓에 젊은이들과 연결되는 데 어려움을 겪었다. 구세군에서 젊은 소비자층을 위해 중고 옷으로 만든 구제 의류를 개발했을 때, 50-50 오리지날스(50-50 Originals)라는 새로운 브랜드로 출시했다.

신뢰받는 브랜드는 신제품 출시를 위한 훌륭한 기반이 된다.

지금까지 소개한 내용 중 여러분에게 해당하는 상황이 없다면, 새 제품을 출시할 때 기존의 브랜드를 활용하는 것이 가장 현명한 방법이며, 시간과 비용을 가장 효율적으로 활용할 수 있는 방안이기도 하다. 기존의 브랜드를 활용하면 지금까지 소비자들에게 얻은 신뢰를 이용하여 기존의 고객층은 물론 소셜 미디어 팔로워들에게도 신제품을 판매할 수 있을 것이다.

설명어(DESCRIPTORS) 사용하기

각 제품 및 사업군 별로 명확히 구분해 주는 설명어를 활용하면 고객들이 쉽게 이해할 수 있다.

이러한 전략을 성공적으로 사용한 브랜드에는 버진(Virgin)과 페덱스(FedEx)가 있다.

- 버진 컴퍼니(Virgin Company), 버진 레코드(Virgin Records), 버진 애틀랜틱(Virgin Atlantic), 버진 모바일(Virgin Mobile).
- 페덱스 코퍼레이션(FedEx Corporation), 페덱스 익스프레스(FedEx Express), 페덱스 프라이트(FedEx Freight), 페덱스 그라운드(FedEx Ground) 등.

신제품이나 하위 브랜드를 출시하면 기존 브랜드의 신뢰도를 강화하는 효과도 있다. 예를 들어, 구글은 구글 번역(Google Translate), 구글 지도(Google Maps), 그리고 구글 그룹스(Google Groups) 등의 새로운 서비스를 통해 기업의 혁신적이고 간소한 특성을 계속해서 강화한다.

하위 브랜드

('오스틴 미니(Austin Mini)'나 '더블트리 바이 힐튼(Hilton DoubleTree)')과 같은 하위 브랜드를 개발하거나 (코카콜라 컴퍼니(Coca-Cola Company)와 같이) 새로운 제품 또는 회사를 기업 브랜드를 활용해 지지하는 방법도 있다. 후자의 경우 기존 기업의 브랜드가 이미 강력한 신뢰를 얻었을 때만 유용하다. 아직 잘 알려지지 않은 브랜드라면, 새로운 브랜드에 신뢰를 더하지 못할 것이다.

새로운 브랜드를 추가로 출시하기에 앞서 고민하자. 새로 출시하려는 제품이나 서비스와 기존의 포트폴리오에 공통분모가 존재하거나 연관이 있다면, 하나의 브랜드를 고집하는 것이 시간과 비용, 그리고 에너지를 절약하는 최선의 투자방법이다.

수잔 반 곰펠에 대해 더 궁금하다면 standoutfromthecrowd.nl를 참조하자. SNS 계정 @StandOutFTCrowd

CHAPTER 8
이제 시작이다

전문가 그룹에 합류하기

동료들을 찾아보자

브랜드 구축 과정은 쉽지 않으며, 여러분은 이제 막 그 과정에 들어섰다. 우리의 페이스북 그룹 'Brand the Change'에서 같은 관심사로 모인 이들에게 도움을 요청해보자. 질문을 올리고, 토론에도 참여하고, 좋은 정보가 있으면 공유하자. 이 전문가 그룹에는 경험이 많은 체인지 메이커, 브랜드 전략가, 그리고 전 세계에서 창의적인 활동에 종사하는 사람들이 모여 있다. 가치 있는 브랜드 구축 과정에서 서로를 지지하고 도움을 얻을 수 있다.

www.facebook.com/groups/brandthechange

이 책의 미래를 위하여!

이 책이 더욱 훌륭한 자료가 되기 위해서는 여러분의 도움이 필요하다! 이 책을 활용한 여러분의 경험담을 들려주기 바란다. 부족한 점이나 추가하면 좋을 사항도 알려주길 바란다. 이 책이 더 훌륭한 도구가 되려면 필요한 한 가지는 무엇이라고 생각하는가?

결과물 공유하기

여러분의 경험과 결과물을 우리에게 공유해주길 바란다. 여러분의 프로젝트가 미래에 우리 웹사이트 또는 소셜 미디어 채널을 통해 사례 연구 중 하나로 다뤄지게 될지도 모른다.

소통해요!

www.the-brandling.com
info@the-brandling.com
twitter 계정 @thebrandling

트레이너 되기

우리가 개발한 방법으로 고객의 브랜드를 구축하고자 하는 열정적인 전략가라면, 우리에게 이메일을 보내 더 많은 트레이너용 프로그램을 배울 수 있다.

사례 연구 제안하기

우리는 항상 사례 연구를 위해 분석할 가치가 있는 브랜드를 찾고 있다. 특히 전 세계 미디어나 교육 분야에서 잘 다뤄지지 않는 비서구권 국가의 브랜드에 더 관심이 많다. 우리가 정하는 훌륭한 브랜드의 기준은 다음과 같다.

» 독특한 제품이나 서비스
» 차별화된 브랜드 전략
» 전문적인 비주얼 아이덴티티, 또는 훌륭한 브랜드 네임
» 훌륭한 브랜드 표현

더 읽어볼 자료

《종족(Tribes)》, 세스 고딘(Seth Godin)

《브랜드적 사고하기와 고귀함의 추구(Brand Thinking And Other Noble Pursuits)》, 데비 밀먼(Debbie Millman)

《브랜드를 살기(Living the Brand)》, 니콜라스 인드(Nicholas Ind)

《트랙션: 신생 기업이 폭발적으로 고객을 늘리는 방법(Traction: How Any Startup Can Achieve Explosive Customer)》, 가브리엘 와인버그(Gabriel Weinberg)와 저스틴 마레스(Justin Mares)

《혁명의 법칙: 거대 조직이 모든 것을 변화시키는 방법(Rules for Revolutionaries: How big organizing can change everything)》, 벡키 본드(Becky Bond)와 잭 엑슬리(Zack Exley)

《하우 투(How to)》, 마이클 비에루트(Michael Bierut)

《브랜드 사전(Dictionary of Brand)》, 마티 뉴마이어(Marty Neumeier)

《마케팅 포지셔닝(Positioning: The Battle for Your Mind)》, 알 리스(Al Ries)와 잭 트라우트(Jack Trout)

브랜드 구축에 필요한 자료

- plusacumen.org/courses
아큐멘+에서 제공하는 스토리텔링 및 마케팅 관련 온라인 과정

- growthtribe.io
암스테르담 기반의 그로스해킹 전문 업체 그로스 트라입(Growth Tribe)이 제공하는 데이터 중심의 마케팅 접근 방식 과정

- strategyzer.com/canvas/value-proposition-canvas
제품 및 서비스를 통해 강력한 가치를 제시하는 데 도움이 되는 가치 제안 캔버스(Value Proposition Canvas)

- strategyzer.com/books/value-proposition-design
앨런 스미스(Alan Smith), 알렉산더 오스터왈더(Alexander Osterwalder), 그레고리 베르나르다(Gregory Bernarda), 트리쉬 파파다코(Trish Papadakos), 그리고 입스 피그누어(Yves Pigneur)가 알려주는 가치 제안 디자인(Value Proposition Design)

- wholecommunities.org
마샬 간츠가 제공하는 자신만의 이야기 만들기 활용북 자신의 이야기(The Story of Self)

- solutionsjournalism.org
솔루션 저널리즘 도구

- valuesandframes.org/toolkit
커먼 커즈(Common Cause)에서 제공하는 자선단체용 도구 모음

- reframe.thnk.org
THNK에서 제공하는 재구성 도구

- facebook.com/business
비즈니스를 위해 페이스북 하기 안내서

- business.twitter.com/basics
비즈니스를 위해 트위터 하기 기본서

- montfort.io/social-media-video/
몽포르에서 제공하는 소셜 미디어 동영상 제작 안내

- facebook.com/blueprint
페이스북에서 제공하는 광고 트레이닝

- underconsideration.com/brandnew브랜드 뉴(Brand New)라는 블로그에서 제공하는 재브랜딩 프로젝트 리뷰

글로벌 브랜딩의 법적 문제

- wipo.int/trademarks
세계지식재산권기구(World Intellectual Property Organization)에서 제공하는 상표권 관련 정보

- wipo.int/branddb/en/
WIPO에서 제공하는 전 세계 브랜드 데이터베이스

- tmdn.org/tmview/welcome
전 세계 상표권 검색

- wipo.int/classifications/nice/en/
상표권 분류

- oami.europa.eu/ec2
특허청 링크 및 분류 정보

출처

전체적 참고
《세계의 문화와 조직(Cultures and Organizations: Software of the Mind)》, 헤이르트 호프스테더(Geert Hofstede), 마이클 민코브(Michael Minkov)

《비즈니스 모델의 탄생: 상상과 혁신, 가능성이 폭발하는 신개념 비즈니스 발상법(Business Model Generation)》, 알렉산더 오스터왈더

<Can Brands be good?>, 알랭 드 보통의 인생학교 비디오

《리프레임, 다르게 생각하기 기술(Reframing, the Art of Thinking Defferently)》, 카림 베나머

<뉴욕타임스> 칼럼 'The weird and Ineffable Science of Naming A Product', 닐 가블러(Neal Gabler)

<패스트컴퍼니> 칼럼 'The Broken Buy-One, Give-One Model: 3 Ways To Save Tom's Shoes', 셰릴 데이븐포트(Cheryl Davenport)

<미디엄> 칼럼 'When Mother Teresa Drives a Ferrari', D.A. 왈라치(D.A. Wallach)

'매핑 더 저니 사례 4 파타고니아(Mapping the Journey Case 4 Patagonia)' 그린리프 출판사(Greenleaf Publishing)

물라고(Mulago Foundation)의 '8 단어 미션 서명문(8 Words Mission Statement)'

나이키와 스우시(the Swoosh), 위키피디아

<아이데오의 가치에 관한 작은 책(Little Book of IDEO)>, 슬라이드 셰어(Slideshare)

<하버드비즈니스리뷰> 칼럼 'Segmenting audiences at the base of the pyramid', V. 카스투리 랑간(V. Kasturi Rangan), 마이클 추(Michael Chu), 드요르디야 페트코스키(Djordjija Petkoski)

<하버드비즈니스리뷰> 칼럼 'How One Startup Developed a Sales Model That Works in Emerging Markets', 조너선 시더(Jonathan Cedar)

'The problem with the Tata Nano case', 팀 칼킨스(Tim Calkins)

탐스(Tom's shoes), toms.com
러쉬(Lush), lush.com
무지(Muji), muji.eu
솔라시티(SolarCity), solarcity.com
컬러오브체인지(ColorOfChange), colorofchange.org
크리에이티브 커먼즈(Creative Commons), creativecommons.org
인터넷 오브 엘레펀트(Internet of Elephants), internetofelephants.com
디자이너톤 웍스(Designathon Works), designathonworks.com
아큐멘(Acumen), acumen.org
네스트(Nest), nest.com
클라이언트어쓰(ClientEarth), clientearth.org
팩토리45(Factory45), factory45.com
스페이스X(SpaceX), spacex.com
와비파커(Warby Parker), warbyparker.com
MD 앤더슨 암센타(MD Anderson Cancer Center), mdanderson.org
아이디오(Ideo), ideo.com

사례 연구
'영국 자선단체 인식 설문조사(UK Charity Awaremess Monitor) 2004'

'맥밀란 브랜드 기록(The Macmillan brand journey) 2006-2013', 힐러리 크로스(Hillary Cross), 알리 샌더스(Ali Sanders)

wolffolins.com/work/32/macmillan, '맥밀란 암지원 센타(Macmillan Cancer Support)', 울프 올린스(Wolff Olins)

<폭스끄란뜨(Volkskrant)> 2015년 10월 23일 칼럼 '노예 노동이 개입되지 않고 생산된 초콜릿을 아직도 보증하지 못하는 토니 초콜릿(Garantie slaafvrije chocolade kan Tonys nog steeds niet geven)' 테운 반 데 께우큰(Teun van de Keuken)

'공정무역 박람회(JaarFAIRslag) 2013', 토니 초콜릿

<CBS뉴스> 기사 'Headspace app: Meditation made simple by former monk', 레베카 리(Rebecca Lee)

<포춘> 'How Sugru's inventor knew her idea would stick', 브리타니 슈트(Brittany Shoot)

<더 가디언즈> 'Sugru, the new wonder material: I made a thing like wood, but it bounced.', 셰인 힉키(Shane Hickey)

<텔레그래프> 'Sticky putty Sugru crowdfunds in bid to rival Sellotape and Blu-Tack worldwide.', 레베카 번-캘란더(Rebecca Bun-Callander)

《슈퍼베터(SuperBetter)》, 제인 맥고니걸

알랭 드 보통의 인생학교 alaindebotton.com/the-school-of-life/

제인 맥고니걸의 테드 강연 <당신의 수명을 10년 연장해줄 게임(The game that can give you 10 extra years of life)>

<더 뉴요커> 'The Higher Life, a mindfulness guru for the tech set.', 리찌 위디컴(Lizzie Widdicombe)

<ITU뉴스> '캐서린 마후구(Catherine Mahugu)와의 인터뷰', 스테파니 썬더랜드(Stephanie Sunderland)

'브랜딩 스포트라이트: 소코 (Branding spotlight: Soko)', 앨리슨 도일(Allison Doyle), <Techmoran> 칼럼 'Remake Sasa Africa Shift to ShopSoko.com'

<VC4A> 'Africas artisans marketplace Soko raises $700,000 in early stage round.', 미구엘 헤일브론(Miguel Heilbron)

<옵저버> 'Meet the Brooklyn-Born Marine Biologist Co-Leading the March for Science.', 마리나 뚜레(Marina Toure)

<아웃사이드온라인> 'Meet the most influential marine biologist of our time.' 스테파니 그라나다(Stephanie Granada)

전문가의 글
'Telling your public story: Self, Us, Now', 마샬 간츠

모티백션의 화이트페이퍼<Whitepaper> 'Five shade of green. Input for effective sustainability strategies.', M. 하닌크(Hannink), J. 호에크슈트라(Hoekstra)와 P.P. 베르헤겐(Verheggen)

출판 정보 및 저자 후기

저자: 앤 밀튼버그(Anne Miltenburg)
연구 조교: 클레멘스 라가르드(Clemence Lagarde), 폴린 텍스(Pauline Taks)
삽화: 앙제 예거(Anje Jager)

도움을 주신 분들: 로샨 폴, 그랜트 튜도, 스텔라 반 힘버겐, 말린 스플린터, 사이먼 버크비, 벤 매튜스, 그리고 수잔 반 곰펠

편집: 테드 왕(Ted Whang), 앤 밀튼버그
교정: 요한나 로빈슨(Johanna Robinson)

디자인: 더 브랜들링
DTP: 톤 펄순(Ton Persoon), 패트릭 반 거웬

이 책의 초안을 읽고 소중한 피드백과 조언을 아끼지 않은 아르엔 브루니스(Arjen Breunis), 라헬 슈테인버그(Raquel Sztejnberg), 그리고 맥스 반 린겐(Max van Lingen)에게 감사의 말을 전합니다.

우리가 제공한 테스트를 사용해 주신 다음 분들, 나이로비의 아마니와 가우탐 샤(Gautam Shah), 스톡홀름의 시리 워렌(Siri Warren), 그라츠의 응용과학 대학 법인 마뉴엘 그라슬러(Manuel Grassler)와 이노랩, 전 세계 THNK 커뮤니티, 튀니스의 코지트(Cogite), 뮌헨의 알리넷(Allynet), 암스테르담의 마이라 그라이스버그(Mira Gleisberf), 그리고 리야드의 알프 카이르(Alf Khair) 팀에서 도움을 주었습니다.

리랩(Rewrap)의 에리카 볼(Erica Bol), 리플로우(Reflow)의 로난 하예스(Ronan Hayes), 키보 바이크스(Kibo Bikes)의 마크 얀센스, 그리고 브랜드 구축 경험을 우리 사례연구팀에게 공유해준 열네 곳의 브랜드에도 감사의 마음을 전합니다. 어렵게 습득한 노하우를 기꺼이 알려준 여러분 덕분에 많은 이들이 도움을 받을 것이며, 전 세계의 많은 브랜드에서도 경험을 공유해 줄 것입니다.

특히 THNK 팀(에두아르드, 리사, 마크, 메노, 바스, 샤론, 라이브, 엘리, 카림, 베티, 가츠, 레나르트, 메르체데스, 그리고 베렌드-얀)에게 브랜들링 설립과 도구 개발에 큰 영감을 주고 지원을 아끼지 않은 점에 대해 깊은 감사의 마음을 전하고 싶습니다. 그리고 저의 코치인 폴 반트 펠트(Paul van't Veld), 멘토 오케 페르베르다(Auke Ferwerda), 그리고 저의 스토리텔링 트레이너 로버트 울프(Robert Wolfe)도 저에게 응원을 아끼지 않았습니다.

THNK의 클래스5는 제게 정말 특별한 영감을 안겨주었습니다. 삶과 사랑, 그리고 일… 그들이 없었다면 이 책은 빛을 보지 못했을 것입니다.

저의 고객, 파트너, 동료, 그리고 워크숍 참가자들의 활동과 경험이 없었다면, 어떤 이론도 개발하지 못했을 것입니다. 정말, 진심으로 감사합니다. 쥴리에트 슈라우베르스(Juliette Schraauwers), 림 코우리(Reem Khouri), 리마 빈트 반다르 알 사우드 왕자(Princess Reema Bint Bandar Al Saud), AMREF 헬스 아프리카의 재키와 다이애나, M-TIBA 팀(펠릭스, 리나, 니콜, 케스), 림 바우엔디(Rym Baouendi), 이스키 브리톤 박사(Dr Easkey Britton), 오쉐르 권스버그(Osher Gunsberg), 니비(Nivi), 인터넷 오브 엘레펀트, 휴매니티 하우스, 마이클 라드케(Michael Radke), 가우탐 샤, 마이클 랑, 아드난 마르자(Adnan Mirza), 에머르 비머(Emer Beamer), 패트릭 반 거웬, 엘리스 발쏘로무스(Ellis Bartholomeus), 아야나 존슨 박사, 알빈 찬(Alvin Chan), 보이드 코이너(Boyd Coyner), 사일로(Silo), 요른 달(Jorn Dal), 네일 시몬스(Neil Simmons), 로테 반 퍼펠렌 팔테(Lotte van Puffelen Palthe), 클레버 플러스 프랑케(Clever +Franke), 야누스카 다우드(Januska Dawood), 마논 반 파셴(Manon van Paaschen), 제이슨 에아베스(Jason Eaves), 시드 고얄(Sidd Goyal), 세계 경제 포럼, 디자이너톤 웍스, 데메테르 네트워크(Demeter Network), 헐트 프라이즈(Hult Prize) 팀, 그리고 아미니의 로샨 폴과 일라 라밧(Ila Rabbat) 모두 모두 감사합니다.

그리고 마지막으로 언제나 저를 믿어주고 응원해주는 가족들에게 감사의 마음을 전합니다.

이 책의 초판과 두 번째 판은 《체인지 메이커를 위한 브랜드 툴킷(BRAND TOOL-KIT FOR CHANGEMAKERS)》라는 제목으로 출간되었다. 당시 킥스타터를 통해 후원금을 보내준 전 세계 271명의 후원자가 없었다면 이 책은 세상의 빛을 보지 못했을 것이다. 후원자들의 아량에 진심으로 감사드린다. 그들이 보내준 값진 선물은 계속해서 새로운 결과물을 창조하게 될 것이다.

MAY LEE
CARLA & WILLEM VERWEIJEN
LIESBETH KRUIZINGA
COLONEL ELANOR BOEKHOLDT-O'SULLIVAN
GAUTAM SHAH
HIMMAT & NIRUPA SHAH
JULIETTE SCHRAAUWERS
KARIN SCHWANDT
EMER BEAMER
JOOST ROOZEKRANS
LENA SLACHMUIJLDER
GUNTER WEHMEYER
HANS VAN DER VLIST
EMMY MILTENBURG
CHANTAL VAN SCHAIK
ANDREAS SAUTTER
CHRIS MILLER
ZIYAD ZALARFA
REEM KHOURI
MADELEINE VAN LENNEP
PETER BIL'AK
DENNIS ELBERS
PATRICK VAN GERWEN
PAUL VAN 'T VELD
LIZA ENEBEIS
INGRID VAN DER WACHT
LEE RAZO
MARGARET ROSE
INEKE MILTENBURG
WILLIAM SACKS
MICHEL DE BOER
DHANANJAY JOSHI
CLINTON DUNCAN
RAJESH DAHIYA
ADNAN MIRZA
EVELINE VELDT

JORN DAL
ELLIS BARTHOLOMEUS
EDWIN SCHMIDHEINY
RYM BAOUENDI
ELODIE BOYER
ZAHLEN TITCOMB
MAUREEN DE JONG
STEFAN SAGMEISTER
AYANA JOHNSON
DARCIE GOODWIN
PASCAL SEEN
ZUIDERLICHT
ADRIAAN MILTENBURG
MARC VAN DER HEIJDE
SYTZE KOOLEN
RENE TONEMAN
STEVE CASSAR
MOULSARI JAIN
MICHAEL LANG
GERT FRANKE
ULLA-BRITT VOGT
SIMON SCHEIBER
OLALLA CASTRO
MIKE RADKE
CEES MENSEN
CORA MOL
KENNETH BRECHER
WISAM AMID
ERIK DE VLAAM
MICHELL ZAPPA
JONS JANSSEN
PAUL VERWEYEN
KEVIN FINN
VINCENT LAZZARA
NASR ALBUSAIDI
RODERICK PERESSO

BERTHA FRENCH
IDA NORRBY
JEROEN VAN ERP
NIVI MUKHERJEE-SHARMA
CASPER PEETERS
ART TO MOVE
TIM BELONAX
AREEJ NAHDI
JOLANDA WILLEMSEN
HATS & TALES
KAMIEL VAN KESSEL
RONALD LENZ
RICK KLAAIJSEN
VIMALA PALANISWAMY
MICHEL BACHMANN
VERA JANSEN
THIJS DE BOER
FRANKLIN DE BEKKER
30 WEEKS
THOMAS DAHM
MERLIJN TWAALFHOVEN
GUUS BOUDESTEIN
PABLA VAN HECK
INGE NIKS
JEMMA LAND
KEITH BROCK
JOHN MONKS
MANUEL GRASSLER
HEIDE GORIS
JESSY KATE SCHINGLER
STRAYBULLETS
PIET-HEIN HERFKENS
MARCIS VANADZINS
TOBIAS TIEFERT
BILL HUB
MARIEKE BROMMERSMA

MATTEO BARTOLI
DANIELA KRAUTSACK
MARCEL KAMPMAN
STEPHEN BRITTAIN
MAX VAN LINGEN
MARIAN COUNIHAN
MARIT TURK
STEPHAN EGLOFF
RUBEN COLLIN
DANIEL S. LEE
DAVE NEETSON
SAYFEDINE BOUHLEL
NEAL GORENFLO
SHARON CHANG
MICHAEL GILMORE
LESTHER VAN VLIET
LISA RING VAN EEK
WOLFGANG RUBER
SHAREEFA FADHEL
ACE THANABOON SOM-
BOON
MARCO-PAUL DE JEU
NEIL SIMMONS
SIERDJAN WESTEN
STEFAN RUISSEN
DYLAN GRIFFITH
SEAN DEEKS
SEBASTIAN BANCK
HWIE-BING KWEE

유엑스리뷰는 스타트업의 비즈니스와
디자인에 도움을 줄 수 있는,
진짜 전문가들이 쓴 다양한 전문서적을
출간하고 있습니다.